Elliot Mintz

We all shine on

John, Yoko und ich

Übersetzt von Sylvia Bieker, Pieke Biermann, Anke Wagner-Wolff, Ulrike Strerath-Bolz und Elisabeth Liebl

Rowohlt

Die englische Originalausgabe erschien 2024 unter dem Titel
«We All Shine On» bei Dutton, einem Imprint von Penguin Random House LLC.

Deutsche Erstausgabe
Veröffentlicht im Rowohlt Verlag, Hamburg, November 2024
Copyright © 2024 by Rowohlt Verlag GmbH, Hamburg
«We All Shine On» Copyright © 2024 by Elliot Mintz
Redaktion Gisela Fichtl
Die Nutzung unserer Werke für Text- und Data-Mining
im Sinne von § 44b UrhG behalten wir uns explizit vor.
Satz aus der Chronicle bei Pinkuin Satz und Datentechnik, Berlin
Druck und Bindung GGP Media GmbH, Pößneck
ISBN 978-3-498-00707-2

*Für John,
Yoko
und Sean*

Inhalt

Intro: The Dakota, Februar 1981 — 8

Teil I: **Please Please Me** — 20

    1 Laurel Canyon, 1970 — 22
    2 Los Angeles, 1971 — 36
    3 Los Angeles, 1971 — 50
    4 Ojai, 1972 — 64

Teil II: **Magical Mystery Tour** — 80

    5 San Francisco, 1972 — 82
    6 Laurel Canyon, 1972 — 102
    7 Los Angeles und New York, 1972 bis 1973 — 120
    8 New York und Los Angeles, 1973 — 132

142 _ Teil III: **Cut Piece**

- 144 _ **9** Los Angeles, 1973 bis 1974
- 162 _ **10** Los Angeles, 1974
- 178 _ **11** Los Angeles und New York, 1974

194 _ Teil IV: **Double Fantasy**

- 196 _ **12** New York, 1976
- 212 _ **13** Japan, 1977
- 232 _ **14** The Dakota, 1979 bis 1980
- 246 _ **15** Los Angeles und The Dakota, 1980

266 _ **Epilog: The Dakota, 1981**

274 _ **Dank**
276 _ **Personenregister**
280 _ **Bildnachweis**

INTRO

The Dakota, Februar 1981

Ich halte eine Brille in der Hand, eine Antiquität aus Stahldraht, kreisrund. Manche nennen sie Omabrille, dabei ist die hier eine Markenbrille namens Panto 45, ursprünglich hergestellt in der alten englischen Brillenmanufaktur Algha Works.

Ich bringe es nicht über mich, sie aufzusetzen – das empfände ich als Grenzüberschreitung –, ich halte sie mir nur eine Armlänge entfernt vor die Augen und spähe hindurch. Und selbst ohne sie auf der Nase zu haben, erzählen mir die Gläser etwas darüber, wie John Lennon die Welt sah, etwas, was mir zu seinen Lebzeiten gar nicht klar war.

Johns Sehvermögen war miserabel – noch schlimmer, als ich gedacht hatte.

Es ist seine sechsundzwanzigste Brille, die ich in dieser verschneiten Nacht im Februar 1981 untersuche. Gut zwei Monate zuvor war John erschossen worden, in New York, vor dem Dakota, einem 140 Jahre alten Gebäudekomplex in Sandsteingotik am Central Park West, Ecke West Seventy-Second Street, in dem er und Yoko seit 1973 lebten. Ich hatte den Auftrag bekommen, seine persönliche Habe zu inventarisieren – Bücher, Portemonnaies, Aktentaschen, Zeichnungen, Briefe, Kunstwerke, Fotos, Musikinstrumente und Dutzende von, eben, Omabrillen in allen Farben des Regenbogens –, denn Yoko und die Nachwelt sollten erfahren, was genau er hinterlassen hatte.

Eine herzzerreißende Arbeit, die mein Leben wochenlang ausfüllt und die ich meistens zwischen Mitternacht und sechs Uhr morgens erledige – in diesen Stunden werde ich vermutlich am wenigsten von der kleinen Armada aus Assistenten und sonstigen Mitarbeitern gestört, die durch Johns und Yokos Apartments im Dakota schwirren –, zum großen Teil in dem kryptaartigen Kellergeschoss des Gebäudes. Noch ist tiefster Winter, und es gibt keine Heizung; die unterirdischen Katakomben waren einst, als man sich noch mit Pferdekutschen durch New York bewegte, als Ställe genutzt worden; in den letzten Jahren waren sie in Lagerräume für die wohlhabenden Dakota-Bewohner umgewandelt worden. Es ist so klamm und kalt, dass ich beim Durchforsten von Johns und Yokos enormer Sammlung von Artefakten meinen Atem sehen kann. Ich kritzele mit tauben Fingern Beschreibungen von allem, was ich identifizieren kann, in ein Notizbuch nach dem anderen, die schließlich irgendwann transkribiert und zu zwei gebundenen Büchern werden, jeweils fünfhundert Seiten dick.

Ich hatte nicht um diesen Auftrag gebeten. Ich hatte ihn auch bestimmt nicht gewollt. Unter anderem, weil ich etwa viertausend Kilometer fern vom Dakota in Kalifornien lebe und dort meine eigene Radio-Late-Night-Talkshow habe. Eine Bestandsaufnahme von Johns Besitztümern zu erstellen, heißt, ständig quer durchs Land zu fliegen, was selbst für einen relativ jungen Mann – zu jenem Zeitpunkt Mitte dreißig – reichlich anstrengend werden kann.

Aber Yoko hatte mich darum gebeten, und Yoko – oder gar John – etwas abzuschlagen, das habe ich nur selten geschafft. Johns und Yokos Bitten zu erfüllen, war im Grunde die Geschichte meines Lebens. Wenn ich doch bloß gelernt hätte, Nein zu sagen – wenn ich die Kraft besessen hätte, dem unerklärlichen, magnetischen Sog zu widerstehen, den beide von Anfang an, von meinem ersten Radiointerview 1971 an, über Jahre auf mich ausübten –, vielleicht hätte ich ein anderes Lebenslos gezogen. Vielleicht wäre mein Leben ausgewogener, ganz traditionell verlaufen. Vielleicht hätte ich geheiratet und Kinder bekommen und womöglich ein paar normale Freunde gehabt, ohne extravagante Geheimnisse, die ich vor den gierigen Blicken der ganzen Welt bewahren muss.

Falls denn «Freunde» überhaupt das richtige Wort für John und Yoko ist.

Die englische Sprache enthält rund 170 000 aktiv genutzte Wörter, aber mir ist noch kein einziges untergekommen, das die verqueren Konturen und komplexen Ursprünge meiner Beziehung zu John und Yoko erfassen könnte. Während der neun Jahre mit John – und weiteren vierzig mit Yoko nach seinem Tod – spielte ich diverse Rollen in ihren für uns drei inszenierten, manchmal verwirrenden, mich manchmal zum Wahnsinn treibenden, immer vertrackten Dramen. Ich war getreuer Vertrauter, Problemlöser, Medienbeauftragter (obwohl bis nach Johns Tod von niemandem offiziell angestellt), Rechercheur, Resonanzraum, Reisegefährte, Verbindung zur Außenwelt, Gelegenheits-Babysitter (nicht für Sean, ihren kleinen Sohn, sondern für John, der eher einen brauchte) und obendrein noch der Rund-um-die-Uhr-Telefonfreund, der mit ihnen telefonierte, stundenlang, über Kontinente hinweg.

Ich wusste, was ich für John wie für Yoko empfand: Ich liebte sie beide wie eine Familie. Ich würde gern behaupten, dass sie zu mir eine ähnlich familiäre Bindung hatten – das hoffe ich –, aber ich war nie wirklich sicher, was sie empfanden. Ich weiß nur, dass ich mich, wenn sie anriefen – und das taten sie ständig –, verpflichtet fühlte, den Hörer abzuheben. Während unserer gemeinsamen Jahre hat niemand öfter und länger mit ihnen gesprochen als ich. Ich werde nie erfahren, warum sie gerade meine Nummer so oft wählten; ich gab mein Bestes, um beiden ein guter Freund zu sein. Ich war selbst in den problematischsten Zeiten für John und Yoko da, schlug mich nie auf eine Seite, konfrontierte sie auch manchmal mit schwer zu ertragenden Wahrheiten. Sie vertrauten mir, und ich vertraute ihnen. Die Beziehung war trotz dieser Verantwortung fast immer ein Vergnügen. Aber in den letzten paar Monaten vor Johns Tod auch eine Bürde.

Jetzt, im Februar 1981, übernehme ich auf Yokos Bitte hin die Rolle des Archivars und Schreibers. Ich erledige sie mitten in der Nacht und mit roboterhafter Leidenschaftslosigkeit oder zumindest so sachlich es mir möglich ist. Nur so kann ich umgehen mit dem Horror, all die Habseligkeiten, die John hinterlassen hat, zu durchsuchen – und *zu berühren* –, Hinterlassenschaften eines Mannes, der lange Jahre der Mittelpunkt meiner Welt und meines Herzens gewesen war.

Aber so quälend die Arbeit ist, sie ist lebenswichtig. In den ersten Tagen und Wochen nach Johns Tod verbringe ich viel Zeit in New York und helfe Yoko bei dem, was nach dem Mord auf sie einstürmt: Gespräche mit der Presse, der Polizei und den Horden von Opportunisten, die sofort im Dakota einfallen. Ich laufe in ihren Apartments hin und her – sie besaßen zwei riesige Wohneinheiten im sechsten Stock sowie diverse andere im Dakota –, und mir fällt bald auf, dass Dinge verschwinden, die John gehörten. Keine offenkundigen Wertsachen, nichts, was große Aufmerksamkeit erregt, sondern kleine persönliche Gegenstände, die niemand auf Anhieb vermisst. John hatte zum Beispiel einen kleinen Radiorekorder auf dem Nachttisch, um Musik oder Vorträge zu hören. Der ist eines Tages plötzlich weg.

Ich habe den Verdacht, dass unter uns ein Dieb ist.

Vermutlich muss man mit kleinen Diebstählen dieser Art rechnen: Alles, was John je besessen oder auch nur berührt hat, bekommt enormen Wert, besonders nach seinem Tod. Eine kleine Kritzelei auf dem Notizblock könnte plötzlich einen Haufen Geld einbringen. Andere, bedeutendere Dinge – zum Beispiel die fünf persönlichen Tagebücher, die er unter dem Bett versteckt hatte – waren in der Tat von unermesslichem Wert, was wir später auf die harte Tour erfuhren, als sie tatsächlich gestohlen wurden. Yoko möchte verständlicherweise nicht, dass Johns Besitz auf dem Schwarzmarkt verhökert wird, auch deshalb hatte sie mich ja gebeten, alles zu katalogisieren, was ich finden konnte.

Also ziehe ich mir den Wollschal fest um den Hals, obwohl er gegen die klamme, klirrende Kälte im Dakota-Keller wenig ausrichten kann, und arbeite weiter. Auch das Licht hier ist furchtbar schlecht, Leuchtstoffröhren, die von der Decke baumeln und Kopfschmerzen verursachen. Das Dakota ist ein wunderschönes altes Gebäude im Neorenaissance-Stil, aber es hat offen gesagt etwas Unheilvolles – Roman Polanski hat hier nicht zufällig die Außenaufnahmen für *Rosemary's Baby* gedreht –, vor allem nachts und besonders in den verliesartigen unteren Stockwerken. Nach drei, vier Stunden beschließe ich, dass es reicht. Ich packe meine Notizhefte zusammen, gehe zu dem alten Lift und lasse mich zurück in den warmen, relativ gemütlichen sechsten Stock tragen. Dort werde ich den Rest der Nacht sämtliche Türen, Schubladen und Vitrinen öffnen, die ich in Johns und Yokos ausgedehnten Apartments finden kann, und weiter katalogisieren.

In einem Schrank entdecke ich alte Kostüme: die von der britischen Armee inspirierte, überladene Uniform vom Cover von *Sgt. Pepper's Lonely Hearts Club Band*, den Chesterfield-Anzug vom ersten Auftritt der Beatles in der *Ed Sullivan Show*. Ich notiere beide Funde in meinem Heft. In einem anderen Apartment stehen mehrere Büroschränke aus schwarzem Stahl, hier finde ich einen Ordner voller Liebesbriefchen, die John während seiner Zeit beim Maharishi in Indien an Yoko geschrieben hatte, und einen weiteren voller Polaroids. (John hatte die Instantfotografie früh entdeckt und ein paar der ersten Selfies gemacht, unter anderem einige von seinen Füßen, warum auch immer.) Sie katalogisiere ich ebenfalls.

Manches, was ich ausgrabe, kommt mir bizarr, sogar fremd vor. Ich habe zum Beispiel keine Ahnung, was ich mit einem zersägten Möbelstück – halb Stuhl, halb Tisch – oder einem komplett weißen Schachbrett mit lauter weißen Figuren anfangen soll. Ich erfahre erst später, dass diese Objekte mehrmals Teil von Yokos Ausstellungen waren, unter anderem der berühmten *Half-a-Wind Show* 1967 in der Lisson Gallery in Westlondon.

In einem unverschlossenen Zimmer in einer der Wohnungen finde ich Johns unbezahlbare Gitarrensammlung. Ich zähle sie durch – eine Rickenbacker 325, eine Yamaha Dragon, eine Gibson J-160E, eine Fender Telecaster und eine Ovation Legend gehören dazu – und trage sie in mein Notizbuch ein (später schiebe ich einen Zettel unter Yokos Schlafzimmertür durch, mit der dringenden Bitte, ein robusteres Schloss anzubringen).

Eine besonders unvergessliche Ausgrabung fördert Pappkartons mit Kassetten zutage – es sind Hunderte –, darauf Stunden nie gehörter Aufnahmen: John, wie er die Musik zu ein paar seiner berühmtesten Stücke am Klavier ausprobiert und an Texten, Probeaufnahmen und akustischen Stücken in verschiedenen Entwicklungsstadien tüftelt; Interviews, Lesungen und ein paar Erinnerungen an seine Kindheit in Liverpool, vermutlich für eine Autobiografie gedacht, zu der er dann nie gekommen ist. Auf Yokos Initiative mache ich aus vielen dieser historischen Aufnahmen Jahre später die Doku-Serie *The Lost Lennon Tapes*, die über zweihundert Wochen zwischen 1988 und 1992 jeweils eine Stunde im Westwood One Radio Network ausgestrahlt und millionenfach gehört wird – vielleicht der erste (und mit Sicherheit längste) Bonustrack der Welt.

Mein Hauptquartier während der großen Katalogisierungsaktion ist ein Schlafzimmer in der Hauptwohnung. Es ist tatsächlich das Zimmer, in dem John und Yoko geschlafen und die meiste Zeit ihres Lebens im Dakota verbracht haben und in dem ich manchmal bei ihnen saß, auf einem weißen Korbstuhl neben ihrem Bett – einer Riesenmatratze auf einer Sperrholzplatte, die auf zwei antiken Kirchenbänken lag – und ganze Nächte mit Debatten über alles Mögliche von Geschichte bis Metaphysik verbrachte. Yoko meidet den Raum inzwischen, aus nachvollziehbaren Gründen; sie ist nach dem Mord in ein anderes Zimmer gezogen. Ich habe es mir genau deshalb als Stützpunkt für meinen Auftrag ausgesucht. Das einstige Allerheiligste und Privateste ist jetzt ein unscheinbares, selten genutztes Gästezimmer, der verschwiegenste Ort im sechsten Stock.

Die meisten Möbel hatte Yoko rausräumen lassen, meinen Korbstuhl dagegen ließ sie ohne Begründung in der Ecke stehen, wo er immer stand. Der so vertraute, jetzt kahle, leer gefegte Raum bietet einen merkwürdigen Anblick, aber ich fülle ihn schnell mit Schreibtischen und anderer Büroeinrichtung. Ich installiere Videokameras, Mikrofone, Rekorder und jede Menge Monitore und verwandele das Schlafzimmer in ein Audio-Video-Homestudio, ausschließlich zum Zweck der Bestandsaufnahme. Ich will unbedingt sicherstellen, dass meine Arbeit während des gesamten Inventurprozesses visuell und akustisch dokumentiert wird, deshalb kommt jedes einzelne Fundstück irgendwann in dieses Zimmer und wird aufgezeichnet. Dass so viel Sorgfalt bei manchen von Yokos Mitarbeitern Stirnrunzeln auslöst, ist mir bewusst – sie finden sie völlig übertrieben –, aber ich halte es für unentbehrlich, den Prozess absolut transparent zu gestalten, vor allem angesichts all der Gegenstände, die seit Johns Tod bereits verschwunden sind.

In dieser vom Schneesturm heimgesuchten Februarnacht ist es in diesem ehemaligen Schlafzimmer, jetzt Studio, so still, dass ich den Schnee fast auf den Fenstersims fallen höre. Ich setze mich in den Korbstuhl, reibe mir die müden Augen und denke über meine Fundstücke aus den letzten Stunden nach, insbesondere über Johns viele Brillen. Ich hatte beim Blick durch die Gläser die Welt mit Johns extrem kurzsichtigen Augen gesehen, und jetzt drängt sich mir ein Gedanke auf: Vielleicht ist seine schwache Sehkraft ein Schlüssel zu seiner Genialität. Vielleicht konnte er dank seiner verschwommenen Sicht auf die Welt das Universum klarer sehen als Sterbliche mit besseren Augen. Vielleicht nahm er eine – schöne, surreale, fantastische – Wirklichkeit wahr, die Menschen mit normaler Sehschärfe verborgen blieb.

Und plötzlich taucht, versteckt in einer Zimmerecke, etwas in meinem Augenwinkel auf, das mich aus meinen Grübeleien reißt. Normalerweise ignoriere ich es mit aller Kraft. Ich vermeide es seit

Wochen, mich damit zu beschäftigen, und zwar seit dem Tag, als Leute vom Roosevelt Hospital damit ins Dakota gekommen waren und es übergeben hatten, als wäre es zartes Kristall. Es ist eine feste Papiertüte, oben zugefaltet und mehrfach verklammert. In ihr ist die Kleidung, die John an dem Tag, als er getötet wurde, trug – eine Hose, eine schwarze Lederjacke, ein blutgetränktes Hemd und, gespenstisch, eine blutbespritzte Brille, außerdem ein paar Dinge, die er in der Tasche gehabt hatte.

Diese Objekte katalogisiere ich nicht. Ich bringe es nicht fertig, die Tüte zu öffnen, und schon gar nicht, den Inhalt zu filmen. Ich tue vielmehr so, als wäre sie gar nicht da. An diesem Abend aber gestatte ich mir, warum auch immer, sie eine Sekunde zu lang anzustarren. Ein großer Fehler.

Die Tüte jagt meine Fantasie in dunkle, ungute Gegenden. Als John ermordet wurde, war ich gerade am anderen Ende des Landes in meinem Häuschen im Laurel Canyon zugange, und trotzdem sehe ich seine letzten Augenblicke vor meinem geistigen Auge. Ich sehe den Angreifer vor mir, den gestörten Fan von *Der Fänger im Roggen*, der mit fünfundzwanzig zum Mörder wird, sehe ihn in Kampfpose die Charter Arms .38 heben und schießen. Ich stelle mir vor, wie die verbotenen Hohlspitzgeschosse, die er sich besorgt hatte, Johns Körper durchschlagen und seinen Rumpf zerfetzen. Ich höre Yoko schreien, Glas zersplittern, Johns Gesicht auf dem harten Pflaster aufprallen, als er zu Boden taumelt.

Ich starre auf die Papiertüte dort in der Ecke und suhle mich viel zu lange in diesen ekelerregenden Bildern, unfähig, sie mir aus dem Kopf zu schütteln. Ich bin wie gebannt von diesem bedrohlichen Beutel des Grauens, wie eine unglückselige Edgar-Allan-Poe-Figur – und merke erst nach ich weiß nicht wie vielen Minuten, dass der Messingknauf der Schlafzimmertür vorsichtig gedreht wird. Ich starre ihn an, wie er sich fast unmerklich Stück für Stück bewegt, wie in einem klassischen Noir-Thriller. Das ist extrem ungewöhnlich. Außer mir kommt sonst niemand mehr in dieses Zimmer, schon gar nicht so spät am Abend. Ich setze mich kerzengerade auf, mein Herz beginnt zu rasen, ich sehe, wie die Tür langsam, zeitlupenartig aufgeht.

Der Flur dahinter ist dunkel, ich kann nicht richtig erkennen, was da ist. Ich halte es zuerst für ein Kind: eine winzige Silhouette, kaum ein Hauch einer Person. Eine Sekunde lang gehe ich von einem Gespenst aus. Das Dakota hat eine lange Spukgeschichte; vom Poltergeist eines jungen Mädchens, das in den Korridoren einen Ball hüpfen lässt, wird immer wieder erzählt, einmal auch von John. Aber dann macht die Gestalt einen Schritt ins Zimmer.

«Hallo, Elliot», flüstert sie leise.

Sie erinnert in nichts an die Yoko, die man aus Illustrierten oder dem Fernsehen kennt, die provokante Avantgardekünstlerin mit der Panorama-Sonnenbrille. Sie trägt Hausschuhe und Morgenrock, die langen schwarzen Haare sind total verstrubbelt, und sie wirkt noch winziger als sonst. Sie hat seit Johns Tod kaum gegessen, ist erschreckend dünn und schwach. Aber sie ist eine Nachteule wie ich und hat auch kaum geschlafen, vielleicht erklärt das, warum sie nachts um vier im sechsten Stock herumwandert und aussieht wie eine Erscheinung.

«Hallo, Yoko», antworte ich, als ich mich wieder gefasst habe. «Bist du okay?»

Ihr Gesichtsausdruck, der nie leicht zu lesen war, wirkt beinah komplett leer. Sie steht lange in der Tür und sieht durch das Zimmer, bevor ihr Blick allmählich grob in meine Richtung fällt. Am liebsten würde ich aufspringen und sie in den Arm nehmen – sie sieht wirklich aus, als könnte sie eine Umarmung gebrauchen –, aber Yoko ist kein Mensch, der sich umarmen lässt. Sie zeigt überhaupt selten Zuneigung.

«Nein», sagt sie. «Ich brauch nichts, Elliot.»

Es entsteht wieder eine lange Pause, in der wir uns schweigend und unbeholfen anstarren.

«Yoko», frage ich schließlich, «soll ich dir irgendwas holen?»

Sie deutet ein hauchzartes Grinsen an. «Ich wollte nur Hallo sagen», sagt sie.

Dann geht sie aus der Tür, zurück in den dunklen Korridor, ich bleibe allein und denke wieder einmal, wie so oft, seit ich sie kenne, über das Rätsel von Yoko Onos Lächeln nach.

Teil I

Please Please Me

KAPITEL 1

Laurel Canyon, __1970__

Es war einmal ein Ort namens Laurel Canyon.

Den gibt es natürlich immer noch. Wenn Sie vom Sunset Boulevard in nördlicher Richtung auf den Laurel Canyon Boulevard abbiegen und etwa eine Meile den Hügel hinauffahren, vorbei am Canyon Country Store, landen Sie in einer Gegend, die nach wie vor diesen Namen trägt.

Doch das ist nicht der Laurel Canyon. Jedenfalls nicht der Laurel Canyon, den ich in den Siebzigerjahren kannte.

Alle paar Jahrzehnte werden bestimmte Regionen zu Epizentren von Kreativität, Inspiration und Erfindungsgeist. Paris in den Zwanzigern, Chicago in den Dreißigern, New York in den Fünfzigerjahren des 20. Jahrhunderts. Und in den Siebzigerjahren lag der Ort auf unserem Planeten, der die besten und klügsten Künstlerinnen und Künstler anzog – vor allem aus dem Bereich der Musikindustrie –, in dieser trügerisch ruhigen Enklave, die sich wie ein geheimer Garten zwischen das San Fernando Valley und das hektische Herz des alten Hollywoods schmiegte.

Als ich Ende der Sechziger dorthin zog, konnte ich nicht ahnen, was ich erleben würde. Ich war ein junger Radiomann um die zwanzig Jahre, hüpfte bei verschiedenen Sendern in L. A. von einem Job zum nächsten, kassierte zwischendurch Arbeitslosenunterstützung und brauchte einen billigen Ort zum Leben. Laurel Canyon war damals der unkonventionellste Teil der Stadt, eine Art armer Verwandter von Benedict und Coldwater Canyon, die beide dem noblen Beverly Hills näher lagen. Das bescheidene zweistöckige Haus, in das ich einzog, lag am Oak Court – damals eine nicht asphaltierte Sackgasse – und kostete mich gerade mal 300 Dollar Monatsmiete. Mit einer

Wohnfläche von kaum 85 Quadratmetern war es winzig, die Kochnische reichte gerade mal, um sich ein Ei zu kochen, und das Haus lag so hoch an einem Steilhang, dass man eine lange Treppe mit wackeligen Stufen hinaufsteigen musste, um hinzukommen. Zum Glück hatte der Vermieter einen «Hillevator» installiert, eine Art Seilbahn, der mich von der Straße zum Eingang hinaufbrachte. Wenn er denn funktionierte.

Neben der günstigen Miete zog mich auch die charmante ländliche Umgebung an. Die Fahrt vom Sunset Strip – der auch damals schon ein lauter, wimmelnder Ameisenhaufen urbaner Aktivität war – den Hügel hinauf dauerte gerade mal fünf Minuten. Doch wenn man oben ankam, fand man sich in einem Zauberwald unter dem Blätterdach von Holunderbüschen und Eukalyptusbäumen wieder. Eine Meile unter mir gab es Ampeln, Verkehrsunfälle, Abgaswolken und Sirenengeheul. Hier oben war ich umgeben von Hummeln, Schmetterlingen und Kaninchen. Es war ein ländlicher Zufluchtsort, und in der Luft hing der beruhigende Duft von Jasmin (und oft auch von Marihuana).

Als ich die neue Gegend zusammen mit meinem damaligen besten Freund – einem jungen Irish Setter, den ich nach einem Filmhelden meiner Kindheit Shane genannt hatte – erkundete, stellte ich im Laufe der ersten Monate fest, dass Laurel Canyon viel mehr war als ein bukolischer Ort, an dem man sich gut niederlassen konnte. Zum einen standen fast alle Türen ständig offen, im buchstäblichen wie auch im übertragenen Sinne. Die grausigen Morde der Manson Family im nahe gelegenen Benedict Canyon lagen zwar gerade erst ein Jahr zurück, und diese Tragödie hatte in ganz Los Angeles Furcht und Paranoia verbreitet, doch hier kam man sich immer noch vor wie im Paradies. Fremde lächelten mir nicht nur zu und sagten Hallo – oder hoben die Hand zum Peace-Zeichen –, wenn wir uns in den engen Gassen begegneten, sie blieben manchmal stehen, um zu plaudern oder luden mich sogar zum Essen in ihr Haus ein. Ja, es waren andere Zeiten, die Menschen hatten mehr Vertrauen zueinander, es war die Ära von Love Beads, Schlaghosen und wilden Frisuren, doch ein solches Ausmaß an Freundlichkeit war selbst in den späten Sechziger- und frühen Siebzigerjahren erstaunlich.

Der zweite Punkt war die Musik, die fast zu jeder Zeit aus den offenen Fenstern der Häuser und Cottages wehte. Und zwar nicht irgendwelche Musik, sondern aufregende neue Sounds, engelsgleiche Harmonien und funkige Folk-Riffs. Als ich die ersten Bewohner des Viertels – Leute wie Joni Mitchell, Linda Ronstadt, Carole King, David Crosby und Stephen Stills, um nur einige meiner unmittelbaren Nachbarn zu erwähnen – kennenlernte und mich mit ihnen anfreundete, dämmerte es mir allmählich, dass ich in kein normales Wohngebiet gezogen war. Nein, ich war genau im Zentrum einer aufblühenden musikalischen Renaissance gelandet.

Einige meiner Nachbarn waren bereits berühmt. Micky Dolenz, der in einem großen Haus in der Horse Shoe Canyon Road wohnte, und David Cassidy, der am Cole Crest Drive lebte, hatten schon 1970 erfolgreiche Fernsehserien, nämlich *The Monkees* und *The Partridge Family*. Doch viele der künftigen Superstars der Musikszene, die im Laurel Canyon lebten, hatten zu dieser Zeit noch nicht den Weltruhm erlangt, den sie wenig später genießen würden. Einige von ihnen hatten gerade ihren ersten Plattenvertrag unterschrieben. Andere kämpften noch damit, den eigenen Sound zu finden und ihre Miete bezahlen zu können. Für mich waren sie alle, ob berühmt oder nicht, die Leute von nebenan – meine verblüffend liebenswürdigen Nachbarn.

Eines hatten fast alle im Laurel Canyon gemeinsam: Wir stammten nicht aus der Gegend, sondern waren ganz bewusst von irgendwoher an diesen Ort gezogen. Frank Zappa, der ebenfalls in meiner unmittelbaren Nachbarschaft wohnte, stammte aus Baltimore, Joni Mitchell war in Kanada aufgewachsen, Linda Ronstadt kam aus Arizona. Mein eigener Weg hatte in New York City begonnen, wo sich mein Dad, aus Polen eingewandert, in der Bekleidungsindustrie hochgearbeitet und seine eigene Firma gegründet hatte. Er stellte Damenmäntel und -kostüme in Übergrößen her. Damit verdiente er genug, um sich eine kleine, aber gemütliche Wohnung mit zwei Schlafzimmern leisten zu können; meine Schwester und ich teilten uns eines dieser Zimmer. Wir lebten in Washington Heights, damals in den Fünfzigern eine Art Sprungbrett für jüdische Familien, die ihre ersten tastenden Schritte in Richtung Mittelschicht unternahmen.

Dass ich beim Rundfunk landen würde, war mir, um es vorsichtig zu formulieren, nicht unbedingt in die Wiege gelegt. Zum einen hatte ich um die Zeit, als ich fünfzehn wurde, angefangen, stark zu stottern. Und mein New Yorker Akzent machte meine Sprechweise auch nicht eleganter. Außerdem war ich viel kleiner und schmaler als die meisten meiner Klassenkameraden, was mich, zusammen mit dem Sprachfehler, zu einem idealen Opfer für Mobbing machte. Und so wurde ich eher noch schüchterner und unbeholfener in Gegenwart von Fremden. Die Vorstellung, vor Publikum zu sprechen, selbst vor kleinen Gruppen im Klassenzimmer, versetzte mich in Panik und bescherte mir im Teenageralter regelmäßige Albträume. Zum Glück entwickelte ich zur selben Zeit eine Neigung zur Schlaflosigkeit, die mir lebenslang erhalten bleiben sollte; ich schlief also ohnehin immer weniger.

Doch trotz all dieser Hindernisse wollte ich nichts anderes auf der Welt, als beim Rundfunk zu arbeiten. Ich vermute, die Anziehungskraft von Radio und Fernsehen hatte gerade mit meiner Isolation als Jugendlicher zu tun. Freunde fand ich nun mal nur im Äther. Unzählige Stunden verbrachte ich als Jugendlicher mit den Monologen von Jean Shepherd, der auf WOR Radio seine hypnotischen spontanen Erzählungen spann. Etwas später entwickelte ich eine einseitige Freundschaft zu Jack Parr. Als er 1960 seinen berühmten Abschied von *The Tonight Show* auf NBC nahm, saß ich vor dem Fernseher. Das Trauma ließ mich tagelang nicht los; es fühlte sich an, als hätte ich wirklich einen besten Freund verloren. Zum Glück machte mein Kumpel David Susskind weiter mit seiner lokalen Fernseh-Talkshow *Open End*, die um 23 Uhr begann. Sie hatte tatsächlich kein festgesetztes Ende, sondern lief so lange, bis den Gästen der Gesprächsstoff ausging. Die perfekte Sendung für eine junge Nachteule!

Eines Tages kurz vor meinem Highschool-Abschluss teilte ich meinem Vater meine beruflichen Pläne mit. «Pop», sagte ich, «ich habe mich fürs Radio entschieden.»

Lächelnd lehnte er sich auf seinem Küchenstuhl zurück. «Ein gutes Business», erwiderte er mit seinem leichten jiddischen Akzent und tätschelte mir das Knie. «Dieser Laden da in der 181st Street, da ist immer was los. Die Leute brauchen immer jemanden, der die Dinger repariert.»

«Äh, Pop», korrigierte ich ihn. «Ich will die Radios nicht reparieren, ich will ins Radio. Ich werde einer von den Leuten, die man im Radio hört. Ich gehe zum Rundfunk!»

Er sah mich an, als hätte ich ihm gerade eröffnet, dass ich am Astronautenprogramm teilnehmen würde.

Wenig später bewarb ich mich an neun verschiedenen Colleges, die eine entsprechende Ausbildung anboten, und wurde von einem einzigen angenommen, dem Los Angeles City College. Und so packte ich im Sommer 1963 eine Reisetasche, bestieg zum ersten Mal in meinem Leben ein Flugzeug und betrat den Campus in Hollywood – mit einem Sprachfehler, einem New Yorker Akzent und 300 Dollar, um die Studiengebühren zu bezahlen.

Man brachte mir sehr schnell die ersten Schritte bei, zeigte mir, wie man in eine Kamera schaut und Blickkontakt aufbaut, wie man Sportreportagen und Wetterberichte moderiert, wie man Platten auflegt und Interviews führt (Letzteres gefiel mir besonders gut). Und ich lernte, ohne Stottern und akzentfrei zu sprechen.

Die Hausaufgaben für diesen letzten Bereich bestanden aus einer Reihe grausamer, aber überraschend effektiver Atem- und Sprechübungen. Wenn ich vom Unterricht nach Hause kam – ich hatte ein winziges möbliertes Zimmer zwischen Sunset und Hollywood Boulevard gemietet –, legte ich mich auf den Boden, packte mir eine neun Kilo schwere Schreibmaschine auf den Solarplexus, streckte die Zunge heraus und sagte so lange «Aaahh», wie ich auf diese Weise ein- und ausatmen konnte. Und es dauerte nicht lange, und sowohl mein Akzent als auch mein Stottern waren besiegt.

Nach gerade einmal zwei oder drei Monaten am College stolperte ich geradewegs in den größten Durchbruch meiner Karriere, zufälligerweise genau an einem der schlimmsten Tage in der Geschichte der Vereinigten Staaten. Wir saßen am 22. November 1963 im Unterricht, als über die College-Lautsprecher die Nachricht verlesen wurde, Präsident Kennedy sei erschossen worden. Wir wurden angewiesen, nach Hause zu gehen. Die meisten von uns taten das auch, aber eine kleine Gruppe von Jungs aus dem Studiengang Rundfunk inklusive mir versammelte sich um einen Schwarz-Weiß-Fernseher und verfolgte Walter Cronkites Reportage über das Attentat. Nach ein paar Stunden wurden auch die ersten Fotos von Lee Harvey Oswald gezeigt.

«Das ist Lee!», rief plötzlich einer meiner Kommilitonen. «Mit dem war ich bei den Marines!»

Ich weiß bis heute nicht, wie ich an diesem entsetzlichen, tragischen Tag die Geistesgegenwart aufbrachte, die riesige Chance zu erkennen, die mir soeben in den Schoß gefallen war. Doch tatsächlich ging ich mit diesem Mitstudenten – sein Name war Roland Bynum – ins Nebenzimmer, setzte mich mit ihm hin und schaltete das Tonbandgerät ein. Zugegeben, es war nicht das tiefgründigste Interview meiner Karriere – ich war ja noch ein Anfänger im Nachrichtengeschäft –, doch es war mit Sicherheit das mit dem besten Timing. Sobald wir fertig waren, begab ich mich mit dem Band zurück in mein Studentenzimmer und rief bei der größten lokalen Nachrichtenredaktion in L. A. an.

«Hi, mein Name ist Elliot, ich bin Student am L.A. City College und habe gerade einen Mann interviewt, der zusammen mit Lee Harvey Oswald im Marine Corps gedient hat», sagte ich zu der Person, die meinen Anruf entgegennahm. «Haben Sie Interesse an dem Tonband?»

Es dauerte gefühlt eine Hundertstelsekunde, bis ein Kurierfahrer auf dem Motorrad angefahren kam, um die Aufnahme abzuholen. Einige Hundertstelsekunden später wurde mein Interview auch schon in der ganzen Stadt gesendet. Und dann läutete mein Telefon ununterbrochen; Sender aus der ganzen Welt wollten mich sprechen. Als die Sonne an diesem Tag unterging, war mein kleines Exklusivinterview landesweit auf Sendung: auf *CBS Evening News*.

Die nächsten paar Jahre verbrachte ich am L.A. City College damit, mein handwerkliches Können zu verfeinern, wobei ich mich besonders in der Kunst übte, Prominente an Land zu ziehen. Ein Interview mit Jayne Mansfield – die damals von den Filmstudios als die neue Marilyn Monroe präsentiert wurde – bekam ich, indem ich ihren Agenten erbarmungslos mit Briefen belästigte. Ich besorgte mir sogar einen Stadtplan, auf dem die Häuser der Stars verzeichnet waren, und schrieb Mansfield selbst einen Brief. Sie muss ihn wohl gelesen haben, denn eines Tages, als ich mir auf meiner Kochplatte gerade eine Portion Erbsensuppe aufwärmte, läutete mein Telefon, und zu meinem Erstaunen hörte ich am anderen Ende ihre Stimme. Sie stimmte dem Interview nicht nur zu, sondern lud mich zu einer Party in ihrem Haus in Beverly Hills ein. Wenig später erspähte ich Sal Mineo in einer Bar in Hollywood, die ich besuchte, um über eine Hypnose-Show zu berichten. Und so kam ich auch noch zu einem Interview mit einem der Helden aus ... *denn sie wissen nicht, was sie tun*. Sal und ich wurden enge Freunde.

Nach meinem College-Abschluss machte ich mich auf die Suche nach einem ersten richtigen Job im Rundfunk und fand ihn bei dem von seinen Hörern finanzierten Sender KPFK, der auf den ersten

Blick gar nicht so gut zu mir zu passen schien. Zu dieser Zeit richteten sich Sender, die von ihren Hörern finanziert wurden, im Wesentlichen an ältere Menschen. KPFK spielte dementsprechend auch ziemlich viel Cembalo-Musik und brachte ab und zu Vorträge über Vogelbeobachtung. Doch ich hatte einen Plan für den Sender, den ich bei meinem Vorstellungsgespräch auch präsentierte.

«Schauen Sie», sagte ich, «ich weiß, dass ich noch jung bin und gerade mal vom College komme, aber ich habe eine Idee für eine Telefon-Talkshow für Teenager. Ich würde gern Leute interviewen, an denen Teenager interessiert sind, Rockstars zum Beispiel. Das könnte ich an drei Abenden pro Woche machen, von abends um zehn bis nachts um zwei. Wir könnten die Sendung *Looking in with Elliot Mintz* nennen.»

Der Chef des Senders warf mir einen ähnlich skeptischen Blick zu wie seinerzeit mein Vater in unserer Küche, doch aus irgendeinem Grund sagte er Ja. Und so wurde ich mit 21 Jahren der jüngste Talkmaster im amerikanischen Rundfunk.

Ich konzentrierte mich bei meinen Interviews für KPFK auf Musiker und Künstler, die sonst niemand beachtete – was zu dieser Zeit im Bereich der Gegenkultur so ziemlich auf jeden zutraf. Man darf nicht vergessen, dass wir von einer Zeit reden, in der die drei großen Rundfunkanstalten – ABC, NBC und CBS – die Sendefrequenzen regelrecht im Würgegriff hielten. Niemand interviewte Rockstars oder Beat-Poeten, nicht im Radio und ganz bestimmt nicht im Fernsehen. Johnny Carson hätte im Leben nicht Frank Zappa oder Allen Ginsberg in seine Show eingeladen. So war ich für eine ganze Weile der Einzige in der Stadt, der so etwas machte.

Ich muss zugeben, dass es ein ziemlich lockerer Job war, vor allem für jemanden, der ohnehin unter Schlaflosigkeit leidet. Da es sich um eine Late-Night-Show handelte, kam ich in der Regel morgens um drei nach Hause, rauchte einen Joint, las ein wenig zur Entspannung, ging dann ins Bett und schlief bis zum Mittag. Am Nachmittag trudelte ich wieder im Studio ein und plante mein nächstes Programm. Für diese nicht allzu scheußliche Arbeit bezahlte man mir hübsche 65 Dollar pro Woche, sodass ich mir bald mein erstes Auto kaufen konnte, einen gebrauchten Morris Minor, Baujahr 1964, der mich 300 Dollar kostete. Das Beste jedoch war, dass meine Show schnell eine Menge Hörer anzog – nicht besonders überraschend, wenn man bedenkt, dass sich der Aufstand der Jugend allmählich im ganzen Land ausbreitete. Nicht, dass ich berühmt wurde – das war auch nie mein Ziel –, aber man wurde in der Rundfunk-Community auf mich aufmerksam.

Tatsächlich dauerte es nicht lange, bis ein größerer, kommerzieller Sender namens KLAC auf mich zukam und mir wesentlich mehr Geld anbot – 300 Dollar pro Woche –, im Grunde genommen für denselben Job wie bisher: Ich sollte Gastgeber einer Talkshow für junge Hörerinnen und Hörer sein. Und so ging es die nächsten Jahre weiter, und ich hangelte mich in der Hackordnung der Radiostationen von L. A. nach oben. Ich hatte verschiedene Jobs, strauchelte manchmal und verlor sie wieder, aber letztlich fand ich immer wieder etwas Neues. Bis ich irgendwann bei KLOS landete, dem Sender, bei dem ich im Herbst 1971 ein Interview führte, das sich als das folgenreichste meiner Karriere erweisen sollte.

Ich war zwar hauptsächlich Talkmaster und kein DJ, doch es gehörte zu meinem Job, über die neuesten Platten Bescheid zu wissen, schon damit meine Gästeliste frisch und interessant blieb. Viele der Interviewpartner in meinen Shows waren Freunde. Nachdem ich in das kleine Haus mit dem Hillevator im Laurel Canyon gezogen war, hatte ich den großen Vorteil, dass schon meine unmittelbare Nachbarschaft einen endlosen Vorrat an potenziellen Interviewpartnern bot. Ich konnte Gäste für meine Sendung buchen, indem ich einfach mit dem Hund um den Block spazierte und abwartete, wer mir in die Arme lief. Doch ich verbrachte auch viele Stunden zu Hause am Plattenspieler, hörte mir stapelweise Neuerscheinungen auf Vinyl an – die Plattenfirmen schickten mir zwanzig bis dreißig Stück jede Woche – und wartete auf eine Stimme, die mich aufhorchen ließ.

Und an jenem Tag im September 1971 fand ich eine solche Stimme.

Natürlich wusste ich, wer Yoko Ono war; wer wusste das nicht? Sie war John Lennons Frau und damals – wie heute – eine ziemlich polarisierende Person, die von vielen (unfairerweise) beschuldigt wurde, den Bruch der Beatles verursacht zu haben.

Offen gestanden, ich war nie ein Superfan der Beatles. Natürlich mochte ich ihre Musik, erkannte ihr umwerfendes Genie und wusste ihren enormen Beitrag zur Popkultur zu würdigen. Doch aufgewachsen war ich mit Elvis. Elvis Presley war der König meiner prägenden Teenagerjahre gewesen, und ich fühlte mich mit «Jailhouse Rock» enger verbunden als mit «I Want to Hold Your Hand». Tatsächlich hatte ich, als *With the Beatles* in Amerika zum ersten Mal zu hören war, mein Elternhaus schon verlassen und studierte am City College. (Übrigens gab es wohl in der gesamten Geschichte der Musikindustrie keine Veröffentlichung mit einem schlechteren Timing – die Platte erschien in Großbritannien just an dem Tag, als Kennedy erschossen wurde.)

Doch ich bewunderte John und Yoko als Kulturphänomen schon vor dem Ende der Beatles 1970. Ich hatte die breite Berichterstattung über ihre «Bed-ins for Peace»-Kampagne 1969 verfolgt, als die beiden unmittelbar nach ihrer Hochzeit im Pyjama in Hotelzimmern in Amsterdam und Montreal kampierten und spontane Diskussionen mit Mitgliedern der Weltpresse über die Beendigung des damals noch tobenden Vietnamkriegs führten. Abgesehen davon, dass das politisch unglaublich mutig war – John und Yoko nahmen Ehrenplätze auf Nixons Liste seiner schlimmsten Feinde ein und wurden regelmäßig vom FBI überwacht –, flößte mir auch ihre geniale Fingerfertigkeit in Sachen PR Respekt ein. Sie brachten die Presse dazu, ihre Botschaft hinauszutragen – in diesem Fall ihren Protest gegen das sinnlose Blutvergießen in Südostasien –, indem sie sie zu ihrer Hochzeitsreise einluden! Einfach genial.

Doch an diesem schicksalhaften Herbstnachmittag, als ich Yokos Album *Fly* von dem Stapel der neuen Platten nahm, schaute ich genauer hin. Das ließ sich ja auch kaum vermeiden: Das Cover zeigte eine faszinierende Nahaufnahme von Yokos Gesicht, ein verzerrtes, doppelt belichtetes Polaroidfoto, das durch gebogenes Glas aufgenommen worden war, sodass es aussah, als würde sie weinen. Der Fotograf, so stellte ich beim Blick in die Copyrightangaben fest, war John.

Hatte mich schon das Cover neugierig gemacht, so war ich endgültig fasziniert, als ich die Platte auflegte. Noch nie in meinem Leben hatte ich etwas Derartiges gehört. Es war konzeptuell und experimentell, verwirrend und schwer fassbar, aber irgendwie auch inspirierend. In Yokos Stimme lag ein unverfälschter, tief sitzender Schmerz, ein vollkommen anderer Sound als die friedlichen Harmonien, die aus den offenen Fenstern meiner Nachbarschaft wehten. *Fly* war ein Doppelalbum mit dreizehn Titeln und einer Spielzeit von 94 Minuten, aber ich hörte es mir gleich zweimal hintereinander an. Als ich damit fertig war, wusste ich zweierlei ganz genau: Zum einen, dass ich die Platte im Radio spielen wollte. Und zum anderen, dass ich mit der Frau sprechen wollte, die sie gemacht hatte.

Damals in den Siebzigern war es ein relativ einfaches, wenn auch manchmal zermürbendes Unterfangen, einen Gast für eine Radiosendung zu buchen. Man musste eigentlich nur etwa zwanzig bis dreißig Telefonanrufe erledigen. Das war der Nachteil an einem solchen Job in einer Zeit, in der es noch kein Internet und keine E-Mails gab: Man hing ständig am Telefon. Erst einmal musste ich die Plattenfirma (in der Regel in New York) kontaktieren, um den Namen des Pressereferenten herauszufinden, der die Künstlerin oder den Künstler betreute. Dann musste ich diesen Pressereferenten anrufen und die Einladung platzieren. Der Pressemensch musste dann versuchen, die Künstlerin oder den Künstler (oder den dazugehörigen Manager) ausfindig zu machen, sie anrufen und mich anschließend zurückrufen.

Doch bei Yoko ging es unheimlich schnell und einfach. Ich rief bei der Plattenfirma an und erklärte, dass ich das Album im Radio bringen und seine Schöpferin während der Sendung telefonisch interviewen wolle. Am Tag darauf sprach ich mit Yokos Assistenten.

«Wie wäre es mit Sonntagabend?», fragte er.

Ich bereite mich auf Interviews gerne vor, deshalb recherchiere ich vorher normalerweise ziemlich viel. In Yokos Fall hatte ich angefangen, noch einmal ihr Buch *Grapefruit* zu lesen. Dieses Beispiel literarischer Konzeptkunst hatte sie 1964 veröffentlicht, zwei Jahre bevor sie John Lennon kennenlernte. Viele Menschen vergessen allzu leicht, dass Yoko damals schon eine anerkannte Künstlerin mit einem ganz eigenen Hintergrund war. Als Tochter eines einflussreichen Bankers in Japan hatte sie die gleiche Schule besucht wie der künftige Kaiser Prinz Akihito, hatte später am Sarah Lawrence College in New York studiert und sich dann der Avantgarde-Szene in Downtown Manhattan angeschlossen.

Nachdem sie ihre eigene Künstlerkarriere gestartet hatte – mit Performances wie der berühmten interaktiven Arbeit *Cut Piece* aus dem Jahr 1964, bei der sie passiv dasaß, während Menschen aus dem Publikum dazu eingeladen wurden, mit einer Schere Teile des Kleides abzuschneiden, das sie trug –, zog sie gemeinsam mit ihrem ersten Ehemann, dem Filmproduzenten Anthony Cox, nach London. Dort traf sie John in einer Kunstgalerie, die ihre Arbeiten ausstellte, und trennte sich ein paar Jahre später von Cox. Etwa um die gleiche Zeit ließ sich auch John von seiner ersten Frau, Cynthia Lennon, scheiden.

Grapefruit war eine von Yokos zugänglicheren und skurrileren künstlerischen Arbeiten. Es handelte sich um ein einfaches quadratisches Buch mit «Anleitungen». Auf jeder Seite fand sich eine kleine mentale Übung für die Lesenden, nicht exakt so geschrieben wie ein Haiku, aber doch ähnlich. «Stell dir vor, die Wolken tropfen. Grab ein Loch in deinem Garten, um sie hineinzulegen», lautete eine solche Aufforderung. Oder: «Stell dir einen Himmel mit tausend Sonnen vor. Lass sie eine Stunde lang scheinen. Dann lass sie langsam mit dem Himmel verschmelzen. Mach dir ein Thunfisch-Sandwich und iss es.»

Ich muss zugeben, dass ich nicht alle Anleitungen befolgte, aber es war anders als alles, was ich bisher gelesen hatte.

Als ich mich auf das Interview vorbereitete, hatte ich keine besonders hohen Erwartungen. Ich hatte auch nicht das Gefühl, mein Interview mit Yoko würde eine Riesensache oder die Menschen würden hinterher darüber reden, so wie es nach meinen Interviews mit Jack Nicholson oder Groucho Marx der Fall gewesen war. Man riss sich zu dieser Zeit nicht unbedingt darum, ihre Stimme zu hören. Doch ich war fasziniert von ihrer Kunst und ihrem Ruf, und ich freute mich auf dieses – wie ich annahm – einmalige Gespräch.

Yokos Assistent hatte mir ihre private Telefonnummer gegeben, die ich am Sonntagabend um 21 Uhr Pacific Time anrufen sollte. Sie war in New York, bei ihr würde es also Mitternacht sein. Um Viertel vor neun kam ich in mein Studio bei KLOS, wo mein Produzent Barney schon hinter seiner Glaswand saß. Ich nickte ihm zu und erledigte dann meine üblichen Vorbereitungen: Ich dimmte das Licht, zündete eine Kerze und ein Räucherstäbchen an, rückte mein Mikrofon zurecht, und genau um 21 Uhr wählte ich Yokos Telefonnummer. Ich hatte absolut keine Ahnung, wie sehr sich mein Leben verändern würde.

Nach dem zweiten Läuten nahm sie ab.

«Hallo!», sagte sie. «Hier ist Yoko.»

KAPITEL 2

Los Angeles, 1971

«Hunde freuen sich schon, bevor es schneit, und wedeln mit dem Schwanz.»

«Das wusste ich nicht», antwortete ich.

«Oh, ich wusste es auch nicht, das hat mir jemand erzählt. Ich weiß noch nicht mal, ob es stimmt. Aber ich bin ja auch kein Hund.»

So verlief unser Interview an die vierzig Minuten lang: ein Wirbelwind von Gedanken und Ideen – gelegentlich zusammenhängend, häufig nicht –, als ich zum ersten Mal, und zwar live im Radio, den Taubenschlag, der Yoko Onos Geist ist, zu erkunden versuchte.

Wir sprachen über Musik und Kunst («Um Künstler zu werden, ist kein Talent nötig; nötig ist nur eine bestimmte Geisteshaltung»). Wir sprachen über Träume («Die meisten meiner Träume drehen sich darum, etwas mit Farbe zu machen»). Wir sprachen über Politik und Frieden und ihre Vorstellung von Utopia («Ich glaube an totale Freiheit, eine Welt totaler Freiheit würde entstehen, wenn es die totale Kommunikation gibt»).

Im Grunde war das Einzige, was wir nicht ansprachen, zumindest nicht direkt, ihre Beziehung mit John. Das war Absicht: Wie ich wusste, war Yoko praktisch in jedem Interview, das sie seit ihrem Kennenlernen 1966 gegeben hatte, über ihren Mann ausgefragt worden. Ich beschloss daher, das Thema nicht anzuschneiden. Unser Gespräch sollte anders verlaufen, sich ganz um sie und ihre Arbeit drehen.

Aber unweigerlich kam die Sprache doch noch auf John. Im Nachhinein war es sogar der ergreifendste (und erschreckendste) Wortwechsel in diesem ersten Interview, als ich die damals achtunddreißig Jahre alte Yoko fragte, ob sie je über den Tod nachdachte. «Oh, ja, manchmal machen wir das», sagte sie und antwortete damit für beide. «Am meisten beschäftigt uns, wer zuerst sterben wird, weil wir das nicht unter Kontrolle haben. John und ich sprechen viel darüber. John könnte es nicht ertragen, wenn ich zuerst gehen würde, und er sagt immer: ‹Du musst mich zuerst gehen lassen.› Inzwischen wird ihm klarer, wie verletzlich ich bin, und er macht sich mehr Gedanken um mich. Manchmal sagt er: ‹Okay, ich kann nicht als Erster gehen, weil ich dich nicht alleinlassen kann.›»

«Ergreift ihr Vorsichtsmaßnahmen?», fragte ich.

«Nein, ich fürchte, wir sind nicht sehr vorsichtig. Aber wir machen uns Sorgen um die Gesundheit des anderen. Wir versuchen, uns gegenseitig vom übermäßigen Rauchen abzuhalten. Doch abgesehen davon sind wir nicht sehr vorsichtig.»

«Und wenn ihr nicht mehr am Leben seid, wie soll man sich an euch erinnern?», wollte ich wissen.

«John und ich lebten, liebten und starben», erklärte sie.

Selbst zu diesem frühen Zeitpunkt meiner Karriere hatte ich bereits Hunderte von Musikern und Künstlern interviewt. Viele von ihnen waren inspirierend, andere weniger. Sagen wir so: In ihrem Werk drücken sich manche Künstler beredter aus als im Radio. Was das Interview mit Yoko anging, fand ich, dass es gut gelaufen war. Den Anrufen nach zu urteilen, schien es den Zuhörern gefallen zu haben. Ich fand Yoko interessant und anziehend, aber, ehrlich gesagt, ich hielt das Gespräch nicht für meinen bedeutendsten Rundfunkmoment.

Trotzdem hallte unser Gespräch in mir nach. Darüber dachte ich nach, als ich um zwei Uhr morgens, nachdem ich die Sendung beendet hatte, mit meinem alten Morris Minor zum Laurel Canyon zurückfuhr. Während ich den Sunset Boulevard entlangrollte, wurde mir langsam klar, dass mir nicht das, was Yoko gesagt hatte, im Kopf herumging, sondern das Gefühl, das sie bei mir auslöste. Es war eigenartig entspannt und vertraut, so als hätten wir einander schon Ewigkeiten gekannt und bloß ein Jahre zuvor begonnenes Gespräch fortgesetzt. Mit einer fremden Person erlebte ich so etwas nur selten, und schon gar nicht auf Sendung während eines Interviews.

Doch bis ich am Oak Court geparkt hatte, mit dem Hillevator zu meiner Haustür gefahren war und es mir gemütlich gemacht hatte, war ich mit den Gedanken ganz woanders.

Ich weiß, dass die meisten Menschen Schlaflosigkeit für ein Leiden halten, für etwas, das man bekämpfen und überwinden muss. Früher sah ich das auch so, mittlerweile aber nicht mehr. Gelegentlich versuchte ich, an meinem Schlaf-wach-Rhythmus zu drehen, und verbrachte sogar eine Nacht in einem Forschungslabor von Stanford, wo praktisch an jedem Zentimeter meines Körpers Drähte befestigt wurden, um meinen Ruhe-Rhythmus zu analysieren, nur damit mir der Arzt am nächsten Morgen verkünden konnte, dass ich an Schlaflosigkeit litte («Das macht dann bitte 2000 Dollar»), aber insgesamt hatte ich mich mit meiner Nachtaktivität abgefunden.

Ich hatte die nächtlichen Stunden sogar zu schätzen gelernt, das weit entfernte Funkeln der Lichter der Stadt am Fuß des Hügels, die Klänge der Grillen und Eulen, die samtweiche Abgeschiedenheit der Dunkelheit. Nach meiner Schicht beim Radiosender gab es nichts Entspannenderes, als es mir mit einem guten Buch auf dem Sofa gemütlich zu machen, mir einen schlecht gedrehten Joint anzuzünden – ich hatte nie den Dreh raus – und in meinem Laurel-Canyon-Refugium davonzuschweben.

Und natürlich schrieben wir die Siebzigerjahre, ich war in meinen Zwanzigern und lebte in L. A. – seinerzeit die Kapitale der freien Liebe in der westlichen Welt. All meine Nächte verbrachte ich also nicht zu Hause.

Im Laurel Canyon selbst war nicht viel los: keine Nachtclubs, Restaurants oder Kinos, nichts Kommerzielles, nur Leute, die Musik machten, Sex hatten und kifften. Wer also Nachtleben wollte – und das wollte ich, oh ja –, musste zweieinhalb Kilometer den Hügel hinabfahren, wo es das Troubadour, das Roxy und das Whisky a Go Go gab (ich war im Publikum, als die Doors zum ersten Mal dort spielten. Als Jim Morrison die Bühne betrat, dachte ich: Wenn James Dean beschlossen hätte, Sänger zu werden und nicht Schauspieler ...).

Der Sunset Strip und die dortige Szene waren ein wichtiger Teil meines Lebens. Viele Abende, an denen ich nicht auf Sendung war, verbrachte ich ganz in der Nähe, im Dan Tana's. In diesem legendären Bistro in West Hollywood traf man immer alte Freunde – und potenzielle neue. Und dann war da noch das Troubadour, der berühmte Rock'n'Roll-Club, wo ich viele meiner freien Abende verbrachte, um Live-Auftritte von Cat Stevens, Van Morrison und Don Henley zu sehen, um nur einige legendäre Künstler zu nennen. Und mir als «Persönlichkeit» des Lokalradios und zunehmend «namhaftem» Rock-Interviewer erwies der Club einige besondere Aufmerksamkeiten. Sagen wir mal so: In der Schlange vor der Tür musste ich nie warten. Und obwohl ich kein Frauenschwarm war, war es damals nicht besonders schwierig, Gesellschaft für die Nacht zu finden, auch ohne Rockstar zu sein.

Jedenfalls wachte ich am Tag nach dem Yoko-Interview zu meiner gewohnten Zeit auf – Schlag zwölf – und begann mit meinen eher lockeren Alltagsritualen. Ich brühte mir eine Tasse Kräutertee auf, machte ein paar leichte Gymnastikübungen und meditierte ein wenig. Dann unternahm ich mit Shane einen langen Spaziergang durch den Laurel Canyon. Wieder zurück sah ich meine Post durch, überflog die Schlagzeilen und machte mir erste Gedanken zu meiner Sendung an diesem Abend: Ich musste Barney, meinen Produzenten, anrufen und unsere Liste möglicher Gäste mit ihm durchgehen. Gerade brühte ich mir die zweite Tasse Tee auf, als das Telefon klingelte.

«Hallo, Elliot, hier ist Yoko», sagte sie und ohne eine Antwort abzuwarten: «Ich war sehr zufrieden mit unserem Interview gestern Abend. Die Fragen, die du gestellt hast, haben mir gefallen. Du hast mir den Raum gegeben, mich auszudrücken.»

Ich öffnete den Mund, um etwas zu sagen, doch sie redete weiter.

«Ich habe Interviews mit John gegeben – er und ich zusammen –, aber ich bekomme nie die Gelegenheit, mich zu äußern», berichtete sie. «Eigentlich wollen die Interviewer mit John sprechen, nicht mit mir, also stellen sie mir keine Fragen. Ich habe deswegen angefangen zu stottern. Ich habe das Gefühl, dass ich mich beeilen muss, wenn ich etwas sagen will, bevor mich der Interviewer unterbricht und mit John spricht. Das hat mich beim Sprechen gehemmt.»

Sie schwieg einen Moment. «Manchmal», fuhr sie fort, «ist es sehr schwierig, ich zu sein.»

Und, nicht vergessen: Ich hatte bis dahin nur den Hörer abgehoben und «Hallo!» gesagt – das war alles. Ich hatte kein weiteres Wort von mir gegeben. Yoko stürzte sich einfach direkt in ein Gespräch, als wären wir tatsächlich seit Jahren befreundet. Wie ich schnell herausfinden würde, war das die Energie, die unsere gesamte Beziehung bestimmen würde. In diesem Moment war ich aber so perplex über ihren Anruf, dass ich nur versuchen konnte, ihr zu folgen und zu verarbeiten, was sie sagte.

«Ich kann mir vorstellen, wie schwierig es ist, du zu sein», schaffte ich schließlich hervorzubringen.

«Weißt du, manchmal bitten sie uns bei einem Interview in verschiedene Räume, John in den einen und mich in den anderen», fuhr sie fort. «Sie erzählen, dass sie uns beide interviewen werden und dann die Interviews fürs Radio oder die Zeitung kombinieren. Aber mit John bleiben sie anderthalb Stunden in dem Raum, und mit mir reden sie vielleicht zehn Minuten. Und wenn ich dann später den Artikel lese, tauche ich gar nicht darin auf.»

«Verletzt das deine Gefühle?», fragte ich, weil ich nicht wusste, was ich sonst sagen sollte.

«Nun, meine Gefühle verletzt es jedes Mal, weißt du», gestand sie. «Aber der beste Umgang mit verletzten Gefühlen besteht darin, sich besser zu fühlen. Also streiche ich diese Menschen aus meinen Gedanken.»

«Es muss hart für dich sein, Interviews zu geben und zu wissen, dass die Interviewer dich immer nur nach John fragen werden.»

«Nein, weil ich jedes Mal hoffe, dass mir die nächste Person, die mich befragt, die Gelegenheit zum Reden geben wird.»

So plauderten wir etwa vierzig Minuten, vielleicht länger, dann erklärte Yoko ohne Vorwarnung: «Ich muss gehen», und legte auf.

Ich war, gelinde gesagt, verblüfft.

Nicht etwa, weil mich jemand Berühmtes überraschend zu Hause angerufen hatte. Der Umgang mit Stars hat mich nie auch nur im Mindesten mit Ehrfurcht erfüllt. Bis dahin hatte ich genug Berühmtheiten interviewt, um dem Zauber des Ruhms gegenüber immun zu sein. Nein, was mich umgehauen hat, war die schiere Großzügigkeit dieser Geste. Niemand, den ich bis dahin interviewt hatte – oder auch seither –, hatte sich je die Mühe gemacht, mich anzurufen, um mir zu danken. Das war etwas ganz Schlichtes, aber so erschütternd aufmerksam und unerwartet, dass es mir die Sprache verschlug.

Und dann – noch überraschender – rief sie mich gleich am nächsten Tag wieder an.

Diesmal war es fünf Uhr morgens, was selbst für jemanden mit Schlaflosigkeit eine unbehagliche Zeit ist. Bei Yoko in New York war es immerhin acht Uhr früh, eine etwas gesittetere Zeit. Aber obwohl ich nur halb bei Bewusstsein war, freute ich mich, wieder von ihr zu hören. Während ich mit Mühe den Schlaf aus meinem Hirn verjagte, stieg Yoko direkt in unser Gespräch vom Vortag ein.

«Also, ich habe gerade ein Buch zu Ende gelesen», legte sie los, ohne auch nur «Hallo» zu sagen. «Es ist ein Krimi, weil ich Krimis mag. Ich lese vor allem Krimis.»

Später wurde mir klar, dass Yoko sämtliche Gespräche auf diese Art begann – jedes wirkte wie die nahtlose Fortsetzung des letzten. Höflichkeiten oder Entschuldigungen waren überflüssig. Es war eine Endlosschleife.

Obwohl ich an dem Tag etwas benommen war, brachte ich eine Reaktion zustande: «Das überrascht mich. Ich hätte gedacht, dass du als Künstlerin viel über Kunst liest.»

«Künstler lesen nichts über Kunst», stellte sie fest. «Künstler erschaffen bloß Kunst.»

«Was fasziniert dich an Krimis?»

«Na, man kennt das Ende nicht, es sei denn, man ist sehr clever und findet es heraus.»

«Ist es dir wichtig, den Whodunit-Teil herauszufinden?»

«Mir ist es wichtig, zu verstehen, wie ein Autor das Geheimnis vor dem Leser verbirgt, wie er oder sie es dem Leser schwer macht, das Ende zu erraten.»

«Mich würde interessieren, was du außer Krimis noch so liest», hakte ich nach.

«Warum?», fragte sie.

«Ich dachte einfach, dass dich vielleicht noch andere Bücher beschäftigen.»

«Ich lese drei oder vier Bücher gleichzeitig», erklärte sie. «Ich habe immer Bücher um mich. John genauso. Wir fangen verschiedene Bücher an, hören mit welchen auf, und manchmal tauschen wir sie untereinander aus. Momentan lese ich auch ein Buch über Vegetarismus, weil ich überlege, meine Ernährung umzustellen.»

«Also», kommentierte ich, während ich mir immer noch den Schlaf aus dem Kopf schüttelte, «liest du gerade ein Buch über Vegetariertum und steckst mitten in einem Krimi ...»

«Elliot», unterbrach sie mich und klang genervt. «Eben habe ich dir erzählt, dass ich einen Krimi *zu Ende* gelesen habe, erinnerst du dich?»

Ich lernte Lektion Nummer eins für Gespräche mit Yoko: Sei aufmerksam.

Der zweite Anruf dauerte länger als der erste – vielleicht neunzig Minuten. Ich erinnere mich, dass ich die Sonne aufgehen sah, als wir miteinander sprachen. Ein Großteil der Unterhaltung bestand aus jenem gemütlichen Geplauder, wie es alte Freunde führen, wenn es nichts Wichtiges zu besprechen gibt. Gleichwohl war es auf seine eigene Art aufschlussreich.

«Was isst du, wenn du aufwachst?», erkundigte sie sich.

«Gerne frisches Obst und ein bisschen Tee», erzählte ich.

«Machst du dir Süßstoff in den Tee?»

«Ja, das mache ich. Ich mag meinen Tee mit Süßstoff.»

«Das solltest du nicht tun», wandte sie ein. «Mit künstlichen Sachen kannst du nicht gesund bleiben.»

«Und was isst du morgens?», fragte ich zurück.

«Wenn ich aufwache, esse ich nichts», antwortete sie. «Ich nehme ein Eisbad. Jeden Morgen füllen die Assistenten die Badewanne mit Eiswürfeln und drehen das kalte Wasser auf. Ich steige dann in die Wanne und liege ganz still darin. So beginne ich meinen Tag.»

«Warum sollte man so etwas tun?», entgegnete ich entsetzt. Meine bevorzugte Art des Aufwachens war ein langes, sanftes, gemächliches Hinübergleiten ins Bewusstsein. Ein Eisbad gleich nach dem Aufstehen klang wie ein Albtraum.

«Es ist sehr gut für den Kreislauf», dozierte sie. «Es ist sehr wichtig dafür, wie sich das Blut durch den Körper bewegt. Das Blut hält im Herzen inne, wo es Inspiration aufnimmt. Es strömt zum Gehirn, wo es Wissen aufnimmt. Es strömt zu verschiedenen Teilen des Körpers, um einem Ausgeglichenheit und Stärke zu verleihen ...»

Zugegeben, das war ein wunderschöner Vortrag über die Vorzüge von Eisbädern. Aber ich wollte noch immer keines nehmen.

Wie schon Yokos erster Anruf endete auch der zweite abrupt und ohne viel Federlesens, indem sie erklärte, sie müsste los. Bevor sie auflegte, gab mir Yoko allerdings noch eine Nummer, unter der ich sie erreichen konnte – ein noch privaterer Anschluss als jener, den mir ihr Assistent für das Radiointerview genannt hatte –, und sie forderte mich auf, sie anzurufen, wann immer mir danach wäre. Das tat ich dann auch, gleich am nächsten Tag, aus Gründen, die ich nicht so recht erklären kann.

Teils waren wohl meine guten Manieren der Grund. Yoko hatte mich bereits zweimal angerufen; schuldete ich ihr jetzt nicht auch einen Anruf? Teils war es vielleicht auch die Neugier, wohin diese neue Telefonfreundschaft führen würde. Was auch immer der Grund war, dieses dritte Gespräch (das Radiointerview mitgezählt, das vierte) war eine Fortsetzung unserer früheren Dialoge. Tatsächlich waren – wie ich im Lauf der folgenden Jahrzehnte feststellen sollte – meine sämtlichen Telefonate mit Yoko, egal wie groß die Abstände dazwischen waren, Teil ein und desselben Gesprächs von epischer Länge.

«Ich habe Tee ohne Süßstoff probiert», erzählte ich ihr. «Und er hat mir nicht geschmeckt. Was ist mit Honig? Kann ich mir Honig in den Tee machen?»

«Elliot», belehrte sie mich, «so soll Tee schmecken. Warum etwas hineintun, damit er anders schmeckt? Du solltest Nahrungsmittel so essen und schmecken, wie Nahrungsmittel gegessen und geschmeckt werden sollten. Du solltest nichts hinzufügen müssen, weil den Nahrungsmitteln nichts fehlt.»

«Aber was ist mit Honig?», wiederholte ich. «Honig ist etwas Natürliches.»

«Elliot, habe ich es dir nicht gerade erklärt? Hast du nicht zugehört?»

Tatsächlich war mein höflicher Rückruf bei Yoko gar nicht wirklich nötig. Sie würde mich auch weiterhin in den kommenden Wochen und Monaten – und Jahren – beinahe täglich anrufen, und das zu allen Stunden des Tages, ohne Vorwarnung. Mal, um über einen Traum zu sprechen, den sie gehabt hatte; ein andermal, um von einem Künstler zu berichten, den sie gerade kennengelernt hatte. Mitunter rief sie auch an, weil sie einen neuen Song geschrieben hatte und ihn mir am Telefon vorsingen wollte.

Zuerst war ich erfreut, dass sie mich für einen wertvollen Gesprächspartner hielt. Und die Anrufe selbst fand ich stets irgendwie faszinierend. Yoko hatte eine einzigartige Denkweise, die mich die Welt ein klein wenig anders sehen ließ, selbst wenn wir über so einfache Themen sprachen wie Süßstoff im Tee.

Aber natürlich war mir auch klar, dass diese Anrufe ungewöhnlich, ja sogar seltsam waren. Warum sollte sich ausgerechnet Yoko Ono plötzlich so brennend für einen sechsundzwanzigjährigen Radiomoderator in L. A. interessieren? Damals ergab das nicht viel Sinn. Und nach all diesen Jahren ist es immer noch schwer zu verstehen. Ich bin eine Million Male gefragt worden, was Yoko damals in mir sah – warum sie sich von allen Menschen auf der Welt gerade Elliot Mintz aussuchte, um sich mit ihm anzufreunden. Die ehrliche Antwort lautet: Ich habe keine Ahnung. Man müsste schon Yoko fragen.

Ich weiß nur, dass ich an einem bestimmten Punkt, als sich die Anrufe im Herbst 1971 immer mehr häuften, das verwirrende Gefühl bekam, mein Leben würde in unerforschtes Terrain abbiegen. Die sich gerade entwickelnde Beziehung zu Yoko glich keiner anderen, die ich bis dahin je eingegangen war: In gewisser Weise wurde sie für mich zu einer Lehrerin, einer Weisen und Gelehrten, und ich zu ihrem jungen Schüler. Allerdings gestaltete sie meine Welt auf eine Art und Weise um, die sich zuweilen recht unangenehm anfühlen konnte.

So war ich beispielsweise, kurz nachdem Yokos Anrufe begonnen hatten, mit einer jungen Frau bei mir im Laurel Canyon. Wir hatten uns am Abend im Troubadour kennengelernt, wo ich mir einen Auftritt von Kris Kristofferson angesehen hatte. Ich schäme mich, einzugestehen, dass ich ihren Namen nicht mehr weiß (nennen wir sie, dem Geist der Siebziger entsprechend, Luna), aber ich habe noch klar vor Augen, wie umwerfend schön sie war, mit langen dunklen Haaren und einem makellosen Teint. Wir kamen ins Gespräch, tranken und rauchten miteinander, und ehe wir uns versahen, waren wir die letzten Gäste im Club. Danach erinnere ich mich erst wieder, wie wir mit dem Hillevator hinauf zu meiner Tür fuhren; ich glaube, wir haben uns da zum ersten Mal geküsst. Im Haus angekommen, bot ich ihr noch einen Drink an, aber sie war schon auf dem Weg nach oben zu meinem Schlafzimmer.

Fast forward: Luna schlafend in meinem Bett, unsere Kleider über den Boden verstreut. Es war gegen vier Uhr morgens, und ich war noch nicht ganz bereit einzuschlafen. Stattdessen lag ich neben Luna und bewunderte die sanfte Rundung ihrer Hüfte, die gerade noch so von meinem Bettlaken bedeckt war. Ich dachte darüber nach, ob ich womöglich meine Seelenverwandte gefunden hatte.

Dann klingelte das Telefon.

Ich schoss nach unten, um abzuheben, bevor das Klingeln Luna weckte. Ein Mann von edlerer Gesinnung hätte vielleicht einfach den Telefonstecker gezogen oder den Anruf ignoriert. Im Nachhinein betrachtet hätte ich das vielleicht tun sollen. Ich wusste aber, wer am anderen Ende war, und fühlte mich verpflichtet, den Anruf entgegenzunehmen.

«Ich werde eine Diät machen», kündigte Yoko an. Wieder: kein Hallo, keine Nettigkeiten, nur die unvermittelte Fortsetzung unseres nie abreißenden Gesprächs.

«Warum?», wollte ich wissen. «Ich sehe haufenweise Fotos von dir in der Presse und habe dich im Fernsehen gesehen. Du siehst nicht aus, als hättest du ein Gewichtsproblem.»

«Ich werde ein Fotoshooting machen und muss abnehmen. Wie macht man das am besten? Du lebst in Hollywood. Wie nehmen die Leute dort ab?»

Zu der Zeit praktizierte in L.A. ein berühmter Arzt vom Typ Doktor Feelgood, der Filmstars ein Abnehm-Elixier injizierte (humanes Choriongonadotropin oder hCG genannt), das vorwiegend aus dem Urin schwangerer Frauen bestand. Aus meiner eigenen, begrenzten Erfahrung wusste ich, dass dieser Zaubersaft tatsächlich das Fett zum Schmelzen bringen konnte. Trotz ihrer Warnung vor dem Übel künstlicher Süßstoffe schien Yoko unbedingt mehr darüber erfahren zu wollen.

«Kannst du mir was davon besorgen?», bat sie.

Nachdem ich ihr erklärt hatte, dass nur ein Arzt einem Patienten die Injektionen verabreichen könnte, wandte sich unser Gespräch anderen Themen zu. Bis Yoko auflegte, hatten wir ungefähr neunzig Minuten miteinander gesprochen. Als ich erschöpft wieder nach oben taumelte, fand ich dort eine hellwache Luna vor, aufrecht in meinem Bett sitzend.

«Wer war das?», fragte sie leise. «Ist alles in Ordnung?»

Lunas Blick verriet mir, was sie dachte: War dieser Kerl verheiratet? Hatte er eine Freundin?

«Alles in Ordnung», erklärte ich. «Das war nur ein Freund. Nichts Wichtiges.»

«Aber du warst über eine Stunde am Telefon», insistierte sie.

Ich druckste herum und versuchte es mit einer lahmen Erklärung: «Ich habe einen ganz speziellen Freund in New York, und wir reden spätnachts miteinander», was Luna nur noch mehr irritierte. «Es gibt wirklich keinen Grund zur Sorge», schob ich nach. «Das war nichts.»

Der Anruf und mein ungeschicktes Ausweichmanöver hatten einer ansonsten schönen Begegnung eindeutig eine kalte Dusche verpasst. Luna fragte immer weiter nach, ich blieb vage, und schon bald sammelte meine vermeintliche Seelenverwandte ihre Kleider vom Boden auf und machte sich bereit zu gehen.

Ich überlegte, Luna die Wahrheit zu sagen, ihr zu erzählen, dass Yoko Ono am Telefon gewesen war. Aber irgendwie fühlte es sich falsch an, so als würde ich gegen eine Art unausgesprochenen Vertrauenskodex verstoßen. Und selbst wenn ich die Wahrheit gesagt hätte, es hätte die Sache vermutlich nur noch schlimmer gemacht, bestimmt aber komplizierter. Ich konnte mir Lunas Reaktion vorstellen: *Warum telefoniert dieser nette Kerl, mit dem ich gerade im Bett war, um vier Uhr morgens mit John Lennons Ehefrau, der Frau, die die Beatles auseinandergebracht hat?*

Wenn ich mir selbst kaum erklären konnte, warum ich gerade neunzig Minuten mit Yoko telefoniert hatte, wie hätte ich dann von Luna Verständnis erwarten können?

Also schwieg ich, als sie in ihre Stiefel schlüpfte, sich ihre Tasche schnappte und nach unten lief, um sich ein Taxi zu rufen. Mir begann zu dämmern, wie sehr diese seltsame neue Telefonfreundschaft mein Leben beeinflussen würde.

Und das mit Yoko war bloß der Anfang.

Bald sollte ich John kennenlernen.

KAPITEL 3

Los Angeles, 1971

Wer John Lennon je reden gehört hat – und wer hat das heutzutage nicht? –, weiß, dass er sprach wie niemand sonst.

Seine Art, Sätze zu bauen – die ausgeprägte Rhythmik, der fröhliche Spracherfindungsgeist, der einzigartig verspielte Singsang –, hatte etwas ganz Eigenes, das sich in Schriftform nie wiedergeben ließ. Ich habe unzählige Bücher über John verschlungen, über Hunderten Interviews mit ihm gebrütet, aber nirgends ist mir auch nur ein gedrucktes Zitat begegnet, das präzise eingefangen hätte, wie er im wirklichen Leben klang.

Johns Stimme auf Buchseiten, selbst auf diesen hier, reproduzieren zu wollen, ist wie der Versuch, Dampf auf Papier zu bringen. Es geht einfach nicht.

Immerhin bin ich halbwegs zuversichtlich, wenigstens den Inhalt unserer vielen Gespräche seit dem ersten Interview in meiner Radiosendung am 9. Oktober 1971, seinem einunddreißigsten Geburtstag, darstellen zu können – ich kann, wenn schon nicht den Klang, dann doch seine Worte selbst rüberbringen.

Es war übrigens Yoko, deren Stimme sich entschieden leichter auf Papier übertragen lässt, die dieses erste Interview arrangierte. Sie hatte mir tatsächlich als Erste vorgeschlagen, John zu interviewen, ein paar Wochen nachdem wir unsere inzwischen beinah täglichen Telefongespräche begonnen hatten.

Wir hatten ausgerechnet über Jiddu Krishnamurti gesprochen, den indischen Philosophen, den ich gerade las. «Ich hab einen Haufen metaphysisches Zeug gelesen», sagte ich. «Und eben ist ein neues Buch mit Auszügen aus Vorträgen von ihm erschienen.»

«*Einbruch in die Freiheit*», sagte Yoko.

Ich war beeindruckt. Krishnamurti war innerhalb eines bestimmten spirituellen Milieus in den Siebzigerjahren zwar ein viel gelesener Autor, aber Bestseller waren seine Bücher nicht. «John liest es auch gerade», sagte sie.

«Ist er Krishnamurti-Fan?»

«Nein», antwortete sie. «John würde sich nie als Fan bezeichnen. Er mag das Wort nicht. Er scheint einfach viel mit dem Mann anfangen zu können.»

«Du solltest es auch lesen», sagte ich.

«Nein, solche Bücher lese ich nicht.»

«Das hier könnte dir gefallen», beharrte ich. «Red doch mal mit John darüber.»

«Red du doch mal mit ihm darüber», konterte sie.

Ich hatte es gar nicht auf eine solche Einladung angelegt. John war in den ersten Monaten unserer Telefonfreundschaft nie Gesprächsthema gewesen. Ich hatte Yoko nie direkt nach ihrem Mann gefragt und nie mehr als höflich-freundliches Interesse an dem geäußert, was er so trieb. In der Anfangszeit stand allein sie im Fokus – zum einen, weil ich ernsthaft mit ihr sprechen wollte, aber auch, weil ich wusste, dass viele Menschen Yoko nur als Türöffner zu John sahen, und zu diesem Kreis wollte ich nicht gehören. Aber selbstverständlich war mir klar, dass der Mann, mit dem sie verheiratet war – und der während unserer immer längeren nächtlichen Telefonate womöglich im Nebenzimmer schlummerte –, durchaus selbst einen Ruf als philosophischer Denker hatte.

Außerdem war ich, ehrlich gesagt, auch neugierig, was John davon hielt, dass seine Frau so viel Zeit am Telefon mit einem anderen Mann verbrachte.

«Hat John kein Problem damit, dass du mit mir redest?», fragte ich Yoko.

«Natürlich nicht. Wie kommst du denn darauf?»

«Na ja, die meisten Männer wären einigermaßen besorgt oder

argwöhnisch, wenn ihre Frau mitten in der Nacht stundenlang mit einem anderen Mann telefoniert.»

«Machst du dich gerade etwas zu wichtig, Elliot?»

«Ich bin nur neugierig.»

«Du bist nur negativ», entgegnete sie.

«Na ja», ich versuchte einen holprigen Gangwechsel, «ich würde furchtbar gern mit John reden, wann immer er will.»

«John hat am 9. Oktober Geburtstag», sagte sie. «Da könntet ihr doch reden. In deiner Radiosendung.»

«John macht an seinem Geburtstag doch bestimmt lieber etwas anderes, oder?» Ich war erstaunt über ihre Idee.

«Er macht sich nichts aus Geburtstagen», sagte Yoko.

John hatte einen Monat zuvor *Imagine* veröffentlicht und schon relativ viel PR dafür gemacht, unter anderem durch seinen inzwischen legendären Auftritt mit Yoko in der *Dick Cavett Show*, wo sich die beiden kettenrauchend und gut gelaunt gegen das Gerücht verwahrten, Yoko habe die Beatles «gesprengt». Ich hatte mich – auch schon vor unseren Telefongesprächen – viel mit Johns und Yokos Interviews aus ihren ersten Jahren beschäftigt, und auch mit den Interviewern. Das lag zum einen an professionellem Interesse, ich verdiente ja inzwischen meinen Lebensunterhalt durch Gespräche mit Künstlern. Aber auch daran, dass John und Yoko überaus amüsante Gesprächspartner waren. Selbst der bekanntermaßen hochgebildete Talkshowmann Dick Cavett konnte kaum Schritt halten mit ihrem messerscharfen Schlagabtausch.

Für dieses Interview recherchierte ich nicht, das war nicht nötig. Ich wusste ja, wie die meisten Bewohner des Planeten Erde, die 1971 bei Verstand waren, jede Menge über Johns Früh- und Vorgeschichte. Dass er in der Nachkriegszeit in Liverpool von seiner Tante Mimi aufgezogen worden war, dass seine Mutter durch einen tragischen Unfall ums Leben gekommen war (vom Auto angefahren, am Steuer ein Polizist, nicht im Dienst und betrunken), dass er als Teenager

Paul McCartney bei einem Kirchenfest kennengelernt hatte – für jeden, der die Geschichte der Popmusik auch nur flüchtig kennt, gehört all das zum Grundkurs in Beatleskunde. Obendrein hatte ich dank meiner Freundschaft mit Yoko das Gefühl, John vielleicht etwas besser zu begreifen als die meisten Interviewer. Womöglich sogar besser als Dick Cavett.

Ein paar Tage später saß ich in meiner Studiokabine und griff zum Telefon. Ich gebe zu, ich war etwas nervöser als damals vor meinem ersten Anruf bei Yoko. Ich hatte natürlich auch immer im Hinterkopf, welche Radiogäste die interessantesten wären – und ein ehemaliger Beatle war sicherlich einer der ganz Interessanten. Aber inzwischen telefonierte ich seit Wochen mit Yoko, hatte also eine Vorstellung von John bekommen. Trotzdem hatte ich im Vorfeld unseres Telefoninterviews – das live gesendet wurde – keine Ahnung, was passieren würde. Ich hatte andere Interviews gehört und wusste, er konnte launisch und empfindlich sein. Ich hatte auch die Sorge, dass es Ärger wegen seiner Ausdrucksweise geben könnte – falls er live irgendein *four-letter word* benutzte. Ich fürchtete, das Gespräch könnte aus dem Ruder laufen.

«Ja, hallo?», sagte John, nachdem es nur zweimal geklingelt hatte. Er klang normal, ruhig.

Da er ja gerade einunddreißig geworden war, begann ich mit einer Frage nach dem Älterwerden.

«Meine Tante Mimi hat immer gesagt, dreißig ist das richtige Alter für einen Mann, und ich dachte da noch, die erzählt mir 'n Haufen Scheiß», antwortete er. «Aber irgendwie hatte sie recht. Das ist ein gutes Alter, man ist noch nicht alt, aber irgendwie schon so 'n bisschen erfahren.»

Ich fragte, ob er etwas aus seinen ersten dreißig Lebensjahren bereut.

«Ich glaub, ich bin jetzt so glücklich wie noch nie. Ich hab Yoko, und das ist das, was wirklich zählt. Ich hab auch das Gefühl, wenn ich irgendwas anderes gewesen oder anders gemacht hätte, hätte ich sie nie kennengelernt.»

Ich fragte, ob das Leben in New York ein anderes Tempo als das in London habe.

«Nein, nein», sagte er. «Beim Arbeiten leben Yoko und ich immer mit zweitausend Lichtjahren Geschwindigkeit, wenn wir nicht arbeiten, rühren wir uns nicht vom Fleck. Es ist immer das eine oder das andere Extrem, aber meistens geht alles sehr schnell, und um uns rum tobt andauernd ein kleiner Hurrikan.»

Das Interview dauerte gut vierzig Minuten. Irgendwann nach ungefähr sieben Minuten gab es eine böse technische Störung: Die Verbindung brach ab, der Albtraum jedes Radiomoderators. Zum Glück war sie nach ein paar hektischen Sekunden wiederhergestellt. Es gab auch ein paar Ausrutscher, am Ende zum Beispiel, als ich mich mit «God bless» verabschiedete – von John, dem Mann, der gerade eben einen Song veröffentlicht hatte, in dem er alle beschwört, sich eine Welt ohne Religion vorzustellen. Aber insgesamt fand ich unsere Unterhaltung gelungen. Als ich um zwei Uhr nachts wieder raus in den Laurel Canyon fuhr, war ich natürlich neugierig auf die Einschaltquoten. Hoffentlich hatten uns wenigstens ein paar Leute zugehört.

Es stellte sich heraus – es waren sehr viele gewesen.

Am Tag danach machte ich einen Spaziergang mit Shane. Wie üblich wurde ich winkend und lächelnd gegrüßt, wenn ich in diesem Labyrinth aus unbefestigten Wegen und Pfaden, aus denen die Gegend besteht, an Bekannten vorbeikam. Aber zu meinem Erstaunen blieben viele stehen, um mir zu sagen, wie gut sie das Lennon-Interview fanden und wie entspannt John mir gegenüber gewirkt habe.

Später fuhr ich zum Sunset Boulevard, um mir die Haare schneiden zu lassen. Ich bekam einen Stuhl zwischen zwei Stammkunden, die gerade intensiv ins Gespräch vertieft waren. Während der Friseur an meiner schulterlangen Siebziger-Frisur herumschnippelte, dämmerte mir, dass die beiden über das Radiointerview mit John sprachen. Offensichtlich ohne zu ahnen, dass der Interviewer der zottelhaarige Typ zwischen ihnen war. (Solche Momente gehören übrigens zu den grandiosen Vorteilen, wenn man fürs Radio arbeitet: Kaum jemand meiner Hörer wusste, wie ich aussah, also konnte ich, ohne erkannt zu werden, zuhören, wenn über mich gesprochen wurde.)

Etwas später klingelte bei mir zu Hause das Telefon, und es war ausnahmsweise nicht Yoko. «Hey, Elliot, was machst du gerade?», fragte David Cassidy. «Kann ich rüberkommen?»

David und ich hatten uns angefreundet, er war einer der Kumpel, die ich im Laurel Canyon kennengelernt hatte und mit denen ich ab und zu Zeit verbrachte. Er war fünf Jahre jünger, aber damals schon auf dem Gipfel seines Fernsehruhms. Vor seinem Haus im Colecrest Drive schwirrten scharenweise Fans herum, vor allem Mädchen im Teenageralter, in der Hoffnung, einen kurzen Blick auf den verträumten Keith aus der Fernsehfamilie Partridge zu erhaschen. Wenn er zu mir wollte, verließ er sein Haus durch die Hintertür, um dem Gewühl auszuweichen, und schlich sich über den «Geheimpfad» durch das Waldstück, das an sein und mein Haus grenzte.

«Dein Interview mit Lennon war spitze», erklärte er und setzte sich auf mein Naugahyde-Sofa. Ich entkorkte eine Flasche Wein. David war wie viele meiner Musikerfreunde im Laurel Canyon besessen von John, also nahm ich es als Riesenkompliment.

«Ich bin froh, dass es dir gefallen hat», sagte ich.

«Du hast so ein Glück», fuhr er fort. «Ich würde alles geben, um ihn kennenzulernen.»

Beim Einschenken überlegte ich kurz, ob ich David von meinen Telefonaten mit Yoko erzählen sollte. Es war verlockend. Ich wusste, wie fasziniert er wäre, wenn er erführe, dass ich regelmäßig Kontakt mit der Frau seines Idols hatte. Aber ich biss mir auf die Zunge, genau wie bei Luna. Wir hatten zwar noch nie darüber gesprochen, aber mir war instinktiv klar, dass diese Telefonbeziehung zu Yoko eine heikle Sache war – darüber öffentlich zu sprechen, würde unser Vertrauensverhältnis erschüttern. Ich wollte aber, dass das Vertrauen wuchs, und zwar auf beiden Seiten: Yoko hatte mir so viel erzählt, und ich hatte ihr im Gegenzug so viel von mir mitgeteilt. Ich beschloss, unsere Telefonate, zumindest erst mal, für mich zu behalten.

In den folgenden Tagen bekam ich immer mehr Komplimente von Freunden (und von Fremden) für meine Sendung – sie kamen an meinen Tisch bei Dan Tana und sagten «Chapeau!», sie brüllten mir ins Ohr, wenn ich mir einen Gig im Troubadour anschaute –, und ich erwog, John anzurufen und ihm für das Interview zu danken. Vielleicht erwartete er sogar einen Anruf, er wusste ja, dass seine Frau und ich enge Vertraute waren. Das wäre doch einfach höflich, oder?

Aber schließlich verwarf ich die Idee. Ich war John dankbar, dass er mir vierzig Minuten seiner Zeit gewährt hatte. Ich war dankbar, dass das Interview so gut gelaufen war. Und ich wollte mich nicht noch mehr in sein Leben einmischen als schon jetzt.

Aber ungefähr eine Woche später, ich stieg gerade zu meiner üblichen Zeit – vier Uhr morgens – ins Bett, rief John an.

«Ist da Elliot?», hörte ich eine leicht näselnde Stimme mit Liverpooler Akzent. «Hier ist John. Wie geht's dir?»

Ich war ziemlich groggy und sehr überrascht, deshalb antwortete ich geradeheraus: «Ich geh grad ins Bett.»

Er lachte. «Um diese Zeit?» An der Ostküste war es jetzt sieben Uhr, er war bestimmt gerade aufgewacht. Aber er wusste doch bestimmt auch, wie spät es in L.A. war. Oder etwa nicht? Egal, jedenfalls fuhr er fort: «Kann ich einen Augenblick mit dir reden?»

Das kitzelte meine Aufmerksamkeit. John Lennon fragt *mich*, ob *ich* Zeit habe, *mit ihm* zu reden. Worüber wollte er wohl sprechen? John war doch berühmt für seine wohlüberlegten, philosophischen Songs und Lyrics, wer weiß, was für ein inspirierendes Gespräch mir da bevorstand, welch grandiose Offenbarungen er mir zuteilwerden lassen würde. Ich war völlig unvorbereitet auf das, was dann kam.

«Ich hab mit Mother gesprochen» – er sagte immer Mother und

meinte damit natürlich Yoko –, «sie hat mir von den Abnehmpillen erzählt, die du mal genommen hast.»

«Abnehmspritzen», korrigierte ich, verwundert über die Frage und leicht verdattert.

«Hast du Gewichtsprobleme?», fragte er.

Hatte ich nicht. Ich erklärte ihm, dass ich irgendwann mal ein paar Pfund zu viel und Hormonspritzen ausprobiert hatte, hCG, schwer zu kriegen. Aber außer der Beteuerung, dass ich nicht übergewichtig war, schossen mir zwei andere Dinge durch den Kopf. Erstens: Weder John noch Yoko hatten die leiseste Vorstellung, wie ich aussah. Ich dagegen kannte Tausende Bilder von ihnen. Aus ihrer Perspektive war meine körperliche Erscheinung ein totales Mysterium. Ich war einfach eine körperlose, irgendwie monotone Stimme am Telefon. Zweitens: Yoko hatte offenbar Details aus unseren Gesprächen an John weitergegeben. Was hatte sie ihm sonst noch über mich erzählt?

«Kannst du mir welche besorgen?», fragte John. «Kannst du mir so 'n paar Pillen besorgen?»

«John», sagte ich, «hier geht anscheinend etwas durcheinander. Das sind keine Pillen – das sind Injektionen, die werden von einem Arzt gespritzt.»

«Injektionen?», wiederholte er.

«Ja, mit einer Nadel.»

«In den Hintern oder den Arm?»

«Hm, ich hab meine ins Hinterteil gekriegt.»

Es gab eine kurze Pause. Ich konnte John regelrecht denken hören.

«Bist du sicher, dass es die nicht als Pillen gibt?», fragte er.

«Ja, ziemlich.»

«Oder kann ich mir die selber spritzen?»

«Das glaub ich nicht. Du müsstest ja eine Nadel und den Stoff haben, und du müsstest die genaue Dosis kennen. Ich glaub nicht, dass ein Arzt dich das selber machen lässt.»

Die folgenden Minuten schimpfte John auf den Medizinbetrieb. «Die geben einem das auf keinen Fall als kleine Scheißpille, damit man immer schön zum Onkel Doktor muss», schäumte er. «Dabei kann so 'n Doktor nix für einen tun, was man nicht auch selber kann.»

«Und Operationen am offenen Herzen?», stichelte ich. «Kann man die auch selber machen?»

Er lachte. «Kann man's wissen? Hast du's mal probiert?» Dann wurde er wieder ernst. «Hör mal, Elliot, ich will einfach bloß fit rüberkommen. Kannst du rumtelefonieren und rauskriegen, ob du mir die Spritzen besorgen kannst? Würdest du das für mich tun?»

Wie ich später erfuhr, waren John und Yoko besessen davon, wie viel sie wogen. John hatte sein Leben lang mit seinem Gewicht gekämpft. Bei den Dreharbeiten zu *Help!* sei er in seiner «fat Elvis»-Phase gewesen, witzelte er gern: Er war deshalb sehr befangen gewesen und nahm die Sache sehr ernst. Er hatte alle Modediäten der Welt ausprobiert und war höchst empfänglich für jede neue Abnehm-Methode. Als unser Gespräch nach einer halben Stunde endete, kroch ich wieder ins Bett, zog mir die Decke über den Kopf und dachte darüber nach, was gerade passiert war. John hatte mich um vier Uhr nachts angerufen, nicht, um sich für das Radiogespräch zu bedanken wie Yoko oder einfach das eine oder andere subtile Thema zu vertiefen. Nein, er hatte angerufen, weil ich ihm Fettverbrennungsspritzen beschaffen sollte – oder noch besser Fettverbrennungspillen. Yoko war genauso fixiert auf ihr Gewicht wie er. Die beiden hatten sogar ihren gigantischen, begehbaren Wandschrank – er war eher ein Zimmer im Format einer kleinen Boutique – nach Kleidergrößen sortiert, inklusive eines Kleiderkarussells wie im Kaufhaus, nach Taillenumfang nummeriert.

Damals kam es mir allerdings höchst bizarr vor, dass mich John anrief und bat, ihm Diätpillen zu besorgen.

Ebenso bizarr war, dass ich mich darauf einließ. Gleich am nächsten Morgen – na ja, gegen Mittag – rief ich bei meinem Arzt an. Natürlich sagte die Sprechstundenhilfe, dass man an die Spritzen nicht herankam, und bestätigte, dass es sie mit Sicherheit nicht als Pillen gab. Ich dankte und legte auf. Dann rief ich einen Bekannten mit gewissen Verbindungen zum Pharma-Schwarzmarkt an. Auch er sagte, ohne Arzttermin gebe es das Zeug nicht.

Ich rief John an.

«Hör zu», fing ich an, «ich will dich wirklich nicht enttäuschen, aber ...»

«... du kannst mir nix besorgen», beendet er meinen Satz.

«Nein. Aber vielleicht finde ich jemanden in New York, der dir Spritzen gibt.»

«Du meinst so 'n Onkel Doktor, wo ich hinmuss?»

«Ja», sagte ich. «Ist mir schon klar, dass das logistisch etwas heikel für dich ist, aber anders geht's nicht, es sei denn, wir finden einen Arzt, der zu dir kommt.»

Er schien wirklich enttäuscht, hielt sich aber nicht lange damit auf. Seine nächste Frage kam tatsächlich total überraschend: «Kommst du aus Kanada? Weil, du klingst kanadisch.»

Ich erzählte ihm lachend, dass ich als Teenager gestottert hatte – dass ich das Stottern und meinen New Yorker Akzent wegtrainiert hatte, als ich im City College Rundfunkmachen gelernt hatte, und dass dabei eine neutrale Sprechweise herausgekommen war, die für ihn anscheinend kanadisch klang. Nach zehn, fünfzehn Minuten höflichem Geplänkel legte er einfach auf. Auf Wiedersehen sagte John genauso selten wie seine Frau.

Am nächsten Tag rief Yoko an, was natürlich keine Überraschung war, denn sie rief mindestens einmal täglich an. Ich fand das Ritual zwar etwas verblüffend, aber auch entzückend. Doch dieses Mal ging es um etwas anderes – sie wollte mich vorwarnen.

«John war deinetwegen enttäuscht», sagte sie. «Er war enttäuscht, weil du ihm diese Pillen nicht besorgt hast.»

«Yoko», erwiderte ich, «ich hab nie was von Pillen gesagt. Ich hab dir erzählt, dass es Spritzen sind.»

«Du hast mir erzählt, du bist zu einem Arzt gegangen, und der hat dir Pillen gegeben, und davon hast du abgenommen», beharrte sie.

«Bei allem Respekt, das hab ich nicht gesagt ...»

«Eins ist ganz wichtig, wenn man John etwas verspricht, muss man das auch halten», fuhr sie fort. Anstatt auf meine Richtigstellung einzugehen, gab sie mir einen Ratschlag, der sich später als unbezahlbar erweisen sollte. «Versprich John nie etwas, das du nicht einhalten kannst. Du darfst ihn nie enttäuschen. Vertrauen ist ihm unglaublich wichtig und dass Leute ehrlich sind.»

Es stellte sich heraus, dass ich ihn wohl doch nicht so sehr enttäuscht hatte, denn ab diesem Tag rief mich auch John fast täglich an. Und nicht nur wegen Diätpillen. In diesen ersten Wochen diskutierten wir in unseren Telefonaten über Politik, Geschichte, Theologie und jede Menge andere Themen. Wir sprachen oft über Bücher: John empfahl mir ständig Lesestoff und fing an, mir literarische Carepakete zu schicken. Jedes Mal, wenn ich den Briefkasten öffnete, fand ich irgendeinen Wälzer – nicht nur mit Widmung, sondern oft auch mit seinen handgekritzelten Randbemerkungen – und bekam pünktlich am nächsten Tag einen Anruf, weil er wissen wollte, ob ich schon durch sei.

Natürlich rief auch Yoko weiter täglich an, das heißt, ich steckte plötzlich bis über beide Ohren in einer exzentrischen telefonischen Dreiecksbeziehung. Es war berauschend und belebend, aber ehrlich gesagt auch enorm zeitraubend. An manchen Tagen beendete Yoko ein Zweistundengespräch mit dem Hinweis, dass John mit mir reden wolle, gab den Hörer weiter, und ich hing die nächsten Stunden mit ihm am Telefon.

Ich hatte ja auch noch so etwas wie ein eigenes Leben: eine Radiosendung, die meine Aufmerksamkeit verlangte, einen Hund, der spazieren gehen wollte, Nachbarn, die mich ab und zu einluden. Aber ich bekam immer mehr das Gefühl, zweigeteilt zu sein, wie ein zaudernder Superheld mit Doppelidentität. Der eine Elliot Mintz war der behutsame Moderator einer Radio-Talkshow, der andere führte ein Dasein im Verborgenen – als heimlicher Freund von John und Yoko –, von dem nicht mal meine engsten Freunde wussten.

Ich erinnere mich noch an eine der epischen Partys bei Micky und Samantha Dolenz, ungefähr sechs Wochen nach meinem Interview mit John. Micky hatte einen Teil seiner Einnahmen mit den Monkees in den Kauf des riesigen Hauses auf der Horse Shoe Canyon Road gesteckt, vier Etagen im Stil eines Schweizer Chalets, erbaut in den Dreißigerjahren von einem Disney-Ausstatter. Im November veranstalteten Micky und Samantha immer ein Thanksgiving-Dinner für die Waisenkinder des Laurel Canyon, wie Samantha sie nannte: Menschen, die keine Familie in Kalifornien hatten oder warum auch immer nirgendwo sonst hinkonnten. Es waren opulente Partys, zumindest gemessen am Standard der gegenkulturellen Nachbarschaft. Auf den Tischen standen Kristallgläser und nicht die üblichen Marmeladengläser oder Pappbecher, es gab Tischdecken und silbernes Besteck und Platten aus feinstem Porzellan, mit denen ein spektakuläres Mahl aufgetragen wurde – nicht etwa *ein* Truthahn, sondern vier oder fünf vollendet geschmorte Riesenvögel. Herd und Küche der beiden waren auf dem modernsten Stand.

Micky und ich waren inzwischen gute Freunde, er kam zur Tür und begrüßte mich mit einer ungestümen Umarmung. «Die reden immer noch alle über dein John-Lennon-Interview», sagte er grinsend und bat mich ins Haus. Das stimmte. Ich wurde beim Plaudern mit den anderen Gästen – Donovan, Brian Wilson, Danny Hutton, Beau und Jeff Bridges – mit Fragen über jene vierzig Radiominuten bestürmt. Einmal zog mich Alice Cooper, noch so ein Waisenkind vom Laurel Canyon, beiseite, legte mir den Arm um die Schulter und fragte fast kindlich-ehrfürchtig: «Wie war das, Elliot? Wie war es, mit John Lennon zu reden?»

«Wie ein Gespräch mit einem alten Freund», war alles, was mir einfiel.

Selbstverständlich sagte ich nicht, dass ich kurz zuvor über Stunden lebhaft mit John und Yoko am Telefon diskutiert hatte, so wie gestern und vorgestern auch. Niemand auf dieser Party – und schon gar nicht sonst wo auf der Welt – hatte die leiseste Ahnung, dass mein Leben immer mehr aufgezehrt wurde von zwei berühmten Fremden, die ich bislang noch nicht mal persönlich getroffen hatte.

Aber das sollte sich bald ändern.

KAPITEL 4

Ojai, <u>1972</u>

Anweisungen wie diese hätten gut und gerne auch von einem Kidnapper kommen können.

«Fahr dreieinhalb Meilen geradeaus, bis du bei einer großen Eiche ankommst. Hinter dem Baum ist ein Feld. Jenseits davon siehst du eine Telefonzelle. Du fährst um das Feld herum bis zu dem Telefon. Dort parkt ein grüner Kombi ...»

Die Stimme am anderen Ende der Leitung, die mir diese Anweisungen gab, gehörte Peter Bendrey, auch bekannt als «Peter the Dealer». Peter gehörte seit Langem zur Entourage von John und Yoko. Er war für das Paar so eine Art Faktotum, und zu seinen Aufgaben gehörte unter anderem auch jene, die sein Beiname andeutete. Für John war er ein mit allen Wassern gewaschener Problemlöser. Manchmal gestaltete er die Kataloge für die Ausstellungen in Yokos Galerie. Mitunter aber erledigte er auch ganz einfach Chauffeursdienste, und in dieser Funktion beschrieb er mir den Weg zu dem Telefonhäuschen auf der anderen Seite des Hügels hinter der großen Eiche.

Aber ich greife vor. Gehen wir noch einmal ein paar Wochen zurück ...

Ende Mai 1972 beschlossen John und Yoko, einen Roadtrip quer durch die Vereinigten Staaten zu machen. Obwohl sie New York kannten und in gewisser Weise auch Los Angeles, hatten sie alles, was zwischen den beiden Küsten lag, immer nur aus einer Höhe von 30 000 Fuß wahrgenommen. Daher quetschten sie sich in ihren großen Kombi, einen grünen Chrysler Town & Country – den sie den «Dragon Wagon» nannten –, und brachen, mit Peter the Dealer am Steuer, auf, sich die fruchtbaren Ebenen und majestätischen Berge Amerikas anzusehen.

Doch es gab noch einen anderen, dringenderen Grund für diese Landpartie. Wie John mir bald nach unserem Treffen erzählte, wollten er und Yoko weg vom Methadon, auf das man sie nach ihrer noch nicht lange zurückliegenden Heroinsucht gesetzt hatte. Methadon abzusetzen, ist kein Spaziergang – manche Leute behaupten, das sei schlimmer als der Heroinentzug. Während der Fahrt hatten John und Yoko mit einer Unzahl von Symptomen zu kämpfen – Schüttelfrost, Fieber, Muskelschmerzen, Übelkeit, kalter Schweiß, Herzrasen, Reizbarkeit –, aber die Tatsache, dass Peter sie begleitete, verhieß eine gewisse Linderung. Denn wie sich herausstellte, wirkte Marihuana wahre Wunder, was die Linderung der Entzugssymptome anging. Und wenn es etwas gab, was ihr Fahrer besorgen konnte, dann war es Pot.

John hatte anklingen lassen, dass er und Yoko sich in naher Zukunft vielleicht Richtung Westen aufmachen würden. Er hatte das so nebenbei in einer der Nachrichten erwähnt, die er mir um diese Zeit zukommen ließ. Aber mehr wusste ich nicht. Ich hatte keine Ahnung, dass sie schon unterwegs waren. Ihre täglichen Anrufe kamen weiter wie üblich, aber sie kamen wohl aus Motels oder von anderen Orten, an denen sie unterwegs übernachteten. Ich hätte nie damit gerechnet, dass sie schon so bald in Kalifornien sein und mich zu einem ersten persönlichen Treffen herbeizitieren würden.

Als ich an einem Freitagmittag im Juni nach dem Telefon griff, während ich mich noch im Bett ausstreckte, war ich daher mehr als erstaunt, Peters Stimme zu hören.

«John und Yoko wollen dich kennenlernen», sagte er. «Sie sind hier. Wir sind quer durchs Land gefahren.»

«Wirklich?», antwortete ich. «Ähm, das ist ja großartig. Wann wollen sie mich denn sehen?»

«Heute Nachmittag.»

«Klar. Das wäre toll!» Ich nahm an, das Treffen würde in einem Hotel in Los Angeles stattfinden – vielleicht im Beverly Wilshire oder im Beverly Hills Hotel. Von Laurel Canyon aus wäre das ungefähr eine Viertelstunde zu fahren. Aber Peter fing schon an, mir den Weg nach Ojai zu beschreiben, einem malerischen Städtchen in den Bergen, etwa hundertzwanzig Kilometer nördlich von L.A.

Ich hatte keine Ahnung, warum John und Yoko in Ojai gestrandet waren. Ich fragte mich, ob Peter vielleicht die falsche Abfahrt vom Pomona Freeway genommen hatte, oder ob die Lennons sich auf einen spirituellen Abstecher begeben hatten. Damals, noch bevor Ojai für seine Hot-Stone-Massagen und andere Wellness-Angebote bekannt wurde, war es ein metaphysischer Rückzugsort für philosophische und transzendentale Meditation. Auch Jiddu Krishnamurti besaß dort ein Haus.

Auf jeden Fall kannte ich die Gegend und war selbst schon ein paarmal dort gewesen. Daher war ich ein wenig alarmiert, was Johns und Yokos Ortswahl für unser erstes Treffen anging: Selbst wenn die Straßen einigermaßen frei wären, würde ich von Laurel Canyon aus mindestens eineinhalb Stunden dorthin brauchen. Und sogar Anfang der Siebziger war der Verkehr an einem Freitagnachmittag in L.A. alles andere als entspannt. Und da Freitag war, musste ich am Abend eine Radiosendung moderieren und spätestens um 21 Uhr wieder in der Stadt sein.

Es war also keine Zeit zu verlieren.

Ich schlüpfte in eine Jeans und warf mir ein Hawaiihemd über, nahm den Hillevator zur Straße und stieg in mein Auto. Ich hatte erst kürzlich meinen Morris Minor gegen eine alte weiße Jaguar-Limousine mit roter Innenausstattung getauscht und mir damit eine Menge Reparaturprobleme eingehandelt. Und schon war ich unterwegs zum Pacific Coast Highway. Für diesen Teil der Fahrt brauchte ich Peters Kidnapper-Anweisungen nicht: Du folgst dem Highway nach Norden und erreichst geradewegs Ventura. Dann biegst du nach rechts Richtung Ojai ab. Tatsächlich kannte ich den Weg gut genug, um ihn sozusagen auf Autopilot zurückzulegen: Ich kurbelte das

Fenster runter und genoss die leichte Brise, während ich die Küste hinauffuhr.

Ich war, wie ich zugeben muss, ein wenig nervös: teils, weil ich fürchtete, Peters verworrenen Anweisungen nicht mehr folgen zu können, sobald ich die Stadtgrenze von Ojai hinter mir gelassen hatte. Aber auch, weil ich nicht sicher war, wie die erste persönliche Begegnung mit John und Yoko laufen würde. So gut wir drei uns in den letzten Monaten auch verstanden hatten, war unser Kontakt doch nur über die Kupferdrähte des Telefons gelaufen. Würde der Zauber dieser Freundschaft vielleicht verfliegen, wenn ich nicht mehr nur eine körperlose Stimme am Telefon wäre, sondern ein realer Mensch? Würde der Elliot aus Fleisch und Blut ihren Erwartungen entsprechen?

Nach etwa einer Stunde und fünfundvierzig Minuten hatte ich die Eiche gefunden. Sie stand genau dort, wo Peter gesagt hatte. Ich sah die Telefonzelle am anderen Ende des Feldes, wie von Peter beschrieben. Ich lenkte den Wagen um eine ungepflegte Weide, bis ich die beschriebene Stelle erreichte – und natürlich stand dort auch der grüne Kombi.

Der entscheidende Augenblick war gekommen.

Ich atmete tief durch, stieg aus und ging zögernd auf den Wagen zu. Ich sah, wie eine der hinteren Türen aufging, und konnte eine schmale Frauengestalt erkennen, die von Kopf bis Fuß schwarz gekleidet war. Hinter ihr saß ein größerer, schlaksiger Mann mit einem langen Bart und einer dunklen Nickelbrille.

Yoko stieg aus dem Wagen, blieb an der Tür stehen und musterte mich erst einmal von Kopf bis Fuß. Sie war noch kleiner und schlanker, als ich von den Fotos her erwartet hatte. Ihr langes schwarzes Haar reichte bis zu den Hüften.

«Jetzt geh», hörte ich John sagen, «umarm ihn schon.»

Yoko war, wie ich bereits sagte, kein sehr körperbetonter Mensch. Aber sie trat auf mich zu, und ich bekam etwas, was man als Umarmung deuten konnte – eine Art sanftes Klopfen auf den Rücken. Dann sprang John aus dem Auto und erwies sich als begeisterter Umarmer. Er drückte mich so heftig, dass ich ein wenig erschrak. Er war kein Hüne – ungefähr einen Meter neunundsiebzig –, aber ich war doch deutlich kleiner, und er überragte mich, als er mich an seine Brust zog.

«Schön, dich kennenzulernen.»

Nach dem Austausch von ein paar Höflichkeitsfloskeln bat John mich, ihnen zu dem Haus zu folgen, in dem sie untergebracht waren. Aus Gründen, die ich damals nicht verstand, hatten sie es eilig, dorthin zurückzukommen. Also stieg ich wieder in mein Auto und folgte dem Dragon Wagon etwa zehn Minuten auf staubigen Schlaglochpisten, bis wir an einem abgelegenen Haus mitten im Nirgendwo ankamen.

Es war ein normales einstöckiges Vororthaus ohne Garten, mit ein paar kleinen Schlafzimmern, einer winzigen Küche und einem Miniatur-Pool mit einem Sprungbrett nach hintenraus. Ich erfuhr später, dass dieses an sich unscheinbare Haus eine lange Geschichte hatte: Es war 1905 von einem Bürgerkriegsveteranen gebaut worden. Später gehörte es einem emeritierten Philosophieprofessor des Vassar College, doch in den Sechzigern hatten ein politisch links orientierter Anwalt und seine Frau es zum Safe House für radikale Anti-Kriegs-Aktivisten umfunktioniert, die von den Behörden gesucht wurden und untertauchen mussten.

«Bist du hungrig?», fragte John, kaum war die quietschende Fliegengittertür des Hauses hinter uns zugeschlagen.

«Ich könnte was vertragen», antwortete ich. Außer einer Banane im Hillevator hatte ich noch nichts gegessen.

«Nimm, was du magst», sagte er und zeigte auf die winzige Küche. Dann folgte er Yoko durch die Hintertür an den Pool.

Im Kühlschrank war nichts. Zumindest nichts, was irgendwie essbar aussah – nur ein paar Flaschen Wasser und einige Behälter, die mit nicht identifizierbaren und wenig appetitlich wirkenden Flüssigkeiten gefüllt waren. Vermutlich irgendetwas Gesundes. Eine der Nebenwirkungen beim Methadonentzug ist Appetitlosigkeit. Das erklärte vermutlich, warum die Küche so schlecht bestückt war. Später, als ich John und Yoko besser kannte, wurde mir klar, dass das bei ihnen so üblich war. Sie hatten einen ungewöhnlichen Geschmack und selten etwas im Kühlschrank, bei dessen Anblick einem das Wasser im Munde zusammengelaufen wäre.

Nachdem ich ein wenig herumgesucht hatte, griff ich mir eine Flasche Wasser und ging raus an den Pool, wo mich eine Szenerie erwartete, die aus einem Fellini-Film hätte stammen können. Yoko lag in einem schwarzen Badeanzug und mit einer überdimensionalen Sonnenbrille auf dem Sprungbrett und sah in den Himmel. Ihr Haar hing links und rechts vom Brett herunter, sodass die Spitzen ein paar Zentimeter über der Wasseroberfläche schwebten. Sie schien so unbeweglich, dass es beinahe surreal aussah, als wäre die Zeit stehen geblieben. Doch der Anblick war so schön, dass ich kaum den Blick von ihr wenden konnte.

Dann hörte ich etwas hinter mir.

«Ich ziehe mir nur die Badehose über», rief John, der hinter einem faltbaren Bambus-Paravent stand. «Bin da 'n bisschen schüchtern, weißt du.»

Was dann eine Minute später hinter dem Paravent hervortrat, war einer der bleichesten Menschen, die ich je gesehen hatte. Ganz ehrlich, Johns Haut war fast so weiß wie Kopierpapier.

Zu dritt saßen wir schweigend einige Minuten um den Pool und genossen die Sonne. (Ich hatte keine Ahnung, wohin Peter verschwunden war.) Ich wartete darauf, dass ein Gespräch in Gang kam, aber aus irgendeinem Grund schienen John und Yoko schweigen zu wollen. Es wurde langsam unbehaglich, fast schon schräg, daher beschloss ich, das Wort zu ergreifen. Aber bevor mir einfiel, was ich hätte sagen können, stand Yoko unvermittelt vom Sprungbrett auf und kam herüber zu den PVC-Stühlen, auf denen John und ich saßen. Sie beugte sich zu mir und flüsterte mir ins Ohr: «Folge mir.» Und schon war sie im Haus.

Verwirrt warf ich John einen Blick zu, der aber nur nickte. Also stand ich auf und tat wie geheißen.

Yoko führte mich einen schmalen Gang hinunter ins Badezimmer, wo sie den Hahn über der Badewanne aufdrehte. Aber nicht, um sie volllaufen zu lassen, sondern wegen des lauten Geräusches, das das einlaufende Wasser machte. Dann setzte sie sich auf den Badewannenrand und winkte mich zu sich.

«Das ganze Haus ist verwanzt», flüsterte sie so leise, dass ich Schwierigkeiten hatte, sie zu verstehen. «Alles, was wir reden, wird aufgezeichnet. Sie hören alles ab.» Ihr Kopf kam noch näher. «Du darfst nichts von dem wiederholen, was wir dir hier erzählen. Das ist sehr gefährlich. Sag bloß niemandem, dass du uns kennst. Sonst hören sie dich auch ab und beschatten dich.»

«Aber, Yoko», sagte ich. «Warum sollten ‹sie› sich für mich interessieren? Ich bin doch für niemanden eine Gefahr ...»

«Weil alle möglichen Leute wissen wollen, was wir tun und wohin wir gehen», erklärte sie ungeduldig. «Wir sind sehr vorsichtig damit, wem wir vertrauen. Jeder betrügt uns. Halte uns einfach geheim.»

Es war ein Novum, dass einer der beiden auf die heimliche Natur unserer Freundschaft hinwies, obwohl ich keineswegs zum ersten Mal hörte, dass sie sich Sorgen machten, überwacht zu werden. John hatte das mehrmals erwähnt, wenn er unsere Telefongespräche unterbrach, um auf ein Klicken in der Leitung hinzuweisen – für ihn der Beweis, dass J. Edgar Hoovers Agenten zuhörten. Ich machte einmal den Fehler zu sagen, dass die Regierung, falls sie ihre Telefone verwanzen wollte, doch wohl eine Technik verwenden würde, die man nicht wahrnehmen würde. Meine Zweifel an seiner Abhörtheorie brachten John auf, so sehr, dass er sich noch tagelang darüber erboste. Ich lernte schnell, das nie wieder zu tun.

Aber als ich mit Yoko auf dem Rand der Badewanne saß und mir die größte Mühe gab, ihr Flüstern hinter dem Geräusch des fließenden Wassers zu dekodieren, fragte ich mich dennoch, ob ihr durchaus nachvollziehbarer Verdacht nicht an Paranoia grenzte. Es fiel mir schwer, mir vorzustellen, wie sich schwarz gekleidete FBI-Agenten in dieses Haus in Ojai schlichen und rund um den Swimmingpool Wanzen platzierten. Noch schwerer fiel es mir zu glauben, dass sie jemanden wie mich abhören wollten, einen harmlosen Radiomoderator aus L. A. Die US-Regierung wusste doch sicher Besseres mit ihrer Zeit anzufangen.

Aber natürlich war das kein bisschen paranoid, wie ich später erfuhr. John und Yoko wurden tatsächlich überwacht, wenn auch vielleicht nicht damals in Ojai. Eine im Rahmen des *Freedom of Information Act* Mitte der Achtziger angestrengte Klage auf Akteneinsicht förderte Hunderte Seiten geheimer Daten über John und Yoko zutage. Der Großteil war in den späten Sechzigern und zu Beginn der Siebziger gesammelt worden, als Präsident Nixon sich in den Kopf gesetzt hatte, dass die Lennons eine Bedrohung für die nationale Sicherheit darstellten – oder zumindest für seine Wiederwahl 1972.

Die Aktionen von John und Yoko gegen den Vietnamkrieg – vor allem die publicityträchtigen Bed-ins – waren Nixon sicher ein Dorn im Auge. Schließlich musste dieser Krieg auch zu Hause geführt werden, indem man Herzen und Köpfe (und Wählerstimmen) der Amerikaner für sich gewann. Johns und Yokos öffentlicher Protest erwies sich als starke Munition im Kampf für den Frieden. Aber das war es nicht allein, was Nixon aufregte. Es ging das Gerücht um, dass John und Yoko vorhatten, den für 1972 geplanten Nominierungsparteitag der Republikaner in Florida zu stören und dort ein Spektakel zu veranstalten, so wie das vier Jahre vorher auf dem Parteitag der Demokraten in Chicago geschehen war. Das konnte Nixon nicht zulassen. Also befahl er dem FBI, irgendetwas Belastendes über John in Erfahrung zu bringen, das einen Vorwand für eine Ausweisung ins Vereinigte Königreich liefern könnte.

In Wirklichkeit hatte John nicht vor, Nixons Nominierung zu stören. Ja, er und Yoko verbrachten viel Zeit mit Antikriegs-Aktivisten wie Jerry Rubin und Abbie Hoffman, die sich an das Paar hängten, kaum war dieses nach New York gezogen. Und ja, Rubin und Hoffman hatten wirklich Pläne, John und Yoko zum Parteitag in Florida zu schicken. Aber das würde nie passieren. John war parteipolitisch nicht interessiert. Er misstraute allen Politikern gleich welcher Couleur und beteiligte sich nie an politischen Kampagnen. «Ich habe in meinem ganzen Leben noch nie gewählt», vertraute er mir einmal an. «Und ich hab nie jemandem gesagt, wie er wählen soll.»

Johns Überzeugungen waren, soweit ich das nach unseren vielen Telefongesprächen sagen konnte, eher eine lose Ansammlung von Ideen und Prinzipien – von denen einige den Nixon-Anhängern wohl ziemlich radikal vorkamen – als eine ausgestaltete Weltanschauung. Er war für freie Liebe und unterstützte den Feminismus und das Recht auf Abtreibung. Er war hundertprozentig dafür, Marihuana zu legalisieren. Vor allem aber glaubte er, die Welt müsse «dem Frieden eine Chance geben», «give peace a chance», wie er das so schön in dem Song ausdrückte, der zur Hymne der Antikriegsbewegung werden sollte.

Davon einmal abgesehen war es schwierig, ihn auf eine bestimmte politische Agenda festzulegen.

Er war John Lennon, der Typ, der sich eine Welt des Friedens und der Liebe vorstellte. *Das* war seine Politik.

Wenn dieser Nachmittag in Ojai vom FBI aufgezeichnet *wurde* – wofür sich in den durch den *Freedom of Information Act* freigegebenen Akten keinerlei Belege fanden –, dann hätte die Regierung nichts weiter gehört als ein sehr entspanntes Gespräch zwischen drei engen Freunden, die sich zum ersten Mal persönlich sahen. Die Anspannung, die ich eben noch empfunden hatte, schmolz dahin, als wir am

Pool saßen und uns unterhielten. Wir verstanden uns genauso gut wie am Telefon. Obwohl John und Yoko davon ausgingen, dass wir vom FBI abgehört wurden, zeigten sie sich am Ende in Plauderlaune.

Irgendwann zwischendrin verschwand Yoko kurz im Haus, und John beugte sich zu mir herüber, um mir einen guten Rat für den Umgang mit seiner Frau zuzuflüstern.

«Hör mal, Kumpel», sagte er leise. «Du musst über Mother etwas wissen. Sie wird Dinge zu dir sagen, die keinen Sinn ergeben. Sie wird von dir Sachen verlangen, die komplett crazy wirken. Es wird Zeiten geben, in denen du dich fragst, ob sie verrückt ist. Tu einfach, was sie dir sagt. Sie hat fast immer recht. Sie sieht Dinge, die andere Leute nicht sehen können.»

Ich nickte, obwohl ich damals noch nicht wusste, welch guten Ratschlag er mir da erteilt hatte. Dann wechselte ich das Thema.

«Glaubst du, du könntest ganz in Ojai leben? Oder anderswo auf dem Land? Könntest du außerhalb einer Großstadt leben?», wollte ich wissen.

«Niemals», kam es wie aus der Pistole geschossen. «Mother ist ein Kind des Ozeans. Das ist die wörtliche Übersetzung ihres Namens ins Englische. Und ich komme aus einer Stadt am Wasser. Liverpool fließt durch meine Adern. Und New York regt meine Kreativität an, obwohl es mich manchmal wahnsinnig macht. Wir sind hier, um davon mal wegzukommen und clean zu werden, aber ich kann es kaum erwarten, von hier wieder abzuhauen.»

Wie bei allen Gesprächen mit John und Yoko verflog die Zeit im Nu, und ehe ich es merkte, nahm der Himmel eine dunkle purpurrote Tönung an, als die Sonne sich langsam hinter dem Horizont verabschiedete. Es war fast 19 Uhr, und ich musste wegen meiner Radiosendung unbedingt zurück nach L.A. Also verabschiedete ich mich und wappnete mich für die Heimfahrt über den Pacific Coast Highway. Aber gerade als ich ins Auto steigen wollte, hielt John mich in der Einfahrt auf.

«Wir haben ein kleines Geschenk für dich», sagte er mit breitem Grinsen und winkte Yoko heran. Sie drückte mir eine Testpressung in die Hand. Auf dem Cover stand nichts. Die Aufnahme war so frisch, dass weder Grafik noch Text auf die Kartonhülle gedruckt waren. Da stand nur von Hand: «To Elliot. Much love from John Lennon and Yoko Ono». Und das Datum vom 9. Juni, aber John hatte sich im Jahr geirrt und 1971 geschrieben.

«Das ist unser neues Album», erklärte er. «Es heißt *Some Time in New York City*. Niemand hat es bisher gehört. Wir haben es noch niemandem gegeben. Wir wollten, dass du es bekommst. Vielleicht kannst du es ja heute im Radio auflegen?»

Das war kein «kleines Geschenk» – sondern eine unglaubliche Ehre. John und Yoko überreichten mir die Testpressung des Albums, an dem sie gemeinsam mehr als ein halbes Jahr gearbeitet hatten. Und er erlaubte mir, es in meiner Sendung vorzustellen. Ich war sprachlos.

Ich hatte keine Ahnung, was auf dem Album drauf war, und konnte es auch nicht anhören, während ich zurück nach L.A. raste. Doch als ich, nur wenige Minuten vor Beginn der Sendung, in mein Studio beim Radiosender stürzte, war ich wild entschlossen: Ich würde die ganze LP live und ohne Unterbrechung spielen. Das war doch wohl ein Selbstläufer. Schließlich war ich allen Sendern voraus: Es war das erste Mal, dass das neueste Album von John und Yoko irgendwo gespielt wurde.

«Ladies und Gentlemen, nach den folgenden Werbespots erwartet Sie ein musikalischer Leckerbissen», kündigte ich an. «Wir werden das brandneue Album von John Lennon und Yoko Ono senden. Und wir alle werden es zum ersten Mal hören.»

Einige Minuten später, als wir die Werbung hinter uns hatten, gab ich meinem Toningenieur hinter der Glaswand das Zeichen, den Tonarm auf die Platte abzusenken.

Ich brauchte nur fünfzehn Sekunden, um zu merken, was ich mir eingebrockt hatte. Gleich im ersten Song – in einem frühfeministischen Song mit dem Titel «Woman Is the N... of the World» – benutzte John das N-Wort, und ich sah, wie meinem Toningenieur der Kinnladen nach unten klappte. Panisch starrten wir einander an. Aber nun gab es für uns kein Zurück mehr. Nachdem wir den Zuhörern das ganze Album versprochen hatten, ohne Werbeeinblendungen, mussten wir auch den Rest spielen. Wir erstarrten, als er den Aufstand im Attica State Prison besang («Free the prisoners, jail the judges», «Befreit die Häftlinge, steckt die Richter ins Gefängnis»), die Verhaftung der marxistischen Collegeprofessorin Angela Davis («Angela you're one of the millions / Of political prisoners in the world», «Angela, du bist Teil der Millionen politischer Gefangener auf der Welt») und den britischen Kolonialismus in Irland («A land full of beauty and wonder / Was raped by the British brigands», «Ein Land voller Schönheit und Wunder / vergewaltigt von britischen Banditen»).

John und Yoko waren vielleicht keine radikalen Bombenwerfer, aber sie wussten, wie man mit einem musikalischen Molotowcocktail den kulturellen Zeitgeist hochgehen ließ. *Some Time in New York City* war eines der politisch aufrührerischsten Alben, die ich je gehört hatte.

Wo es um Politik ging, war John stets weniger an bestimmten Themen interessiert als am großen Ganzen – er trat für Frieden und Liebe ein. Das hier war eine gewaltige Veränderung und für mich eine absolute Überraschung, vor allem, weil diese Songs von zwei Menschen kamen, die ich gut zu kennen glaubte. Meines Wissens hatten John und Yoko nie solche Songs aufgenommen, und auch niemand sonst hatte das je getan. Nicht dass ich das für einen Fehler gehalten hätte. Ich verstand ihre Position – sie wollten, dass die Menschen über Attica, über Davis und Irland Bescheid wussten. Und wenn sie Gefühle hatten, dann drückten sie diese auch aus. Genau das hatten sie hier offenbar getan.

Aber das machte den Tag für mich nicht einfacher. Als die Aufnahme zu Ende war, galt das vermutlich auch für meine Karriere. Es war eine lange Fahrt nach Hause um zwei Uhr morgens.

Natürlich wurde ich am nächsten Tag ins Büro des Direktors des Senders gerufen.

«Wir werden Ihre Sendezeit in Zukunft anders nutzen», sagte er. Er musste mir nichts weiter erklären. Ich wusste, was «anders nutzen» hieß – man würde mich nicht mehr ans Mikro lassen. Wieder zu Hause und gerade arbeitslos geworden, rief ich John an.

«Nun», sagte ich. «Ich habe gute und schlechte Nachrichten.»

«Was sind die guten?»

«Ich habe gestern Abend euer ganzes Album ohne Werbepausen gesendet.»

«Wahnsinn! Das ist ja super!», rief er aus. Ich hörte, wie er Yoko die Neuigkeiten berichtete. Offensichtlich stand sie neben ihm. «Mother, er hat gestern Abend die ganze Platte gespielt – die ganze!»

«Die schlechte Nachricht ist», fuhr ich fort, «dass ich jetzt keinen Job mehr habe.»

Es war einen Moment still, bis John diese Information verarbeitet hatte. Dann brach er in schallendes Gelächter aus. «Und, Mother ... sie haben ihn gefeuert!», hörte ich, wie er Yoko zurief. Und dann lachte auch sie.

Natürlich fand ich selbst das weniger witzig. Ich mochte meine Arbeit. Ich mochte das Radio. Ich mochte meinen regelmäßigen Gehaltsscheck. Aber urplötzlich war ich auf dem absteigenden Ast. Ich hatte keine Ahnung, ob ich je wieder einen Job beim Radio bekommen würde.

Nachdem John aufgehört hatte zu lachen, fragte er: «Was willst du jetzt machen?»

«Ich habe noch keine unmittelbaren Pläne», antwortete ich ziemlich kühl.

«Na, dann», meinte er. «Warum kommst du nicht nach Ojai? Wir wollen nach San Francisco fahren. Komm mit uns, Ellie. Schließ dich dem Zirkus an!»

Was hätte ich anderes tun sollen?

Ich sagte Ja.

Teil II

Magical Mystery Tour

KAPITEL 5

San Francisco, 1972

Mit der Erinnerung ist das so eine Sache.

Selbst heute, nach all den Jahren, habe ich Johns Telefonstimme noch genau im Ohr – seinen singenden Liverpooler Akzent, die albernen Dialekte, in denen er manchmal sprach, wenn er fröhlich war; seinen angespannten Ton, wenn die Stimmung weniger gut war. Ich erinnere mich, als hätten wir vor ein paar Minuten das letzte Gespräch beendet. Wenn ich die Augen schließe, mir in die Nasenwurzel kneife und mich etwas konzentriere, kann ich noch komplette Gespräche rekonstruieren, die wir vor Jahrzehnten geführt haben. Und dann überschwemmen mich die Erinnerungen, als hätte ich gerade von einem Proust'schen Madeleine abgebissen.

Und doch weiß ich beim besten Willen nicht mehr, wie ich vom Laurel Canyon nach Ojai kam, um mich Johns und Yokos Roadtrip nach San Francisco anzuschließen. Jedenfalls fuhr ich nicht mit meinem gerade gekauften, reparaturanfälligen Jaguar – den hätte ich sicher nicht unbeaufsichtigt am Straßenrand stehen lassen, als wir uns alle in den Dragon Wagon quetschten, um uns auf diese Reise zu machen, die Wochen dauern sollte. Ich erinnere mich aber auch nicht, mit dem Zug oder Bus nach Ojai gefahren zu sein. Oder mit einem Mietwagen? Meine Erinnerung daran dürfte ähnlich präzise sein wie eine Taschenuhr, die an einem Zweig baumelt.

Völlig egal. Woran ich mich ganz genau erinnere, mit kristallklarer Schärfe, ist, dass ich in dem Kombi vorn neben Peter saß, während sich John und Yoko auf der Rückbank breitmachten und wir den Pacific Coast Highway in Richtung Golden City hinaufbretterten.

Aus Johns mobiler Stereoanlage plärrte «The Loco-Motion». *«I know you're gonna like it if you give it a chance now ... »*, schmachtete Little Eva aus den Lautsprechern des Autos. *«My little baby sister can do it with ease.»*

Wohlgemerkt, das war 1972. Drei Jahre zuvor war das Kassettendeck als Autozubehör erfunden worden. Acht-Spur-Tapedecks für Autos gab es schon seit 1965. Doch aus irgendeinem Grund war der Dragon Wagon mit einem Plattenspieler ausgestattet, der allerdings nur 45er-Singles spielte. Das Teil war unter dem Armaturenbrett rechts vom Fahrersitz montiert und erwies sich als ziemlich unzuverlässig: Schon bei der kleinsten Unebenheit auf der Straße sprang der Tonabnehmer aus der Rille, obwohl er mit zusätzlichem Gewicht ausgestattet war.

Doch John liebte das Ding. Er saß immer auf der Rückbank, einen Stapel Singles neben sich – Sachen wie «Long Tall Sally» *(«She's built for speed, she got / Everything that Uncle John need»)*, «Whole Lotta Shakin' Going On» *(We ain't fakin' / Whole lot of shakin' goin' on»)*, «Don't Be Cruel» *(«If you can't come around / At least please telephone»)* – , und reichte sie Peter rüber, der sie dann auflegte, als wäre er eine menschliche Jukebox.

Bei der lauten Musik waren Gespräche während der Fahrt schwierig. Ich musste mich umdrehen, um John ansehen zu können, und meine Fragen oder Kommentare über das gerade laufende Stück hinwegbrüllen. Kaum zu glauben, dass Yoko fast die ganze Zeit schlief, den Kopf ans Fenster gelehnt.

«Den Song mochte ich immer schon!», brüllte ich, als Rosie and the Originals ihren Hit «Angel Baby» aus dem Jahr 1960 anstimmten.

John nickte zustimmend.

Rosie tönte aus den Lautsprechern: *«It's just like heaven being here with you.»*

«Ich glaube, Rosie Hamlin war erst vierzehn, als sie das geschrieben und aufgenommen hat», fuhr ich fort.

«Ja, in irgendeiner Garage außerhalb von L.A., auf einem Zweispurgerät, und kein Mensch wollte sich das anhören», rief er zurück.

«Und dann haben irgendwelche beschissenen Abzocker ihr die Nummer geklaut und das Geld eingesackt.»

«Ist viel passiert damals», sagte ich.

John sah mir direkt in die Augen. «Das musst du mir nicht sagen, Angel Baby», erwiderte er. «Mit uns haben sie das auch gemacht.» Mir war klar, dass er von dem berüchtigten Vertrag mit Northern Songs sprach, dem Musikverlag, der eine Weile den Daumen auf sämtlichen Beatles-Songs hatte.

«You're like an angel, too good to be true», sang Rosie weiter.

Später – inzwischen dröhnte Steppenwolf mit «Born to Be Wild» vom Plattenspieler – versuchte ich, mich mit Peter zu unterhalten. Er war nicht besonders gesprächig – insgesamt war der Umgang mit anderen Menschen nicht seine größte Stärke –, aber bei ihm musste ich wenigstens nicht so laut schreien, weil er ja gleich neben mir saß.

«Haben sie die meiste Zeit Musik laufen, wenn ihr durchs Land fahrt?», fragte ich.

«Manchmal», erwiderte er und kaute die nächste Handvoll Studentenfutter, das er in einer Tüte neben sich stehen hatte. «Manchmal haben sie auch miteinander geredet oder geschlafen.»

«Ich finde es ja erstaunlich, dass Yoko dabei schlafen kann», sagte ich, während Goldy McJohns hochfliegende Keyboard-Riffs den Wagen erfüllten.

«Oh, sie schläft nicht», antwortete er lächelnd. «Sie macht nur die Augen zu.»

Nach etwa drei Stunden Fahrt, wir näherten uns gerade Big Sur, bat John Peter, nach einem Platz in Strandnähe Ausschau zu halten, wo wir eine Pause machen konnten.

«Ich muss mir mal die Beine vertreten», erklärte er.

Wenige Minuten später bogen wir auf einen fast leeren Parkplatz ein, von dem aus man einige Dünen überblickte. Abgesehen von ein paar Surfern, die in den Wellen dümpelten, war der Strand menschenleer. Also stiegen wir alle vier aus dem Wagen und gingen durch den Sand zur Uferlinie hinunter. Yoko hatte sich in ein schwarzes Seidentuch gehüllt, dessen Enden hinter ihr im Wind flatterten. Sie sah aus wie ein Beduine in der Sahara. John vertrat sich nicht nur die Beine, er wirbelte über den Sand, drehte Pirouetten und vollführte eine Modern-Dance-Nummer zu einer Musik, die nur er hören konnte. Peter stand währenddessen mit dem Rücken zum Wind und fummelte mit den Fingern an etwas herum, das sich als riesiger Joint entpuppte.

Yoko rauchte kein Haschisch, sie verabscheute den Geruch. Wenn sie überhaupt Drogen nahm, zog sie geruchlose Sachen vor: Kokain, Tabletten oder Heroin. John dagegen mochte Haschisch sehr, er rauchte manchmal mehrere Joints an einem Tag. Nachdem Peter das Teil angezündet hatte – was an einem windigen Strand gar nicht so einfach war –, reichte er es an John weiter, der einen langen, beeindruckenden Zug nahm und es dann an mich weitergab. Ich betrachtete Peters Arbeit, empfand einen gewissen Neid angesichts seiner wunderbaren Fingerfertigkeit beim Rollen des Joints, nahm einen vorsichtigen Zug – und hustete mir fast die Lungen aus dem Leib. Peters Kraut war von einer deutlich kräftigeren Sorte als das Zeug, das ich zu Hause in Laurel Canyon rauchte. Außerdem hatte ich gefühlt seit Tagen nichts gegessen. John und Yoko waren noch auf Methadon und zeigten keinerlei Interesse, an einem der Restaurants oder Diner zu halten, die am Weg lagen, und so stieg mir das Haschisch sofort in den Kopf.

Ich könnte wohl mit Recht sagen, dass ich high wurde – *with a little help from my friends.*

Ich hörte nicht gleich Sitar-Musik in meinem Kopf oder sah Drachen am Himmel. Das Zeug war stark, aber es war immer noch Haschisch, kein LSD. Doch es steigerte meine Aufmerksamkeit für die Umgebung – den salzigen Geruch der Seeluft, das endlose, rhythmische Schlagen der Wellen – und veränderte meine Wahrnehmung vom Universum und dem unendlich winzigen Platz, den ich darin einnahm. Oder anders gesagt, es half mir, die Dinge in die richtige Perspektive zu rücken.

Ich hatte keinen Job und keine Ahnung, wann oder woher ich wieder einen bekommen würde. Mein Konto würde bald auf null sein. Und trotzdem hatte ich ein überwältigendes Gefühl von Zufriedenheit und Zugehörigkeit, wie ich da zusammen mit John lachend über diesen leeren Strand in Big Sur wirbelte, während Yoko lächelnd danebenstand. Damals war mir das wohl nicht so klar, aber wenn ich heute, fünfzig Jahre später, zurückblicke, würde ich vermuten, dass es einer der glücklichsten Augenblicke meines Lebens war.

Nach dreißig oder vierzig Minuten des Herumtobens erklärte John, es wäre jetzt an der Zeit, unsere Fahrt fortzusetzen. Also gingen wir im Gänsemarsch wieder über den Strand und stiegen ins Auto. John küsste Yoko auf die Stirn und wickelte sie in eine leichte Decke, als sie sich auf der Rückbank an ihn lehnte. Peter lenkte den Dragon wieder auf den Pacific Coast Highway, John reichte ihm die nächste Platte, und in bekifftem Schweigen lauschten wir «A Whiter Shade of Pale» von Procol Harum.

«We skipped the light fandango», summte Gary Brooker seelenvoll aus den Lautsprechern und sang die Worte, die schon Generationen von Rock'n'Roll-Fans verwirrt haben: *«Turned cartwheels cross the floor».*

Als es zu Ende war, drehte ich mich zu John um und fragte, ob er wüsste, was der Song bedeutete.

«Was meinst du damit, was der Song bedeutet?», fragte er zurück.

«Ich meine, was der Text aussagen soll.»

«Nein», erwiderte er. «So höre ich Musik nicht. Denk doch mal an ‹Tutti Frutti›. Was soll der Text bedeuten? Es geht um Rhythmus, Akkordwechsel und den Backbeat. So fühle ich einen Song.»

«Verstehe», sagte ich. «Aber *Some Time in New York City* ist doch eindeutig mehr als bloß der Backbeat. Da geht es doch auch um das, was du denkst und fühlst.»

John schien die Richtung meiner Fragen lästig zu finden. Er war nicht begeistert davon, seine eigenen Arbeiten zu sezieren.

«Das liegt an Yoko», sagte er. «Sie will immer, dass ich meine verdammten Gefühle rausschreie.»

Yoko stimmte ihm zu. «Elliot, verstehst du – John hatte nie Gelegenheit, seine Gefühle auszusprechen. Seine Lehrer verstanden ihn nicht, seine Tante verbrannte seine Gedichte. Andere Leute haben sein Leben bestimmt. Und jetzt hat er zum ersten Mal die Freiheit, sich selbst und seine wahren Gefühle zum Ausdruck zu bringen.»

In diesem Moment brachte John ein Gefühl zum Ausdruck, mit dem ich schon die ganze Zeit kämpfte. «Wir sollten uns mal was zu essen suchen», sagte er.

Ich war inzwischen halb verhungert, dankte dem Himmel und erwähnte, dass wir nur etwa dreißig Minuten vom Fisherman's Wharf in Monterey entfernt waren, wo es, wie ich wusste, jede Menge Restaurants gab. Doch schon in dem Moment, in dem ich es aussprach, wurde mir klar, dass das eine schreckliche Idee war. Die beiden waren John Lennon und Yoko Ono! Sie konnten nicht ohne Leibwächter auf einem Pier voller Menschen auftauchen. So etwas konnte leicht gefährlich werden.

Aber John winkte ab und zerstreute meine Sorgen. «Mach dir keine Gedanken, Ellie», sagte er grinsend. «Wir fahren zu diesem Pier.»

Ellie war der erste und bei Weitem nicht der letzte Spitzname, den John mir verpasste. Wie ich bald merkte, erfand er ständig neue Charaktere für mich und auch für sich selbst. Und die konnten von überallher kommen. Jahre später kochte John und holte seinen schönen großen Wok aus dem Schrank, um Gemüse zu braten. Ganz sachlich sagte ich: «Das ist ein großartiger Wok.» Und daraus wurde ein neuer Spitzname für ihn. «The Great Wok.»

Während Peter weiter Richtung Norden fuhr, auf Monterey zu, fingen John und Yoko hinten im Wagen an, sich seltsam zu benehmen. Sie flüsterten miteinander, dann wurde das Flüstern intensiver und verwandelte sich in ein Mantra, ähnlich wie beim Hare-Krishna-Chanten. Ich verstand die Worte nicht genau, die sie intonierten – es klang ein bisschen wie «Free to workin'» oder «Friday lurkin'». Ich warf Peter einen Blick zu, aber er schien unbeeindruckt, also musste ich wohl davon ausgehen, dass es sich um ein normales John-und-Yoko-Verhalten handelte. Ich zuckte mit den Schultern und ließ die Sache auf sich beruhen.

Als wir zum Fisherman's Wharf kamen, wurde mir etwas flau: Auf dem Pier saßen mindestens 500 Touristen. Keine Chance für John und Yoko, sich durch eine solche riesige Menschenmenge zu bewegen, ohne dass man sie bedrängte. Doch bevor ich Einwände erheben konnte, waren die beiden schon ausgestiegen und marschierten vom Parkplatz mitten in die Menge. Ich rannte ihnen nach, während Peter, dessen Sorglosigkeit geradezu unheimlich war, im Auto blieb, sein Studentenfutter knabberte und auf unsere Sachen aufpasste.

Ich drängte mich durch die Touristenscharen und war der Panik nahe, als ich versuchte, zu John und Yoko aufzuschließen. Sie gingen nur ein paar Schritte vor mir, schlängelten sich lässig durch die Menge und spazierten an Dutzenden von vollen Andenkenläden, Eisbuden und Whale-Watching-Anbietern vorbei, die sich an der Promenade aneinanderreihten. Ich erwartete ständig eine Katastrophe – einen Riesenaufstand, sobald den Leuten klar wurde, wer da an ihnen vorbeilief. Doch bemerkenswerter- und wunderbarerweise passierte genau das nicht.

Das bekannteste Paar auf Erden spazierte mitten durch eine riesige Menschenmenge, und niemand schien die beiden zu erkennen. Unbegreiflich! Wie war das möglich?

Als ich sie endlich eingeholt hatte, steuerte ich schnell ein Hummer-Restaurant am Ende des Wharf an. Bei einem früheren Aufenthalt in Monterey hatte ich schon mal dort gegessen und erinnerte mich, dass das Licht dort eher schummrig war. Mit Glück fanden wir einen etwas abgeschirmten Tisch am hinteren Ende des Raums. Sobald wir saßen, warf ich den beiden einen eindringlich fragenden Blick zu.

«Wie kann das sein?», war alles, was ich herausbrachte.

John lächelte und erklärte mir dann, was ich gerade beobachtet hatte.

John und Yoko hatten eine eigentümliche, aber offenbar bemerkenswert effektive Methode entwickelt, Menschenmengen zu kontrollieren. Sie bestand aus einer Art esoterischem *Mind Game*, einem Psychospiel, bei dem sie gedanklich in eine andere Identität schlüpften: John wurde zu Reverend Fred Gherkin und Yoko zu seiner Frau Ada. Das also hatten sie vorhin im Auto gechantet: «Fred and Ada Gherkin.» Und so verrückt es klingt: Irgendwie gelang es den beiden, die ausgedachten Rollen so vollständig und authentisch zu übernehmen, dass sie sie auch nach außen übermitteln konnten. Es war wie eine Massenhypnose; als hätten sie sich einen Umhang übergeworfen, der sie unsichtbar machte.

«Funktioniert jedes Mal!», sagte John, entfaltete seine Serviette und legte sie sich auf den Schoß. Yoko nickte zustimmend.

Es funktionierte wirklich. Bis es auf einmal nicht mehr funktionierte.

Als der Kellner kam, um unsere Bestellung aufzunehmen, schien auch bei ihm der Fred-and-Ada-Gherkin-Zauber zu wirken. Doch dann bestellte John ein Fischgericht, und als der Kellner Johns Stimme hörte, sah man förmlich, wie sich der Schleier hob.

«Es ist mir eine große Ehre, Mr. Lennon», sprudelte er nervös hervor. «Ich bin ein Fan von Ihnen, seit ich die Beatles in der *Ed Sullivan Show* gesehen habe.» Er fummelte mit seinem Stift herum und bat John um ein Autogramm auf einer Serviette. Und in dem Moment, als John unterschrieb, spürte man, wie sich die Atmosphäre veränderte. Der Gherkin-Zauber brach zusammen, alle starrten zu unserem Tisch. Im allgemeinen Gemurmel waren immer wieder Johns und Yokos Namen zu hören. Dann wurden ein paar Stühle über den Boden geschoben, Leute standen auf und kamen näher.

Weitere Servietten und Stifte wurden John vor die Nase gehalten. Er tat sein Bestes, um die aufdringlichen Fans glücklich zu machen, doch ich merkte, dass die Sache ihm und Yoko zunehmend unangenehm wurde. Auch ich wurde nervös, bat den Kellner, unsere Bestellung zu stornieren und machte John und Yoko Zeichen, dass wir uns eiligst zurückziehen sollten, bevor die Lage noch mehr außer Kontrolle geriet.

Draußen vor dem Restaurant war es aber genauso schlimm. Plötzlich schien jedem einzelnen Menschen auf dem Wharf bewusst zu sein, dass John und Yoko da waren. Die meisten Leute waren höflich; sie wollten lediglich ihre Dankbarkeit für Johns Musik zum Ausdruck bringen, die Hand ausstrecken und ihr Idol am Arm berühren. Doch die Menge drückte uns förmlich die Luft ab. Ich tat mein Bestes, um John und Yoko durch die Menge zu schieben und endlich den sicheren Wagen zu erreichen, der auf dem Parkplatz auf uns wartete.

Ein paar Minuten später, als unsere Flucht gelungen war und Peter mit uns weiter in Richtung San Francisco fuhr, drehte ich mich zu den beiden um und fragte John, was schiefgelaufen war. Warum hatte die Gherkin-Maskerade versagt?

«Es liegt an meiner Stimme», sagte er geknickt. «Die löst den Zauber auf. Die Leute haben mich immer schon an meiner Stimme erkannt, auch bevor sie wussten, wie ich aussehe.»

Die nächsten paar Stunden fuhren wir schweigend dahin. Yoko schlief – oder tat zumindest so – mit dem Kopf auf Johns Schulter. John starrte zum Fenster hinaus und betrachtete fasziniert den Sonnenuntergang über dem Ozean. Ich lauschte meinem Magenknurren.

Als wir beim Miyako ankamen, einem Hotel im japanischen Stil, in dem John und Yoko manchmal abstiegen, wenn sie San Francisco besuchten, war es etwa neun Uhr am Abend. Wir waren alle hungrig, müde und wünschten uns nur noch, der Tag möge ein Ende nehmen.

Doch als wir einchecken wollten, konnte der Rezeptionist unsere Reservierungen nicht finden.

Die Buchung für John und Yoko hatte ein Reisebüro in New York erledigt, das immer Pseudonyme benutzte – das übliche Vorgehen bei Prominenten, um ihre Privatsphäre zu schützen. Doch diesmal konnten die beiden sich nicht erinnern, welches Pseudonym sie gewählt hatten.

Normalerweise kümmerte sich Peter ums Einchecken, aber der saß noch draußen im Auto und passte auf unser Gepäck auf. John und Yoko standen still in einer Ecke der Hotellobby und betrachteten aus nächster Nähe ein Bild, das dort an der Wand hing. Dies war ein weiteres ihrer *Mind Games*, mit dem sie Menschenmengen kontrollierten: Sie glaubten, sie könnten die Aufmerksamkeit von sich ablenken, wenn sie sich einfach umdrehten und so taten, als würden sie ein Objekt im Raum intensiv studieren. Das funktionierte auch, allerdings überließen sie damit mir die Aufgabe, mit dem Herrn der Zimmerschlüssel zu verhandeln. So fungierte ich zum ersten und wahrlich nicht zum letzten Mal als Johns und Yokos inoffizieller Assistent.

«Vielleicht finden Sie die Reservierungen unter dem Namen unseres Fahrers?», schlug ich dem Mann am Schalter vor. «Haben Sie irgendwas unter ‹Bendrey, Peter›?»

«Nein, leider nicht», erwiderte der Angestellte, nachdem er einen Stapel Reservierungskarten durchgeblättert hatte.

«Und unter ‹Mintz, Elliot›?»

«Nein, Sir, auch unter diesem Namen finde ich nichts.»

Ich dachte einen Moment nach.

«Wie sieht es denn mit ‹Reverend Fred Gherkin› aus?»

Er blätterte wieder und zog dann mit großer Geste eine der Karten aus dem Stapel.

«Ja! Hier ist eine Reservierung für den Reverend. Vier Zimmer», sagte er und schob mir die Papiere hin, die ich unterschreiben sollte. «Warum sagen Sie das denn nicht gleich?»

Das Miyako war ein außergewöhnliches kleines Hotel am Fuße von Pacific Heights, im japanischen Viertel von San Francisco. Für John und Yoko war es interessant, weil es ein unauffälliger, etwas abgelegener Ort war, der kaum Aufmerksamkeit auf sich zog. Hier konnten sie eher durch die Lobby gehen, ohne erkannt zu werden, als beispielsweise im Fairmont, wo die Presse schon ihre Witterung aufnehmen würde, bevor auch nur ihr Gepäck auf dem Zimmer gelandet war.

Doch das Miyako passte auch in anderer Hinsicht zu Johns und Yokos Lebensgefühl. Die Hälfte der Zimmer war im traditionellen japanischen Stil eingerichtet, mit Tatami-Matten, Futons und Paravents aus Reispapier. Die übrigen Zimmer hatten einen eher westlichen Touch mit Boxspringbetten und üppig gepolsterten Sofas, doch auch dort war der asiatische Einfluss deutlich zu spüren. Selbst auf der Speisekarte des Zimmerservice gab es authentische japanische Gerichte. Das Beste jedoch, zumindest vom Standpunkt meines hungrigen Magens aus gesehen, war die Tatsache, dass die Küche des Miyako lange geöffnet hatte. So bestellte ich, gleich nachdem ich «Fred und Ada» zu ihren Zimmern begleitet hatte, ein Sushi-Festmahl, das wir zu dritt in ihrer Suite zu uns nahmen. Peter war wie immer verschwunden, wohin auch immer.

«Hör mal, Ellie», sagte John, während er und Yoko in ihrem Essen herumstocherten. «Wir müssen dir was sagen. Es gibt einen Grund, warum Mother und ich nach San Francisco gefahren sind. Wir haben hier zu tun, du wirst uns wahrscheinlich nicht so viel zu sehen bekommen.»

Ich nickte und schob mir einen Happen Sashimi in den Mund. «Okay», murmelte ich zwischen zwei Bissen. «Kann ich bei irgendwas behilflich sein?»

«Nein, Elliot», sagte Yoko. «Bei dieser Sache kannst du uns nicht helfen.»

Peinliches Schweigen breitete sich aus. John und Yoko tauschten

Blicke. Dann erklärten sie mir, warum sie nach San Francisco gekommen waren: Sie wünschten sich ein Baby.

John hatte bereits ein Kind mit seiner Exfrau Cynthia, Julian. Vor seinem Tod würde er eine engere Beziehung zu seinem Erstgeborenen aufbauen, doch 1972 war er seinem damals neunjährigen Sohn zutiefst entfremdet. Die Scheidung von Cynthia und Johns sehr öffentliche Affäre mit Yoko hatten das Verhältnis zwischen Vater und Sohn fast vollkommen zerstört.

Yoko hatte ebenfalls ein Kind mit ihrem Exmann Anthony Cox, ihre Tochter Kyoko. Nach der Scheidung hatte sich Cox zu einem frommen evangelikalen Christen entwickelt und war der Ansicht, dass der «radikale» Lebensstil, den Yoko und ihr neuer Ehemann pflegten, Kyokos Wohlergehen schadete. Deshalb entführte er die Siebenjährige und verbrachte die nächsten Jahrzehnte mit ihr in irgendwelchen «Safe Houses», die von randständigen religiösen Sekten betrieben wurden. Erst 1998 – da war Yoko 65 Jahre alt und Kyoko 31 – trafen sich Mutter und Tochter wieder. John und Yoko hatten viele Jahre und Tausende von Dollar darauf verwendet, sie aufzuspüren. Dass sie beide keine Verbindung zu ihren Kindern hatten, machte sie tieftraurig. Ich sollte im Laufe der Jahre noch viel darüber erfahren.

Im Moment jedoch, so erklärten sie mir in ihrer Suite im Miyako, wünschten sie sich sehnlichst ein gemeinsames Kind. Bis jetzt waren all ihre Bemühungen erfolglos geblieben – Yoko hatte schon mehrere Fehlgeburten gehabt. Und deshalb waren sie jetzt nach San Francisco gekommen. Sie hatten von dem chinesischen Kräuterarzt Yuan Bain Hong gehört, der bei unfruchtbaren Paaren angeblich wahre Wunder wirkte. Sie wollten sich von Hong behandeln lassen, bis es endlich klappte – und das konnte durchaus einige Zeit dauern.

Als sie fertig waren, legte ich meine Essstäbchen hin und schenkte ihnen einen langen, wertschätzenden Blick. Wir waren uns in den letzten acht oder neun Monaten ziemlich nahegekommen, aber das hier fühlte sich an, als hätte unsere Freundschaft ein neues Level erreicht. Es rührte mich sehr, dass sie mir einen so intimen und schmerzhaften Teil ihres Lebens anvertrauten.

«Ich verstehe euch voll und ganz», sagte ich dann. «Und ich hoffe, dieser Experte kann euch helfen.»

Wie angekündigt, bekam ich John und Yoko in den nächsten Wochen, die wir in San Francisco verbrachten, nicht viel zu sehen. Peter übrigens auch nicht – er chauffierte die Lennons oder machte irgendwelche Besorgungen für sie. Irgendwann zogen John und Yoko zu Dr. Hong, der im nahe gelegenen San Mateo lebte, und verbrachten einige Tage in seiner Obhut. Dann ging es weiter in den Vorort Mill Valley, wo sie ein seltsames kreisrundes Haus mieteten, das keine rechten Winkel hatte und das Peter über einen Freund besorgt hatte.

«Es ist, als würde man in einer Windmühle wohnen», sagte John. «Ich wollte schon immer mal in einer Windmühle wohnen.»

Ich blieb derweil im Miyako – das Hotel war mir ans Herz gewachsen, vor allem die Spa-Abteilung, wo ich die Freuden der japanischen Massage für mich entdeckt hatte. John und Yoko übernahmen großzügig die Kosten für mein Hotelzimmer, die Massagen und alle weiteren Ausgaben während dieser Reise. Dafür musste stets Yokos Kreditkarte herhalten, denn John hatte überhaupt kein Verhältnis zu Geld. Und da ich zu diesem Zeitpunkt ohne Job war, aus Gründen, die sie sehr gut kannten, nahm ich dieses Angebot dankbar an und begann die Stadt außerhalb von Japantown zu erkunden. Es gab ja auch einiges zu sehen: In den frühen Siebzigern war San Francisco immer noch die inoffizielle Hauptstadt der Gegenkultur. Wenn ich durch Haight-Ashbury spazierte, sah ich Laute und Tamburin spielende Hippies. Scharen bunt gekleideter Mädchen, die tatsächlich Blumen im Haar trugen, wie es Scott McKenzie besungen hatte, tanzten in den Straßen.

John und Yoko glaubten, dass Hong ihnen mit ihren Fruchtbarkeitsproblemen geholfen hatte – das erzählten sie mir jedenfalls. Wenn sie in den folgenden Wochen nach den Behandlungssessions auftauchten, schienen sie gesünder, stärker und voller Energie, vor allem John. Entweder wirkten Hongs Kräutertränke wirklich Wunder oder John und Yoko hatten den Methadon-Entzug endlich hinter sich. Wie auch immer, es war schön, sie so zu sehen.

Eines Nachmittags saß ich in meinem Zimmer im Miyako, als John mich anrief. «Was machst du so?», fragte er.

«Ich lese gerade *The Fountainhead* von Ayn Rand», erwiderte ich.

«Warum das denn? Das ist doch bourgeoiser Müll für Leute mit großen Köpfen und kleinen Eiern.»

«Ich hab das Buch gestern Abend in der Lobby gefunden. Und weil ich nicht schlafen konnte, hab ich es mitgenommen, als Bettlektüre. Kein Grund zur Sorge.»

«Mother hat eine Verabredung, wollen wir zusammen losziehen? Es gibt hier diesen berühmten Buchladen, den könnten wir mal besuchen.»

John meinte City Lights, den gefeierten unabhängigen Buchladen in San Francisco, der als literarisches Mekka der Fünfzigerjahre-Boheme galt. Und diesem Ruf wurde er weiß Gott gerecht. Sobald wir über die Schwelle traten, spürte ich, dass die Atmosphäre zweifellos Beatnik-mäßig war, überall Ziegenbärte und schwarze Rollkragenpullover, sogar ein paar Baskenmützen. John wurde sofort erkannt, doch die Leute waren viel zu cool, um zu reagieren; ich war dankbar, dass die meisten Besucher John in Ruhe ließen.

Aber eben nur die meisten.

«Entschuldigen Sie, wenn ich Sie so anspreche, aber sind Sie und Ihre Frau nicht Freunde von Allen Ginsberg?», fragte ein Typ in den Sechzigern mit Tweedjackett, der gerade denselben Stapel mit Anthologien von Lawrence Ferlinghetti durchstöberte wie er. Offenbar war das Bemerkenswerteste an John Lennon die Tatsache, dass er mal mit dem Dichter abgehangen hatte, der «Howl» («Das Geheul») geschrieben hatte und sich manchmal auf dem Harmonium begleitete, wenn er seine Werke rezitierte.

«Ja, stimmt, Yoko und Allen kennen sich schon seit den Sechzigern», erwiderte John höflich.

«Und wie ist er so?», fragte der Mann weiter.

«So wie in seinen Büchern, bloß ohne Harmonium.»

Wir blieben etwa eine halbe Stunde, und John füllte einen kleinen Einkaufskorb mit Büchern; dann gingen wir zur Kasse.

«Ich hab kein Geld», sagte er zu mir. «Du musst bezahlen, du kriegst es als gutes Karma zurück.» John hatte so gut wie nie nie Bargeld bei sich und schien sich überhaupt nichts aus Geld zu machen, doch nachdem die beiden sich mir gegenüber so ungeheuer großzügig gezeigt hatten, konnte ich mich über die geringen Kosten für ein paar Bücher wohl kaum beklagen.

Während der Taxifahrt zum Hotel schimpfte John über den Buchladen. Er hatte ganz eindeutig schlechte Laune. «Hast du gehört, wie dieser Kerl nach Ginsberg gefragt hat?» Er schäumte förmlich vor Wut. «Scheiße, verdammt! Meine Bücher sind genauso gut wie alles, was die da verkaufen. Hast du überhaupt schon mal was von mir gelesen?»

«Natürlich», erwiderte ich. Wir hatten sogar bei mehreren Telefongesprächen über seine Bücher *In His Own Write* und *A Spaniard in the Works* (*In seiner eigenen Schreibe* und *Ein Spanier macht noch keinen Sommer*) gesprochen.

«Und hast du eins davon in den verdammten Regalen dieses Ladens gesehen?»

«Vielleicht waren sie ja ausverkauft», schlug ich vor.

«Verarsch mich doch nicht mit deiner Radiomoderatoren-Diplomatie. Sie stehen da nicht, weil die ganzen alten Säcke mich immer noch als den verdammten Pilzkopf sehen. Deswegen bekomme ich auch keine Anerkennung als Dichter – weil ich mal ein verdammter Beatle war. Aber Künstler ist Künstler, egal in welcher Kunstform.»

An einer roten Ampel drehte sich der Taxifahrer zu uns um. «Dachte ich's mir doch, als Sie einstiegen», sagte er zu John. «Meine Frau ist ein großer Fan von Ihnen. Könnten Sie das hier vielleicht ...» Er hielt ein kleines Stück Papier hoch. «... signieren? Für Sylvia?»

«Sagen Sie Ihrer Frau, Sie haben einen Fehler begangen», erwiderte John und ignorierte das Papier. Zum Glück waren wir nur noch einen Häuserblock vom Miyako entfernt. Ich gab dem Taxifahrer ein Trinkgeld, das höher war als der eigentliche Fahrpreis.

In der Hotelhalle reichte mir John die Tüte mit den Büchern. «Die sind für dich», sagte er. «Ich fand, du brauchst mal was, um dich von Ayn Rand abzubringen.» Dann verschwand er wieder für ein paar Tage und kümmerte sich um seine Therapie bei Dr. Hong.

Natürlich war San Francisco eine angenehme Ablenkung, nachdem ich meinen Radiojob verloren hatte. Doch nach zwei Wochen im Miyako dachte ich allmählich darüber nach, in den Laurel Canyon zurückzukehren. Ich musste einen neuen Job in L. A. finden und Shane bei der Nachbarin abholen, die ihn für – wie ich damals noch dachte – fünf Tage zu sich genommen hatte. Doch bevor ich San Francisco verließ, wollte ich noch eine Sache erledigen.

Ehrlich gesagt hatte auch ich einen Hintergedanken bei der Reise nach San Francisco, der nichts mit Buchläden oder Mädchen in Haight-Ashbury zu tun hatte, nicht mal damit, dass ich gern Zeit mit John und Yoko verbrachte. Ich hatte schon daran gedacht, als mich John einlud, mich dem Zirkus anzuschließen und die beiden auf ihrem Roadtrip zu begleiten.

Sie hieß Louise.

Wir hatten uns Jahre zuvor in der Warteschlange vor Canter's Deli in West Hollywood kennengelernt – nicht gerade ein romantischer Ort für eine solche Begegnung, aber eben doch mit einem gewissen L. A.-mäßigen Charme versehen. Ich war vielleicht zwanzig gewesen, gerade mit dem College fertig und wollte zum Radio. Sie war siebzehn oder achtzehn, hatte lange blonde Haare, Rehaugen und ein so fesselndes Lächeln, dass ich nach einem Blick nicht mehr wusste, welches Sandwich ich eigentlich bestellen wollte.

Es war eine intensive Affäre, wie erste Lieben so sind, aber nicht sehr stabil, was wohl auch dazugehört. Ich war zu beschäftigt mit meiner Karriere, und sie war zu jung, um Geduld mit einem Freund zu haben, der sie vernachlässigte. Also gingen wir getrennte Wege – oder versuchten es zumindest. Denn so ganz konnten wir nicht voneinander lassen. Wir kreisten immer wieder umeinander, trennten uns, kamen wieder zusammen, und so wurde eine On-off-Beziehung daraus, die uns beiden ein bisschen auf die Nerven ging. Schließlich einigten wir uns auf etwas, was sich zu einer jahrzehntelangen platonischen Freundschaft entwickelte. Doch es dauerte Jahre, bis der letzte Funke verglüht war – wenn das überhaupt jemals der Fall war.

Zufällig lebte Louise jetzt in Mill Valley. Also hatte ich sie gleich bei der Planung der Reise angerufen und eingeladen, mal essen zu gehen ... mit meinen Freunden.

Es sollte ein ganz einfaches Experiment werden, stellte ich mir vor. Ich wollte sehen, ob ich irgendeine Schnittstelle in dem Venn-Diagramm finden könnte, zu dem sich mein Leben gerade entwickelte. Der eine Kreis war meine heimliche Freundschaft mit John und Yoko. Der andere Kreis umfasste alles andere: meinen Job, meine Nachbarn und Freunde, meine Liebespartnerinnen, meine immer weniger werdenden Auszeiten. Und jetzt wollte ich mithilfe von Louise herausfinden, ob es einen Bereich geben könnte, wo sich die beiden getrennten Universen überlappten.

Das Ganze war natürlich eine grobe Verletzung der Regeln, die Yoko ein paar Wochen zuvor im Badezimmer in Ojai aufgestellt hatte: «Sag bloß niemandem, dass du uns kennst. Halt uns einfach geheim.» Doch ich hatte Louise bei Telefongesprächen mit John und Yoko mehrfach erwähnt, und als ich nun eher beiläufig meinte, ich würde sie zum Abendessen mitbringen, lehnten sie nicht sofort ab. So misstrauisch sie auch Fremden gegenüber waren, vermutlich waren sie auch ein wenig neugierig auf die einzige Frau in meinem Leben, deren Namen ich jemals ihnen gegenüber genannt hatte.

Wir trafen uns bei Soupçon, einem winzigen Café mit großem Schaufenster in der Caledonia Street in Sausalito, das Louise empfohlen hatte. Kein besonders schickes Lokal, nur etwa zehn Tische, und ich glaube, das teuerste Gericht auf der Karte war ein Krabbensalat für sechs Dollar. Louise lebte bescheiden und einfach, sie hatte kein Interesse an feinen Restaurants. Doch sie ließ sich auch nicht allzu sehr beeindrucken und sprach mit John und Yoko, als wären sie einfach nur irgendwelche Leute, die San Francisco besuchten. John und Yoko ihrerseits waren freundlich und höflich, wenn auch nicht gerade herzlich. Aber sie benahmen sich auch ein bisschen komisch.

«Wenn du diesen Kerl jemals heiratest, bring ihm bei, seinen Teller abzuwaschen und den Müll rauszubringen», war der erste Satz, den John zu Louise sagte. Natürlich war das ein Scherz, aber ich fand, es war eine eher wenig elegante Art, jemanden zu begrüßen.

«Was isst du normalerweise hier?», fragte Yoko Louise, während sie die Speisekarte studierte.

«Meistens die Linsensuppe», erwiderte Louise.

«Dann nehme ich die auch», erklärte Yoko und klappte die Speisekarte zu.

«Ich auch», sagte John.

Ich warf einen Blick in die Runde und kam mir ein bisschen vor wie die Anstandsdame bei einem zähen Blind Date. «Das war's schon?», fragte ich. «Mehr wollt ihr nicht?»

Da niemand etwas sagte, bestellte ich auch die Suppe. Und ein Glas Chardonnay.

Während der nächsten vierzig Minuten plätscherte das Gespräch nett und höflich, aber nicht besonders bemerkenswert dahin. Die meiste Zeit redeten wir übers Essen. Der lebhafteste Moment war, als sich John nicht für ein Dessert entscheiden konnte und einfach je eine Portion von allen Süßspeisen auf dem Dessertwagen bestellte. Und Louise wirkte so, als sei sie mit der Situation überfordert.

Als der Abend zu Ende ging, war mir klar, dass mein Experiment gescheitert war. John und Yoko sprachen es nie aus, aber ich spürte es an ihrer Körpersprache und dem unbehaglichen Smalltalk wie auch an den kühlen Blicken, die mir Yoko gegen Ende des Abendessens zuwarf: Sie waren alles andere als begeistert, dass ich einen Eindringling in unsere Dreierbeziehung gebracht hatte. Die Magie, die zwischen uns dreien entstand, wenn wir zusammen waren, ließ sich nicht auf eine Vierergruppe übertragen.

KAPITEL 6

Laurel Canyon, <u>1972</u>

In meinem Haus in Laurel Canyon gab es zwei Telefonleitungen: eine für Privatgespräche und die andere für geschäftliche Telefonate. Zurück aus San Francisco wurde mir klar: Ich brauchte eine dritte.

Ich brauchte eine John-und-Yoko-Hotline.

Eine Telefonleitung einzurichten, war damals nicht so einfach. Man musste einen Techniker der *Ma Bell* genannten Telefongesellschaft zu sich nach Hause bestellen, der dann Löcher in die Wände bohrte, Kabel entlang der Fußleisten verlegte und einen Festnetz-Apparat anschloss. Damals wog so ein klobiges Telefon mit Wählscheibe ungefähr anderthalb Kilo, und man konnte sich mit dem Ding nur so weit vom Anschluss wegbewegen, wie es die Länge des Kabels zuließ. In meinem Fall war die Montage noch komplexer, weil ich zusätzlich zu der dritten Leitung ein rotes Licht an der Schlafzimmerdecke anbringen lassen wollte, das aufblinken sollte, sobald meine neue Hotline angerufen wurde.

«Sie erwarten Anrufe aus dem Weißen Haus?», meinte der Telefonmonteur belustigt, als ich meine ungewöhnliche Bitte schilderte. Ich widerstand der Versuchung, ihm die Wahrheit zu verraten, was vermutlich genauso unglaubwürdig geklungen hätte wie Anrufe aus dem Weißen Haus: «Nein, ich brauche das Warnlicht, damit ich keinen der mitternächtlichen Anrufe von John Lennon und Yoko Ono verpasse.»

Als ich San Francisco verließ, um schnell zurück nach L.A. zu fliegen, blieben John und Yoko noch eine Weile, sie kehrten erst im August nach New York zurück – mit einem normalen Linienflug, nicht mit dem Dragon Wagon, den Peter vermutlich selbst retour an die Ostküste fuhr. John und Yoko waren die Headliner beim Benefiz-

Konzert One to One im Madison Square Garden. Das Konzert – von Geraldo Rivera für Kinder mit Entwicklungsstörungen der damals berüchtigten Willowbrook State School in Staten Island organisiert – war für John eines der ersten großen Live-Events, seit die Beatles 1966 im Candlestick Park aufgetreten waren.

«Mein bester Auftritt seit Hamburg», erklärte mir ein begeisterter John ein paar Tage nach dem Konzert. «Wie in alten Tagen. Ich spürte die Energie.»

Auch mir ging es ziemlich gut, denn ich hatte gerade einen neuen Job an Land gezogen. Und nicht irgendeinen Job, sondern eine Talkshow auf KABC, einem Co-Sender von KLOS, dem Radiokanal, bei dem ich rausgeflogen war, weil ich *Some Time in New York City* gespielt hatte. Anders als KLOS spielte KABC keine Musik – es wurde nur geredet, die ganze Zeit – damit fühlte sich die Geschäftsführung des Senders offenbar wohler, mich an Bord zu holen. Schließlich war ich nie wegen irgendetwas, das ich live gesagt hatte, in Schwierigkeiten geraten, sondern bloß für das, was ich aufgelegt hatte. Es stellte sich außerdem heraus, dass meine Entlassung meinen Ruf als Radiomoderator letztlich nur gefördert hatte. Ich würde nicht so weit gehen zu behaupten, dass ich zum Cause Célèbre wurde, aber es verschaffte mir eine Art rebellisches Image, was KABC nach Kräften ausschlachtete.

Zunächst erschien mein Gesicht auf riesigen Plakatwänden in der ganzen Stadt. «Elliot Mintz, Radiomoderator», stand auf der fünf Meter hohen Werbetafel. Als ich das zum ersten Mal entdeckte, war ich geschockt. Auf diesem Schwarz-Weiß-Foto sah ich aus, als wäre ich zwölf Jahre alt, doch damit hätte ich noch leben können. Viel mehr aber befürchtete ich, dass jede einzelne Plakatwand die schöne Anonymität zerstören würde, die ich bislang so sehr genoss. Ich freute mich zwar auf eine größere Hörerschaft für meine Interviews, aber der Gedanke, dass mich die Leute auf der Straße erkennen könnten, gefiel mir deutlich weniger.

Doch der Job selbst war ein Vergnügen. Ich fuhr mit meinem alten, klapprigen Jaguar zum mir vertrauten, einen Häuserblock umfassenden Senderkomplex am La Cienega Boulevard, in dem beide Radiosender untergebracht waren, schlenderte in die Lobby und ging den Flur entlang, genau wie früher. Doch statt dann nach links zu den KLOS-Studios abzubiegen, bog ich nach rechts zu denen von KABC. Und was für ein Unterschied. KLOS war ein legendärer Rock 'n' Roll-Sender, die Mitarbeiter waren also eher auf der Höhe der Zeit – oder trugen zumindest langes Haar und Jeans. Im KABC-Flur trugen die meisten jedoch Jackett und Krawatte, hatten viel kürzeres Haar und manchmal sogar Aktenkoffer in der Hand. Zwei vollkommen unterschiedliche Unternehmenskulturen unter einem Dach. Aber irgendwie kamen alle miteinander aus. Einige meiner besten Freunde in diesem Gebäude trugen sogar einen Bürstenhaarschnitt.

In meiner neuen Sendung interviewte ich in erster Linie Musiker und andere kulturelle Ikonen. Aber da auf KABC keine Musik gespielt wurde, musste ich andere Wege finden, die Hörer zu unterhalten, wenn ich nicht gerade mit Norman Mailer oder John Wayne plauderte. Also schaute ich mir ein paar Techniken des großen Steve Allen ab – er gehörte zu meinen frühen Rundfunk-Idolen – und füllte die Sendezeit mit Telefonstreichen. Mein Producer Barney fuhr durch die Stadt und besorgte mir die Nummern von Telefonzellen an verschiedenen Plätzen – am Flughafen von Los Angeles, an einem Busbahnhof, vor einem Stripclub in Hollywood, an einer Tankstelle in Oxnard –, und ich rief dort an, um zu hören, wer abnahm.

Ein weiterer Running Gag betraf mein beständiges Bemühen, den schwer fassbaren Howard Hughes aufzuspüren und zu interviewen. Bekam ich einen Tipp, dass sich der Milliardär angeblich in einem bestimmten Hotel aufhielt, rief ich dort an und versuchte mich durchzubluffen, um ihn ans Telefon zu bekommen.

«Sagen Sie ihm einfach, Elliot ist dran. Howard erwartet meinen Anruf.»

Unnötig zu erwähnen, dass das nie funktionierte.

Noch schwieriger, als Hughes ans Telefon zu bekommen, war es allerdings, John und Yoko vom Telefon *weg*zubekommen. Seit San Francisco riefen sie noch häufiger an als je zuvor, zu allen Tages- und Nachtzeiten. Das war einer der Gründe, warum ich die Hotline einrichten ließ: Die Lennons belegten meine beiden anderen Telefonleitungen, sodass niemand sonst durchkam. John und Yoko eine eigene Telefonnummer zu geben, schien einfach pragmatisch. Was das blinkende rote Licht über meinem Bett anging, um mich im Falle eines nächtlichen Anrufs von John oder Yoko zu wecken, tja, das war zugegebenermaßen vielleicht etwas übertrieben. Aber zu jenem Zeitpunkt hatte ich mich schon damit abgefunden, dass es meine Lebensaufgabe war, John und Yoko zur Verfügung zu stehen.

Warum ich das akzeptiert hatte, hätte ich nicht sagen können. Es war einfach so.

«Kennst du die Sendung *The 700 Club*?», fragte John bei einem seiner typischen Anrufe.

«Ähm, hab ich mir angesehen», antwortete ich zögerlich.

«Ich hab mir das neulich angeguckt und mich gefragt, was du davon hältst.»

John schaute viel Fernsehen – irgendwann besorgte er sich aus Japan einen Großbildfernseher der ersten Generation, den er am Fußende seines Bettes aufstellte und der fast immer eingeschaltet war, wenn auch meist ohne Ton –, aber trotzdem schwer vorstellbar, dass er Pat Robertson anschaute. Warum um Himmels willen sollte der Mann, der so weltliche Klassiker wie «Imagine» und «God» geschrieben hat, etwas an einem bibeltreuen Evangelisten im Hausfrauenfernsehen finden?

«Er kommt mir vor wie ein fundamentalistischer Prediger mit sehr konservativen Ansichten», sagte ich. «Was hältst *du* denn von *The 700 Club*?»

«Na ja», antwortete John, «ich finde, die Show könnt' 'ne Band und 'n bisschen Musik vertragen. Aber mir ist aufgefallen, was Robertson über Jesus sagt. Klar, wenn es mir gerade in den Kram passt, versteck ich mich hinter der Fassade des Buddhisten, aber ich bin als Christ auf die Welt gekommen. Und wenn Robertson Jesus zitiert, dann sagt mir das was.» Nachdenklich hielt er inne. «Ich denke, du solltest dir morgen die Sendung ansehen», fuhr er dann fort. «Wir sollten sie beide anschauen. Und danach darüber reden, darüber, wie Robertson Jesus zitiert.»

«John, machst du Witze?»

«Natürlich nicht! Das ist mein blutiger Ernst. Warum verdammt denkst du, das ist ein Scherz?»

Ich versprach, *The 700 Club* anzuschauen und John hinterher anzurufen.

Am nächsten Tag schaltete ich selbstverständlich die Sendung an. Ich machte mir sogar Notizen. Und danach rief ich pflichtschuldig John an, damit wir unsere Eindrücke miteinander teilen konnten.

«Oh», sagte er. «Ich hab's nicht gesehen. Bin eingeschlafen. Wir versuchen's ein andermal.»

John und die Religion war immer ein spannendes Thema und möglicherweise das, bei dem ich mir meinen größten Fehltritt erlaubte. John und ich sprachen über den Song «God», in dem er all die Gottheiten aufzählt, die er persönlich ablehnt, von Jesus bis zu den Beatles selbst. Er fragte mich, was ich von dem Lied hielt. Ich sagte: «Das ist ein sehr starker Song, John, aber was mich betrifft, hätte ich das nicht so persönlich formuliert. Ich würde das Publikum so ansprechen: ‹Ihr glaubt vielleicht an Buddha, ihr glaubt vielleicht an Krishna ...› Die ganze Liste durchgehen ... bis es dann heißt: ‹I just believe in me.› Ich finde, das wäre irgendwie mutiger.» Er starrte mich an und sagte: «Fuck off.» Rückblickend kann ich meine grenzenlose Unverfrorenheit nicht fassen ... einer der größten Songwriter aller Zeiten, und ich erklärte ihm, wie er meiner Meinung nach den Song hätte schreiben sollen. Obwohl ich nicht immer Fan von Johns derber Ausdrucksweise war, an der Stelle war sie angebracht. Robertson jedenfalls kam in unseren Telefongesprächen nie wieder vor.

Hollywood-Prominente waren ein häufiges Gesprächsthema mit John. Filmstars faszinierten ihn, vor allem die der alten klassischen Kinofilme. Ich weiß noch, wie ich ihm einmal erzählte, dass ich demnächst Mae West interviewen würde. Er verlangte geradezu von mir, dass ich ihm ein Foto mit Autogramm des berühmten Sexsymbols der Dreißigerjahre-Kino-Ära mitbringe. West, damals in ihren Achtzigern, freute sich, dem Wunsch nachzukommen. Aber sie schrieb auf das Autogramm: «Für John Lemon.»

Er liebte das Foto. Er behielt es für immer.

«Wenn du dir von allen auf der Welt jemanden aussuchen könntest, wen würdest du gern interviewen?», fragte er mich bei einem anderen Anruf.

«Tot oder lebendig?», entgegnete ich.

«Lebendig kommt man leichter ran, oder?», meinte er daraufhin.

Ich erzählte ihm von meinen Versuchen, Howard Hughes für meine Radiosendung zu erwischen, und wie fasziniert ich von dem Milliardär war.

Zuerst war John verblüfft. «Howard Hughes? Warum denn Howard Hughes?»

«Weißt du denn viel von ihm?», hakte ich nach, begierig, meine persönliche Passion mit ihm zu teilen. «Er ist einer der reichsten Männer der Welt und lebt total abgeschieden. Seit 1952 hat man ihn nicht mehr in der Öffentlichkeit gesehen. Trans World Airlines hat er per Telefon gekauft und verkauft. Er hat sieben Hotels auf dem Vegas Strip erstanden, ohne auch nur einmal vor der Glücksspielkommission zu erscheinen. Er versteckt sich in Hotels, klebt Alufolie an die Fenster, um die Sonne und neugierige Blicke abzuschirmen, schneidet sich nie die Finger- oder Fußnägel und trägt Kleenex-Schachteln an den Füßen, um sich keine Keime einzufangen. Er macht groteske Diäten, bei denen er monatelang nur Eiscreme isst. Da ist dieser eine

Typ, seine rechte Hand – ein ehemaliger FBI-Agent namens Robert Maheu –, der seine Anweisungen ausführt. Hughes schreibt sie auf gelbe Notizzettel und schickt sie Maheu. Seit zwanzig Jahren machen die beiden das schon so. Und trotzdem hat Maheu Hughes noch nie persönlich zu Gesicht bekommen ...»

John lauschte andächtig meinem Hughes-Vortrag. Als ich fertig war, lachte er sich kaputt.

«Das ist verdammt grandios!», rief er. «Hughes will mit keinem von den Wichsern was zu tun haben, also hat er ihnen gesagt, sie sollen sich alle verpissen! Er ist aus allem ausgestiegen, um zu leben, ohne dass irgendjemand irgendwelche Fragen stellt. Ich verstehe diesen Kerl vollkommen. Ich verstehe den Typen total.»

Jahre später missverstanden manche Leute Johns Sympathie für Hughes als Wunsch, dessen exzentrischen Lebensstil nachahmen zu wollen – oder warfen Yoko vor, John in ein Hughes-ähnliches Exil wegzusperren. In manchen Kreisen wurde das zu einer Lennon-Metapher: John, der sonderliche Einzelgänger. Aber das entsprach nicht mal annähernd der Wahrheit. Denn Johns sogenannte Hughes-Obsession begann und endete als Witz.

Ein weiterer regelmäßiger Boxenstopp in unseren Telefongesprächen galt den Interviewgästen meiner allwöchentlichen Radiosendung, vor allem, wenn es sich um Rockstars handelte. Unweigerlich vertrat er ein paar kühne Ansichten zu seinen Konkurrenten. Einmal erwähnte ich beiläufig das bevorstehende Interview mit Mick Jagger.

«Warum interviewst du denn *den*?»

Die Wahrheit lautete: Ich interviewte Jagger, weil er in L.A. ein Konzert gab, um Spenden für die Opfer eines Erdbebens in Nicaragua zu sammeln. (Seine Frau Bianca stammte aus Nicaragua.) Aber aus irgendeinem Grund antwortete ich dummerweise stattdessen: «Weil die Rolling Stones vermutlich die größte Live-Tour-Band der Welt sind.»

«Sagt man das nicht eigentlich über uns?», entgegnete John cool.

«Aber die Beatles touren nicht mehr», sagte ich und trat auf eine Landmine. «The Beatles existieren als Gruppe nicht mehr. Und die Rolling Stones sind im Rock 'n' Roll so wichtig wie sonst niemand.»

«Die Rolling Stones sind nach uns gekommen!», brüllte John. «Guck dir doch allein die Alben an! Deren *Satanic*-Gestammel kam direkt nach *Sgt. Pepper*. Wir waren die Ersten. Der einzige Unterschied war, dass wir als Pilzköpfe abgestempelt wurden und die als Revolutionäre hingestellt wurden. Pass auf, Ellie», fuhr er fort. «Ich hab mit Mick 'ne Menge Zeit verbracht. In London haben wir miteinander rumgegangen. Wir kennen uns schon ewig. Aber die Beatles waren die Revolutionäre, nicht die Rolling Pebbles!»

John und ich redeten nicht oft über die Beatles, vor allem, weil ihn andere Leute, insbesondere von den Medien, ständig und ausschließlich danach fragten. Er beantwortete bereits so lange Fragen zur Geschichte der Gruppe und hatte ihre Mythologie wieder und immer wieder aufgewärmt, dass ihn das Thema mittlerweile höllisch langweilte. «Das war wie verheiratet sein», meinte er mal zu mir. «Der Anfang gefiel mir besser als das Ende mit diesen Live-Auftritten, bei denen man vor lauter Geschrei die Musik gar nicht mehr hören konnte. Alle anderen hatten Spaß mit ihrem Gebrüll und Geschrei, aber wir da oben auf der Bühne litten. Wir haben nur noch so getan, als ob. Wir konnten uns selbst nicht singen hören.»

Mit anderen Worten, John hatte die Beatles hinter sich gelassen, was für den Rest der Welt wohl nicht galt.

Dennoch tauchte das Thema immer mal wieder auf, zum Beispiel wenn einer seiner alten Bandkollegen ein neues Soloalbum veröffentlichte. Johns Gefühle für seine ehemaligen Beatles-Kumpel waren kompliziert und wechselhaft, um es milde auszudrücken, und es war schlicht unmöglich vorherzusagen, was er zu irgendeinem bestimmten Zeitpunkt über den einen oder anderen sagen würde. Paul liebte er wie einen Bruder, natürlich, aber manchmal hasste er ihn auch wie einen Bruder. Die Geschwisterrivalität zwischen den beiden reichte bis tief in ihre Seelen, vor allem, wenn Paul und seine neue Band Wings wieder mal einen Hit in den Charts hatten. Auf George war John weniger eifersüchtig, aber sie standen sich auch nie so nahe, insbesondere nachdem George die Beatles überredet hatte, 1968 nach Indien zu reisen und transzendentale Meditation bei Maharishi Mahesh Yogi zu erlernen, den John schlussendlich für einen Scharlatan hielt. Nur Ringo blieb von Johns Groll verschont. Ich kann mich nicht erinnern, dass John je ein schlechtes Wort über den Drummer verloren hätte. Aber Ringo haben immer alle geliebt.

Paradoxerweise verteidigte John seine alte Band immer wieder heftig und beschwerte sich oft darüber, dass die Beatles, die erfolgreichste und einflussreichste Gruppe in der Geschichte der Rockmusik, nicht ernst genug genommen wurden. Er ärgerte sich über das niedliche, knuffige Image, das man den «Fab Four» anfangs verpasst hatte – nachdem sie in der *Ed Sullivan Show* in identischen Chesterfield-Anzügen aufgetreten waren –, während andere, ungepflegtere Troubadoure der Ära, wie Mick Jagger, viel coolere, bildgewaltigere Etiketten wie «Revolutionäre» verpasst bekamen.

Deshalb, und das lernte ich schon früh in unserer Freundschaft, war man gut beraten, vorsichtig mit der Erwähnung eines bestimmten anderen Mannes, den viele für den größten lebenden Lyriker hielten, umzugehen. Allein den Namen Bob Dylan während eines Telefonats zu nennen, konnte einen Vulkan brodelnder Ressentiments und aufgestauter Eifersucht zum Ausbruch bringen – ganz zu schweigen von Johns erstaunlich präzisen Imitationskostproben. (John konnte hervorragend andere Leute parodieren, Dylan ganz besonders.)

«Alle sehen in ihm eine Art Genie», motzte John. «Und alle erinnern sich an die Beatles wegen ‹I Want to Hold Your Hand›. Aber ich bin ein genauso guter Songwriter wie Dylan! Meine Songs sind sehr einfach, sehr direkt. Das ist Poesie, aber Rock 'n' Roll-Poesie der Arbeiterklasse. Was ich mache, ist Rockmusik! Keine Ahnung, wie ich das nennen soll, was er macht!»

In mancherlei Hinsicht waren die Beatles und Dylan – zwei kulturelle Größen, die den Zeitgeist der Sechzigerjahre mehr als alle anderen Musiker prägten – auf parallelen Wegen unterwegs. Beide traten urplötzlich und fast gleichzeitig auf die Bühnen: «I Want to Hold Your Hand» und Dylans «Blowin' in the Wind» wurden 1963 innerhalb weniger Monate veröffentlicht. Tatsächlich lernten John und seine Bandkollegen Dylan kurz danach kennen: 1964, als die Beatles im Forest Hills Tennis Stadium in New York spielten, schaute Dylan im Hotel Delmonico's vorbei, in dem die Band wohnte, was sich als Wendepunkt der Musikgeschichte erweisen sollte. Zum ersten Mal rauchten die Beatles Gras. Laut den Anwesenden drehte Dylan einen Joint und reichte ihn John, der ihn sofort an Ringo weitergab (sein «königlicher Vorkoster», wie John angeblich scherzte). Ringo, ungeübt in der Sitte des Joint-Teilens, rauchte den ganzen Joint selbst. Es wurde ein weiterer gerollt, und als John schließlich inhalierte, war es Liebe auf den ersten Zug. Alle Beatles waren sofort hin und weg.

«Wir rauchten schon zum Frühstück Marihuana», gab John einmal zu. «Niemand konnte was mit uns anfangen: Wir hatten bloß glasige Augen und kicherten die ganze Zeit.»

Kreativ beschritten die Beatles und Dylan in den darauffolgenden Jahren sehr unterschiedliche Wege und näherten sich der Musik aus diametral entgegengesetzten Richtungen. Einige von Johns Bandkollegen – vor allem George – fanden Dylans vergeistigte, genreübergreifende Klang-Sonette inspirierend, und Dylan animierte die Beatles eindeutig zum Experimentieren, angefangen 1966 mit *Revolver*, wo die Band erstmals in psychedelische Gefilde vorstieß (und George zum ersten Mal Sitar spielte). Auch John fand ein paar Stücke von Dylan originell. Paul behauptete sogar einmal, John habe bei «You've Got to Hide Your Love Away» versucht, wie Dylan zu singen. Doch die Dylan-Verehrung war für John stets auch ein Quell massiver Frustration. Schließlich war John der größte Songwriter seiner Generation –

zumindest nach Johns Ansicht. Dylan hätte sich von den Beatles inspirieren lassen sollen, nicht umgekehrt.

Was John allerdings wirklich zu schaffen machte, war Dylans Verkündung, als Christ wiedergeboren worden zu sein. Ich erinnere mich an ein Telefongespräch mit John nach Dylans Auftritt bei *Saturday Night Live* Ende der Siebzigerjahre, als Dylan fast ganz in Weiß gekleidet im Studio 8H auftrat und seine neue Hitsingle «Gotta Serve Somebody» sang.

«Der Typ macht sich doch zum Idioten», spottete John. «Er sieht aus wie ein Prediger und singt Geschwurbel!»

«Er trifft bei sehr vielen Leuten einen Nerv», versuchte ich dummerweise, Dylan zu verteidigen. (Damals war ich ein riesiger Fan von ihm.)

«Bei sehr vielen?», machte sich John über mich lustig. «Die Beatles haben ihm bestimmt hundert Millionen voraus!»

«Weißt du», sagte ich, mein Glück herausfordernd, «ich glaube, dass ein Großteil deiner Verachtung für ihn daran liegt, dass du eifersüchtig bist.»

«Fuck off», sagte John. «Du glaubst, ich bin eifersüchtig auf Dylan?»

«Ich glaube nicht, dass du auf sein Können als Songwriter eifersüchtig bist», erklärte ich, «aber ich glaube, du bist eifersüchtig darauf, wie ihn die Leute wahrnehmen. Du hasst es, dass die Leute meinen, er sei ein großer Poet, weil sie seine Musik als surrealer und traumähnlicher wahrnehmen als die der Beatles.»

«Hör dir ‹Walrus› an», sagte John.

Ich probierte ein anderes Argument. «Sein Stil und seine Auftritte ziehen die Leute in den Bann. Sie mögen seine Stimme. *Ich* mag seine Stimme.»

«Von wegen Stil», sagte er. «Was ich kreiere, ist Musik. Sieh mal, ich mochte ihn, als er ‹Subterranean Homesick Blues› rausbrachte, mit den Textzeilen: ‹Don't follow leaders / Watch the parkin' meters›.

Alles andere über den sogenannten Wanderpoeten interessiert mich nicht.»

So ging es jahrelang zwischen uns hin und her.

Klar, meine Gespräche mit John machten nur einen Teil davon aus, warum mein Ohr an der Hotline meines Hauses in Laurel Canyon geradezu klebte. Ich telefonierte genauso lang mit Yoko, obwohl ihre Anrufe weit weniger konfrontativ waren. Das lag einerseits daran, dass Yoko kein besonders streitlustiger Mensch war, und sie interessierte sich viel weniger für das Auf und Ab im Leben von Prominenten. Und andererseits lag es daran, dass sie der Boss hinter ihrem und Johns Business war. Sie kümmerte sich um Mitarbeiter, sprach mit Rechtsanwälten, bewilligte die Geschäftsabschlüsse und verhandelte mit Geldgebern. Für viel mehr hatte sie schlicht keine Zeit. Wenn sie um vier oder fünf Uhr morgens mit einem Anruf das blinkende rote Licht an meiner Schlafzimmerdecke auslöste, kam sie normalerweise gleich zur Sache. Und was für Yoko wichtig war, waren Zahlen – und nicht immer die mit den Dollarzeichen.

Yokos Welt drehte sich um Numerologie, Astrologie, Tarot-Karten und andere übersinnliche Glaubenssätze. Sie hatte einen Zirkel spiritueller Berater um sich, die nahezu jede von Yokos Entscheidungen überprüften, zum Beispiel, auf wen man sich geschäftlich einlassen konnte, bis hin zu der Frage, welchen Flug man nehmen sollte. (Diesbezüglich wurde sie tatsächlich von keinem Geringeren als Takashi Yoshikawa beraten, auch bekannt als Mr. K, einem Experten für Katatagae, ein antikes japanisches Glaubenssystem, in dem die auf einer Reise eingeschlagenen Richtungen eine wichtige Bedeutung und hohen Wert haben.) Als ich zum Beispiel fragte, ob wir Louise einladen wollten, mit uns in Sausalito zu Abend zu essen, war Yokos einziger Kommentar, dass sie «gecheckt» sei. Ich wusste, das bedeutete, dass zumindest einer von Yokos Beratern Louise als akzeptablen Gast bewertet hatte.

In Astrologie war ich nicht ganz unerfahren – ich hatte mir mehrfach Horoskope erstellen lassen –, aber ich machte mir ein wenig Gedanken, dass Yoko viele bedeutende (und nicht so bedeutende) Lebensentscheidungen auf Botschaften aus dem übernatürlichen Bereich stützte. John schien damit einverstanden, denn er hatte absolutes Vertrauen in seine Frau. Wenn sie etwas glaubte, glaubte er es auch, selbst wenn er es nicht tat. Mir erschien das jedoch riskant, und ich fragte Yoko, warum sie so sehr auf Paranormales vertraute.

«Auf der Suche nach der Wahrheit ist es sehr wichtig, den rationalen Verstand zu verlassen», antwortete sie geduldig. «Solange man das Gehirn Schlussfolgerungen ziehen lässt, kann es von der Stimmung, der Tageszeit, dem, was man gegessen hat, und Emotionen beeinflusst werden. Nur wenn man sich von alldem löst, sieht man am klarsten.»

Nachteil der Numerologie war jedoch, dass man eine Menge, nun ja, Zahlen benötigte – wie beispielsweise die Geburtsdaten der Leute, die Yoko «checken» lassen wollte. Und das wurde – zu meinem Leidwesen – zum Thema vieler nächtlicher Telefonate mit ihr.

«Elliot, wir wissen, dass du jeden in Hollywood kennst», begann einer ihrer Anrufe.

«Das ist vielleicht etwas übertrieben», entgegnete ich.

«Es gibt da diese Person in Los Angeles, mit der wir uns möglicherweise geschäftlich zusammentun», fuhr sie fort und nannte mir den Namen des Betreffenden. «Du musst mir bitte ein paar Informationen über ihn besorgen, bevor wir mit dem geschäftlichen Teil weitermachen.»

«Du meinst eine Hintergrundprüfung?», fragte ich. «So was wie einen Strafregistereintrag und so?»

«Nein», antwortete Yoko. «Ich brauche das Geburtsjahr der Person.»

«Oh-oh», sagte ich.

«Außerdem wäre es hilfreich, wenn du die exakte Geburtszeit und den Geburtsort herausfinden könntest.»

«Oh-oh», sagte ich wieder nur.

«Meinst du, du kommst an diese Informationen, Elliot? Wirst du uns helfen?»

«Na ja», meinte ich, «das Einzige, was mir dazu einfällt, ist, einen befreundeten Privatdetektiv zu engagieren. Er kann solche Dinge vielleicht ausgraben. Lass es mich versuchen.»

Ein paar Stunden später, als die Sonne langsam aufging, rief ich meinen Privatdetektiv-Freund an. Nachdem ich ihm erklärt hatte, was ich brauchte – ohne natürlich Yoko auch nur zu erwähnen –, hielt er mir einen Vortrag über unterschiedliche Ermittlungstechniken, darunter das sogenannte Dumpster Diving – also in Mülltonnen wühlen. Hatte er eine Adresse der betreffenden Person, schickte er sein Team zu dem Haus und beschlagnahmte sozusagen den Müll, der theoretisch betrachtet öffentlicher Besitz war, sobald er sich in einer Mülltonne an der Straße befand. «Du wärst überrascht, wie viele Informationen über jemanden im Müll stecken», sagte er. «Welche Medikamente, welche Zeitschriften, alte Gehaltszettel und Rechnungen. Das könnte uns auf die Spur zum Geburtsdatum bringen.» Er wollte sich bei einem Informanten im städtischen Strom- und Wasserversorgungsunternehmen erkundigen, ob dort eine Adresse vorlag. In Kürze würde er sich wieder bei mir melden.

Kaum hatte ich den Hörer aufgelegt, klingelte die Hotline erneut. Yoko.

«Hast du die Informationen schon?», flüsterte sie. «Hast du das Geburtsdatum?»

«Yoko, du hast mich erst vor drei Stunden darum gebeten. So etwas dauert.»

«Ich habe aber keine Zeit, Elliot», sagte sie genervt. «Verstehst du das nicht?»

Zum Glück – für Yoko, nicht für mich – landete der Privatdetektiv gleich einen Volltreffer. Innerhalb eines Tages hatte er genug Zahlen für Yokos Privatastrologen beschafft, um eine komplette Analyse durchzuführen. Yoko war von der Ausbeute derart beeindruckt, dass sie mich von da an mehrmals im Monat wegen ähnlicher Recherchen anrief. Plötzlich war ich ihre zentrale Anlaufstelle für ihre Dumpster-Diving-Bedürfnisse.

Diese Aufträge waren mir ausgesprochen unangenehm.

Es dauerte nicht lange, und ich verbrachte mehr Zeit mit John und Yoko am Telefon als im Sender. Im wahrsten Sinne des Wortes war meine Freundschaft mit den beiden zu meiner Hauptbeschäftigung geworden, die finanziell betrachtet alles andere als lukrativ war. Am Ende übernahm ich etliche der Rechnungen des Privatdetektivs – 250 Dollar pro Einsatz –, denn ich konnte mich nur selten dazu überwinden, John und Yoko zu bitten, mir das Geld zurückzugeben. Ich wusste, dass die beiden ständig um Geld angehauen wurden, Leute ihnen Rechnungen für alles Mögliche schickten und versuchten, aus ihrem Vermögen und ihrer Großzügigkeit einen Vorteil zu ziehen. Wie einer dieser Opportunisten zu wirken, war das Letzte, das ich wollte.

Die positive Nachricht lautete, dass ich bei KABC gut bezahlt wurde und mir mein neuer Job richtig Spaß machte. Tatsächlich gab es während meiner Sendung Momente, in denen ich mich der Stadt und meinen Zuhörern in einer Form verbunden fühlte, wie ich es selten zuvor erlebt hatte. Damals hatte ich auch eines der schönsten Live-Erlebnisse auf Sendung, als ich mal wieder ein zufällig ausgewähltes Münztelefon anrief, um herauszufinden, wer abheben würde. An diesem betreffenden Tag war es eine Telefonzelle an einem Busbahnhof in Hollywood.

Nach ein paarmal Läuten meldete sich eine Frauenstimme: «Hallo?»

«Hallo! Mein Name ist Elliot Mintz. Ich rufe von KABC Radio an. Sie sind live auf Sendung. Mit wem spreche ich, bitte?»

Sie zögerte kurz und nannte mir dann ihren Vornamen.

«Und wie geht es Ihnen? Sind Sie gerade erst in Los Angeles angekommen?»

«Nein, Mister», antwortete sie erschöpft. «Ich bin auf dem Weg aus der Stadt. Ich fahre nach Hause.»

«Warum?», fragte ich. «Warum verlassen Sie die Stadt?»

«Ach, wissen Sie, ich bin mit meinen Hoffnungen und Träumen hierhergekommen, und alles ist in die Brüche gegangen. Mir ist nichts geblieben. Weder der Job noch der Ehemann. Nichts. Jetzt will ich einfach nur nach Hause und zu meiner Mama.»

«Es tut mir sehr leid, das zu hören», sagte ich.

«Wenn ich nicht nach Hause fahre, muss ich auf der Straße schlafen.»

«Als was haben Sie in L. A. gearbeitet?»

«Na ja, bloß als Haushälterin und Putzhilfe. So was. Ich arbeite hart. Gebe immer mein Bestes. Aber in vierzig Minuten kommt mein Bus.»

In der rauen Stimme der Frau lag eine solche Schwere, ich hörte so echten Kummer, dass es mir beinahe das Herz brach. Doch dann hatte ich eine Idee.

«Können Sie bitte nur noch fünf Minuten hier bei uns am Telefon bleiben? Ich lege Sie ganz kurz beiseite, aber legen Sie nicht auf, gehen Sie nicht fort, okay?»

«Ich hab nichts anderes zu tun, Mister.»

Ich ließ das Mikrofon offen und blieb live auf Sendung, während ich die Dame in die Warteschleife schaltete.

«Also», sagte ich zu den Zuhörern, «falls jemand da draußen eine Haushälterin braucht oder andere Arbeit für diese Frau hat oder ihr einfach eine zweite Chance geben will, rufen Sie bitte hier im Sender an. Vielleicht können wir der Dame ja helfen.» Ich nannte die direkte Durchwahl zu Barney hinter der Glaswand und drückte uns die Daumen.

Nur Sekunden später leuchtete die Lampe an Barneys Telefon auf. Schon ein Dutzend Leute hatten angerufen. Ich holte die Frau an der Bushaltestelle wieder zurück auf Sendung.

«Hören Sie», sagte ich. «Sie werden das jetzt vielleicht nicht glauben, aber es gibt eine Menge Leute in Los Angeles, die Ihnen gerade am Radio zugehört haben und die mit Ihnen sprechen möchten, weil sie Ihnen einen Job anbieten wollen.»

«Ist das so eine Art Scherz? In dieser Stadt haben schon zu viele Leute ihre Scherze mit mir gemacht, wissen Sie?»

«Nein, das ist überhaupt kein Scherz. Mein Producer wird Ihnen gleich die Telefonnummern geben, und Sie können die Leute direkt von Ihrem Münztelefon aus anrufen.»

Sie brauchte einen Moment, um zu verarbeiten, was da passierte. Dann flüsterte sie mit zitternder Stimme ins Telefon: «Danke schön.»

«Keine Ahnung, wohin das führt», sagte ich zu den Zuhörern, nachdem ich die Dame an Barney weitergeleitet hatte. «Sie bekommen all das hier in Echtzeit mit. Nach dem heutigen Tag werden wir vielleicht nicht unbedingt erfahren, wie es mit dieser Frau am Busbahnhof weitergegangen ist. Aber danke fürs Einschalten. Und all den Menschen, die angerufen haben, um der Dame zu helfen, danke ich für ihr Mitgefühl.

Hier ist Elliot Mintz auf KABC», sagte ich, und was die Welt da draußen anging, fühlte ich mich so gut wie schon lange nicht mehr. «Wir sind gleich zurück.»

KAPITEL 7

Los Angeles und New York, 1972 bis 1973

Zu den großen Vorzügen meines Daseins als Radiomoderator gehörte, dass ich vielen Menschen begegnete, die ich schon als Kind bewundert oder sogar angehimmelt hatte.

Zugleich war das aber auch einer der größten Nachteile daran.

Im wahren Leben ist niemand so beeindruckend wie auf der Leinwand, der Bühne oder in einer Konzerthalle. In der Kunst werden die Künstler tendenziell verklärt, sie werden emporgehoben und bekommen etwas zugeschrieben, was die Fans für übermenschliche Kräfte halten. In Wirklichkeit sind sie auch nur Menschen, genauso unvollkommen, fehlbar und letztlich enttäuschend wie wir übrigen eigensinnigen Seelen. Nicht einmal John Wayne – einer der Fixsterne meiner frühen Jugend – konnte meinen überhöhten Erwartungen gerecht werden. Als ich mich mit dem Duke zum Interview zusammensetzte, kurz bevor er mit 72 Jahren an Magenkrebs starb, war er einfach nur ein müder, alter Mann mit Tränensäcken und einem allzu offensichtlich an die Stirn gepappten Toupet.

Nicht, dass John und Yoko Enttäuschungen gewesen wären: In vielerlei Hinsicht waren sie persönlich ebenso beeindruckend wie auf Vinyl oder in Filmclips.

Als Persönlichkeiten des öffentlichen Lebens der späten Sechziger- und frühen Siebzigerjahre hatten sie mich fasziniert, und das sowohl wegen ihres politischen Engagements als auch wegen ihrer Kunst. Ich teilte ihre entschiedene Ablehnung des Vietnamkriegs. Ihre Bed-ins für den Frieden fand ich genial. Bei ihren Fernsehauftritten wirkten sie stets witzig und wortgewandt; für mich waren sie beispielgebende Vertreter der Gegenkultur. Am meisten aber begeisterte mich die Aufrichtigkeit, die sie ausstrahlten. Sie schienen einen unerschütterlichen, beinahe kindlichen Glauben an ihre Vision einer besseren Welt zu besitzen. Für das Zusammenleben der Menschheit in Harmonie und Liebe, davon waren sie überzeugt, war nichts weiter nötig, als dass sich genug Menschen vorstellten, es sei möglich. John und Yoko mieteten sogar eine Reklamewand am Times Square – zu Weihnachten 1969, auf dem Höhepunkt des Gemetzels in Südostasien –, auf der in riesigen Lettern ihre Botschaft stand. «WAR IS OVER!», lautete sie. «If you want it.»

Ja, man könnte sie für Träumer halten, und, nein, sie waren nicht die einzigen. Ich persönlich fand ihren Idealismus ansteckend und inspirierend, und so ging es auch Millionen anderen Menschen. Doch als John und Yoko mir als Freunde aus Fleisch und Blut vertrauter wurden (oder in jenen Tagen häufiger als körperlose Stimmen am Telefon), bekam ich mit der Zeit auch ihre unvollkommenen, menschlichen Seiten zu sehen.

Yoko zum Beispiel war privat sogar noch zarter und vergeistigter als in den Medien dargestellt. Sie war ein Quell von Aphorismen und konnte schier endlos Häppchen Zen-artiger Weisheiten von sich geben. Auf ihre an Haiku erinnernden Predigten über das Bekunden eigener Wünsche oder die Weisheit des nicht rationalen Bewusstseins reagierten manche Menschen mit einer gewissen Überforderung. Ich muss gestehen, dass sogar ich zuweilen ein wenig überfordert davon war. Aber dann sagte oder tat sie wieder etwas, das mich komplett von ihrer Verbindung zu einer höheren Ebene überzeugte.

«Vor zwei Nächten hast du etwas geträumt, nicht wahr?», fragte sie mich plötzlich während eines besonders langen Telefonats. «Es ging um deine Mutter, oder?»

Ich war baff. Ich hatte wirklich von meiner Mutter geträumt und war mir sicher, dass ich keiner Seele davon erzählt hatte. Oder zumindest war ich mir *damals* ziemlich sicher, es nicht getan zu haben.

«Du hast mit ihr über dein Stottern als Kind gestritten, ja?»

Ich hielt den Hörer so fest, als wolle ich ihn erwürgen. Wie konnte Yoko das wissen? In meinem Traum hatte ich mit meiner Mutter über mein Stottern gestritten, und als ich aufwachte, fühlte ich mich unsicher und minderwertig.

«Aber inzwischen sprichst du wunderschön, Elliot!», fuhr Yoko fort. «Man zahlt dir Geld dafür, dass du im Radio sprichst. Du hast den Kampf gegen dein Stottern gewonnen, weil du dir vorgestellt hast, dass du dich ändern würdest. Dein Stottern ist verschwunden, weil du wolltest, dass es verschwindet.»

In Ojai hatte mir John erzählt, dass Yoko Dinge sah, die anderen verborgen blieben. Ich kam zu dem Schluss, dass er recht hatte.

John wiederum war genauso charmant, witzig und intelligent, wie er bei öffentlichen Auftritten wirkte. Allmählich entdeckte ich jedoch, dass er bei Weitem nicht vollkommen war. Zunächst einmal: Für jemanden, der ein weltverändernder Friedensstifter sein wollte – ein Vordenker auf Augenhöhe mit Mahatma Gandhi, Martin Luther King Jr. und Nelson Mandela –, wusste er erstaunlich wenig über historische Persönlichkeiten wie, nun ja, Gandhi, King und Mandela. John war ein leidenschaftlicher Leser (er verschlang George Orwell, Lewis Carroll, Jonathan Swift, Dylan Thomas, James Thurber, Oscar Wilde, Edgar Allan Poe, James Joyce sowie viele weitere klassische und zeitgenössische Autoren), doch seine Belesenheit wies immer noch merkliche Lücken auf; wie Kapitel, die er einfach übersprang. Obwohl er Gandhi und die anderen als Vorbilder der Gewaltlosigkeit bewunderte, wusste er relativ wenig über ihre Biografien oder Bewegungen.

Er vertrat auch einige fortschrittsfeindliche, an Ludditen erinnernde Ansichten über die Wissenschaft, insbesondere die Medizin, die seine Verärgerung über die «Onkel Doktoren», die ihm keine selbst verabreichten Abnehm-Injektionen erlaubten, weit überstiegen. Obwohl John so ziemlich jede illegale Freizeitdroge, die er in die Finger bekommen konnte, geschluckt, geraucht oder geschnupft hatte, war er von einem seltsamen Misstrauen gegenüber Substanzen erfüllt, die ordnungsgemäß verschrieben wurden und erwiesene Wirksamkeit besaßen. Er war sogar einer der ursprünglichen Impfgegner. Nach Seans Geburt versuchte John alles in seiner Macht Stehende, um seinen Sohn vor der Nadel zu bewahren. (Zu guter Letzt wurde Sean dann doch geimpft.)

John und Yoko waren paradox und steckten voll innerer Widersprüche. Das war das Wichtigste, was ich in diesen frühen Jahren unserer Freundschaft über sie lernte. Einerseits konnten sie unglaublich sensibel, ehrlich, anregend, fürsorglich, kreativ, großzügig und weise sein. Andererseits waren sie manchmal egozentrisch, erbittert, eitel, kleinlich und nervig. Was John anging, auch schockierend grausam – selbst Yoko gegenüber.

Ein Beispiel ...

Früh an einem Novembermorgen im Jahr 1972 begann das rote Licht über meinem Bett zu blinken. Ich nahm ab.

«Ellie, ich hab's vergeigt», war das Erste, was John sagte.

«Wieso?», fragte ich benommen. «Was hast du angestellt?»

«Gestern Abend waren wir bei dieser Party», berichtete er, «und ich war voll. Und da war so ein Mädchen ...»

Ich setzte mich auf.

Die Party fand in Jerry Rubins Apartment im Greenwich Village statt. Eine kleine Gruppe gut vernetzter *Peaceniks* hatte sich versammelt, um die Ergebnisse der Präsidentschaftswahlen im Fernsehen zu verfolgen. Wider alle Wahrscheinlichkeit hofften sie, George McGovern möge ein politisches Wunder gelingen. Als sich aber die Wählerstimmen häuften und klar wurde, dass Richard Nixon die Wiederwahl mit einem Erdrutschsieg gelingen würde, trübte sich die Stimmung ein, und es wurde immer mehr getrunken.

Alkohol war nicht Johns Freund. Während ihn Gras entspannte und beflügelte, machte ihn Alkohol eher bösartig und rücksichtslos und ließ seine düsteren Dämonen von der Kette. Und dieses Mal hatten sich Johns üble innere Kobolde wahrlich selbst übertroffen.

Einiges erfuhr ich von dem verkaterten John selbst, als er mich am Morgen danach anrief. Die am Boden zerstörte Yoko vertraute mir später noch peinlichere Details an. Am Ende lief es jedenfalls darauf hinaus, dass John tatsächlich mit einem Mädchen auf der Party etwas angefangen und sich mit ihr in eines der Schlafzimmer zurückgezogen hatte. Dort hatten sie dann so laut und heftig Sex, dass für alle, die sich in Jerry Rubins Wohnzimmer um den Fernseher geschart hatten – einschließlich Yoko –, deutlich vernehmbar war, wie sie es miteinander trieben.

Irgendwann während des geräuschvollen Fehltritts legte ein wohlmeinender Partygast eine Platte auf (Bob Dylans elfminütige Ballade «Sad Eyed Lady of the Lowlands») und spielte sie mit sehr hoher Lautstärke ab, um das rhythmische Pochen zu übertönen. Doch nicht einmal Dylans einzigartiger Gesang konnte von dem Radau ablenken, den John und seine Gespielin im Schlafzimmer hinter einer anscheinend papierdünnen Wand veranstalteten. Yoko saß die ganze Zeit über in fassungslosem, gedemütigtem Schweigen auf dem Sofa. Peinlich berührt erhoben sich inzwischen die anderen Gäste, um aufzubrechen – bis ihnen klar wurde, dass sich ihre Mäntel und Jacken just in dem Zimmer befanden, wo John gerade Sex hatte.

Wie lange es dauerte, weiß ich nicht (ich war zum Glück nicht vor Ort, sondern 4000 Kilometer entfernt im Laurel Canyon), aber ich stelle mir vor, dass sich Rubins Apartment in derselben Sekunde leerte, als John und die Frau aus dem Schlafzimmer auftauchten und alle endlich ihre Sachen an sich nehmen konnten. Ich bin mir sicher, dass John und Yoko einen schnellen Abgang hinlegten, gefolgt von einem Fußmarsch oder einer Taxifahrt in frostiger Stimmung zu ihrer damaligen Wohnung an der Bank Street im Greenwich Village. Was auch immer sie später in der Nacht zueinander sagten: Ein angenehmes Gespräch war es sicher nicht.

«Ich hab auf dem Sofa geschlafen», erzählte mir John am Telefon und klang niedergeschlagen und verlegen – jedoch, offen gesagt, für meinen Geschmack längst nicht so zerknirscht, wie es mir angemessen erschien. Er schien sich vor allem über sich selbst zu ärgern, weil er einen Fehltritt begangen hatte, den er offenkundig für dumm, aber eher unbedeutend hielt. «So was passiert», kommentierte er den Vorfall meiner Meinung nach viel zu beiläufig. «Ein Kerl betrügt seine Frau ... wenn ich nicht berühmt wär, würde das niemand kümmern.»

Yoko sah das, wenig überraschend, anders.

«Alles okay bei dir?», erkundigte ich mich sanft, als ich sie ein paar Stunden später anrief.

«Auf die Frage gibt es keine Antwort», erklärte sie mit zittriger Stimme.

«Meinst du, das kannst du ihm je verzeihen?»

«Ich kann ihm verzeihen», erklärte sie. «Aber ich weiß nicht, ob ich je vergessen kann, was passiert ist. Ich weiß nicht, ob es je wieder so sein wird wie früher.»

Sie klang so schwach und niedergedrückt, dass es mir schier das Herz brach. Als wir (nach einem kurzen Gespräch) auflegten, erwog ich das bis dahin Undenkbare. Zum ersten Mal, seit ich sie kennengelernt hatte, zog ich die sehr reale Möglichkeit in Betracht, dass sie sich trennen könnten. Ich versuchte, mir eine Welt vorzustellen, in der John und Yoko nicht länger zusammen wären. Es gelang mir nicht. Für mich waren sie ein magisches Paar. Sie definierten einander, verstärkten gegenseitig ihre Brillanz, passten so perfekt zusammen, als hätten die Sterne sie zusammengeführt. Wie könnten sie *nicht* zusammen sein?

Und, um völlig ehrlich zu sein: Ich machte mir auch Gedanken um mein eigenes Schicksal. Ich fragte mich, ob meine Freundschaft mit ihnen eine Trennung überstehen könnte. Wer wäre dann für mich da? Wie sollte ich nur mit einem von ihnen befreundet bleiben? Oder würden mich schließlich beide verlassen?

Nach einer mehrwöchigen Zeit des Abkühlens (in der Yoko «Death of Samantha» schrieb und aufnahm – ihre Blues-Ode über das Verbergen des eigenen Schmerzes um des äußeren Anscheins willen –, *schien* die Krise zu enden. In den folgenden Monaten *wirkte* es, als würden sie ihr Leben wieder aufnehmen. Beide bemühten sich nach Kräften, den Vorfall hinter sich zu lassen oder zumindest zu überspielen, so gut sie konnten. Und eine Zeit lang funktionierte das. Yoko versuchte, ihm zu verzeihen, auch wenn ihr das letztlich nicht gelang. Und John – der vielleicht endlich ein angemessenes Maß an Schuld verspürte – war nie ein hingebungsvollerer Ehemann gewesen.

Drei Monate nach Jerry Rubins Party flogen die Lennons im Februar 1973 nach Los Angeles, um an einer Party von mir teilzunehmen. Es war mein achtundzwanzigster Geburtstag, und den wollte ich abends in meinem Haus im Laurel Canyon feiern. Ich lud meine Nachbarn ein – Harry Nilsson, Alice Cooper, Micky Dolenz – und einige andere Leute. Auch Louise war darunter, die von Mill Valley angereist kam, genauso wie John und Yoko, von denen ich wusste, dass sie auf dem Weg nach L.A. waren, um Werbung für Yokos neu erschienenes Album *Approximately Infinite Universe* zu machen. In gewisser Weise war es eine Coming-out-Party: Zum ersten Mal würde ich meine alten Laurel-Canyon-Kumpel mit meinen neuen, bis dato geheimen Freunden bekannt machen, die mich mysteriöserweise so viel und so lange ans Telefon gefesselt hatten.

Ich war vor dem Fest ein bisschen nervös und fragte mich, wie es John und Yoko wohl damit gehen würde, wenn unsere Beziehung öffentlich wurde, und ob sie gut mit den anderen Menschen in meinem Leben klarkommen würden. Ich musste an das peinliche Abendessen mit Louise in Sausalito denken und hoffte, dass dieser Abend keine Wiederholung würde. Dabei hätte es nicht besser laufen können: Kaum angekommen, mischten sich John und Yoko unters Volk, als hätten sie ihr ganzes Leben im Canyon zugebracht. Wie mir auffiel, verbrachten beide zwar nur wenig Zeit miteinander – sie bewegten sich meist getrennt –, sie schienen aber guter Dinge zu sein. Gegen Ende des Abends begann John sogar eine spontane Jamsession mit einigen meiner anderen Musikerfreunde.

Es war eine riesige Erleichterung! Von da an musste ich die inzwischen wichtigste Beziehung in meinem Leben nicht länger verbergen.

Ein paar Tage später interviewte ich Yoko in meiner Sendung. Zufälligerweise war es nun *ihr* Geburtstag – sie war am 18. Februar zur Welt gekommen, ich am 16. –, deshalb wollte ich etwas Besonderes daraus machen. Anders als unser erstes Interview, das wir am Telefon geführt hatten, sollte dieses direkt bei KABC stattfinden. John bestand darauf, mit ins Studio zu kommen, um Yoko anzufeuern. Allerdings befürchtete er, seine Anwesenheit könnte das Rampenlicht von seiner Frau ablenken. John war zu Recht besorgt. Als ich sie durch das Gebäude geleitete, tauchten tatsächlich Köpfe in den Türrahmen der Büros auf, um den Ex-Beatle zu erspähen, wie er die KABC-Gänge entlangschlenderte. Als wir uns am Mikrofon niederließen, beobachtete eine kleine Gruppe Schaulustiger John durch eine der Studio-Glaswände.

John war von der Aufmerksamkeit sichtlich genervt: Er war entschlossen, Yoko den ihr gebührenden Platz einzuräumen. Während ihres fünfundvierzig Minuten dauernden Interviews schwieg er nicht nur (keine leichte Aufgabe für einen geborenen Erzähler wie ihn), er entzog sich auch noch der Aufmerksamkeit, indem er sich unter dem Studiotisch verkroch. Das war sicher unangenehm und muss für John ziemlich unbequem gewesen sein. Ich empfand es aber als eine ebenso ritterliche Geste wie das, was Sir Walter Raleigh einst mit seinem Umhang und einer Pfütze vollführt hatte.

Doch so galant John auch war und so fröhlich Yoko in dem Radiointerview klang, ließ sich kaum die Kälte ausblenden, die sich zwischen ihnen eingenistet hatte.

Anschließend gingen wir zu einem späten Abendessen in ein Sushi-Restaurant am La Cienega Boulevard nahe dem Studio. Beider Appetit hatte zwar seit ihrem Detox-Trip nach San Francisco zugenommen, doch die Stimmung an unserem Tisch war spürbar weniger ausgelassen als damals im Dragon Wagon. Kein Händchenhalten bei John und Yoko. Keine zärtlichen Küsse auf die Stirn. Kaum Blickkontakt. Sie gingen freundlich miteinander um – John war von tadelloser Aufmerksamkeit –, doch die Luft rings um sie war spürbar kühl.

«Möchtest du heute Abend noch irgendwo anders hingehen, Mother?», fragte John sie, als wir am Ende unserer Mahlzeit den grünen Tee austranken.

«Nein, ich bin müde», sagte sie, ohne ihren Mann auch nur mit einem Blick zu streifen. «Elliot, würde es dir was ausmachen, uns zu unserem Hotel zurückzufahren?»

Ich blickte zu John. An seiner unbehaglichen Miene konnte ich ablesen, dass ihre Ehe immer noch in Schwierigkeiten steckte. In Wirklichkeit hing sie am seidenen Faden.

Fairerweise muss man aber sagen, dass hier einiges mehr im Gange war als ein Ehekrach. Einer der Nachteile von Nixons Wiederwahl – abgesehen von dem nach wie vor in Vietnam tobenden Krieg, dem dräuenden Watergate-Skandal und einer Menge sonstiger Vergehen und Verbrechen – bestand darin, dass das Weiße Haus weitere vier Jahre Zeit hatte, John im Nacken zu sitzen.

Die drohende Ausweisung belastete die Lennons eindeutig sehr, und das aus gutem Grund: Zwar hatte die Überwachung durch das FBI keinerlei verwertbare Nachweise erbracht, doch Nixons Agenten hatten einen neuen Plan ausgeheckt, um John nach England zurückzuschicken. Als Ausrede für seine Ausweisung aus den Vereinigten Staaten würden sie ein geringfügiges Vergehen von 1968 in London nutzen, als John für den Besitz von etwas Haschisch (von der Polizei untergeschoben, wie sich später herausstellte) zu einer Strafe von 150 Pfund verurteilt worden war. Bei der Ausführung des Plans verloren Nixons Untergebene keine Zeit. Im März 1973, einen Monat nach meiner Geburtstagsparty im Laurel Canyon, wurde John in New York der Ausweisungsbeschluss zugestellt.

John wollte unbedingt in New York bleiben – inzwischen liebte er die USA. Er fühlte sich hier frei und dem chaotischen Leben im Vereinigten Königreich entronnen. Er hatte das Gefühl, dass man Yoko und ihn überall in Großbritannien anfeinden würde, egal wohin sie kämen. Wie ich bei unserer Fahrt nach San Francisco beobachtet hatte, traf das auch auf manche Gegenden in den USA zu. Doch die New Yorker standen Berühmtheiten eher gleichgültig gegenüber – sie hatten sie kommen und gehen sehen –, sodass John in Manhattan zumeist ein annähernd normales Leben führen konnte.

John schätzte auch das deutlich durchlässigere Klassensystem in den USA. Natürlich konnte man dort nicht annähernd von Klassengleichheit sprechen, trotzdem gab es in den Vereinigten Staaten gewiss mehr soziale Mobilität als in seinem Heimatland: Zumindest ein paar Zentimeter kamen die USA Johns Ideal der klassenlosen Gesellschaft näher. Dort, so empfand er es, konnte er wirklich ein Held der Arbeiterklasse sein, ein «Working Class Hero», wie er einen seiner Songs betitelt hatte.

John war also entschlossen, in den Staaten zu bleiben und gegen die Ausweisung zu kämpfen, wobei sein Fall das komplette Labyrinth des US-amerikanischen Rechtssystems durchlaufen sollte. Zu guter Letzt würde er siegen. Einige Jahre später, 1976, sollte John offiziell zum ständigen Einwohner der Vereinigten Staaten werden.

Im Frühjahr 1973 jedoch war Johns Zukunft in den Staaten – einem Land, das er wie sein eigenes zu lieben gelernt hatte – ungewiss. Genauso ungewiss waren seine Aussichten mit Yoko, die offenkundig noch immer den Ehebruch ihres Mannes in der Wahlnacht verarbeitete und überlegte, ob sie die Ehe fortführen wollte. Nach allem, was John oder Yoko wussten, standen sie kurz davor, alles zu verlieren, was ihnen etwas bedeutete: ihre Wahlheimat, ihre musikalische Partnerschaft, das Leben, das sie sich gemeinsam in New York aufgebaut hatten.

Da sie John und Yoko waren, Musterbeispiele für Widersprüchlichkeit, reagierten sie auf diesen ernsten Moment des Zweifels und der Unruhe, indem sie sich intensiver umeinander kümmerten. Sie beschlossen, die kosmischen Würfel mit einer spektakulären Geste des Glaubens und der Hoffnung auf die Beständigkeit ihrer Liebe zu werfen.

Sie kauften ein Apartment im Dakota Building.

KAPITEL 8

New York und Los Angeles, 1973

«Es ist Apartment Nummer 72», erzählte Yoko voller Begeisterung, als sie mich anrief, um mir zu verkünden, dass sie sich im Dakota Building eingekauft hatten. «Siehst du die Bedeutung, Elliot? Verstehst du, was diese Zahl heißt?»

Es brauchte ein wenig Nachhilfe in Mathematik, aber Yoko erklärte mir genau, was diese Zahl bedeutete, zumindest für sie und John. Wenn man sieben und zwei addiert, ergibt das neun. Und die 9 war für die Lennons eine hochgradig bedeutsame Zahl, eine magische Chiffre, die in Johns Leben ständig auftauchte. Yoko rasselte herunter, wann und wo überall: John war am 9. Oktober geboren. Sie selbst kam am 18. Februar zur Welt (eins plus acht). Johns erstes Zuhause – das Haus seines Großvaters – lag an der Newcastle Road Nr. 9. Der Nachname von Paul McCartney hat neun Buchstaben. Der erste Auftritt der Beatles im Cavern Club fand am 9. Februar 1961 statt, ihr erster Auftritt in der Ed-Sullivan-Show am 9. Februar 1964. Und die Band löste sich 1969 auf, nachdem sie neun Jahre miteinander Musik gemacht hatten.

Mancher würde meinen, das sei alles Zufall. John und Yoko jedoch glaubten das nicht.

Numerologisches Omen oder nicht, ich fand es großartig, dass die Lennons in einem neuen Zuhause in der Upper West Side ein neues Leben begannen, auch wenn mir nicht ganz klar war, warum ihre Wahl auf diese Gegend gefallen war.

Der Umzug vom Greenwich Village ins Dakota Building kam fast dem Umzug in eine andere Stadt, in ein anderes Land oder gar auf einen anderen Planeten gleich. Die Bank Street war eine malerische, von Bäumen gesäumte Straße, in der sich schmucke Backsteinhäuser aneinanderreihten. Das Dakota hingegen war eine Grande Dame aus dem Gilded Age, der Zeit nach dem Bürgerkrieg. Ihr Sandstein-Petticoat umhüllte einen ganzen Häuserblock. Das Village gehörte den Hippies, Künstlern und anderen Freigeistern. Die Bewohner des Dakota waren alter Geldadel, alles Stützen des Establishments, darunter einige strahlende Hollywood- und Broadway-Größen wie Lauren Bacall und Jason Robards. Leute wie Leonard Bernstein, Rudolf Nurejew, Rex Reed und für kurze Zeit auch Boris Karloff hatten dort ihren Wohnsitz. Zweifelsohne interessante Nachbarn, aber nicht unbedingt das Umfeld von John und Yoko.

«Bist du sicher, dass dir das nicht zu spießig ist?», fragte ich John. «Wissen die Leute, die dort leben, überhaupt, wer ihr seid?»

«Ich will ja gar nicht, dass sie wissen, wer wir sind!», sagte er lachend. «Ich will schließlich auch nicht wissen, wer *sie* sind! Wir wollen nur in Ruhe gelassen werden. Wann kannst du vorbeikommen, um es dir anzusehen? Geht es morgen?»

Damals war es für mich nicht unüblich, dass ich mal eben schnell nach New York flog, vor allem wenn John und Yoko darum baten. Aber dieses Mal konnte ich nicht so kurzfristig kommen. Mein Leben in L. A. hatte zu der Zeit eine fast surreale Wendung genommen und war deutlich hektischer und komplizierter geworden. Wie eine Figur aus einem Kafka-Roman hatte ich unlängst eine seltsame und unerwartete Metamorphose durchlaufen. Zu meinem eigenen Entsetzen wachte ich eines Morgens auf und fand mich in eine TV-Persönlichkeit verwandelt.

KABC Radio gehörte zu KABC TV, und jemand aus der Chefetage des Senders war auf die glorreiche Idee gekommen, mich zum «Unterhaltungskorrespondenten» für die 23-Uhr-Nachrichten im Lokalfernsehen zu machen. Der Gedanke dahinter war, so mein Verdacht, dass es doch ein Leichtes und gar nicht teuer wäre, wenn man mir eine Kameracrew vorbeischickte, um für die TV-Sendungen ein paar Einspieler zu machen – interviewte ich doch ohnehin schon Celebritys für meine Radiosendung.

In der Praxis allerdings war es alles andere als einfach. Zum einen zogen die Radio-Interviews sich manchmal eine Stunde oder länger hin. Die Fernsehspots allerdings verlangten eine Knappheit und Prägnanz, an die ich nicht gewöhnt war. Ich musste lernen, wie ich innerhalb von zwei bis drei Minuten ein Interview an- und abmoderieren konnte. Außerdem ist das Fernsehen ein visuelles Medium. Das hieß, ich musste mir Gedanken darüber machen, wo meine Interviews stattfanden. Eine meiner ersten TV-Sendungen für «Eyewitness News» war beispielsweise ein Interview mit meinem alten Nachbarn Alice Cooper, der eine ganz eigene Metamorphose durchgemacht hatte – vom bescheidenen Laurel-Canyon-Musiker hin zu einem extrem erfolgreichen Shock-Rocker, berüchtigt für seine Bühnenshows, bei denen er Puppenköpfe pfählte oder sich an einen elektrischen Stuhl schnallte.

Schließlich machte ich das Interview auf einem Golfplatz, denn zu meinem Erstaunen stellte sich heraus, dass er in seiner Freizeit nichts mehr liebte als ein paar Schläge auf dem Green.

Und noch eine Schwierigkeit kam hinzu: Meine Radiosendung endete um 22 Uhr, also eine Stunde bevor die Fernsehnachrichten ausgestrahlt wurden. Ich musste also vom Studio in La Cienega nach East Hollywood rasen, wo der Fernsehsender lag. Dort angekommen, fiel ich in einen Sessel in der Maske und ließ mein Gesicht kamerafertig machen. Dann sprach ich die Anmoderation, die das vorher aufgenommene Interview einleitete. Das alles war unglaublich anstrengend und hektisch.

Aber mein größtes Problem mit dem Fernsehen war ... dass ich im Fernsehen war. Ich hatte schon früher mit Video experimentiert, als ich eine Mega-Low-Budget-Sendung auf UHF hatte, die *Headshop* hieß. Für sie interviewte ich Leute wie Moe Howard von den Three

Stooges (und einen damals noch völlig unbekannten jungen Pianisten namens Billy Joel). Doch die Anzahl der Menschen, die diese kleine Produktion am Anschlag der UHF-Skala – auf Kanal 52 – hörten, ließ sich vermutlich an Fingern und Zehen abzählen. Die Lokalnachrichten von KABC wurden auf VHF gesendet – Kanal 7 – und erreichten Hunderttausende von Zuschauern. Diese Sendung würde meinem Gesicht, wie ich fürchtete, einen Wiedererkennungswert verleihen, den ich nie haben wollte.

«Darüber würde ich mir keine Sorgen machen, Elliot», meinte David Cassidy mit einem Augenrollen, als ich ihm meine Befürchtungen in puncto Verlust meiner Anonymität gestand. «Das ist doch nur ein lokaler Nachrichtensender. Der hat sicher kein Massenpublikum.»

David hatte natürlich recht: Ich musste mich nie wie die Beatles auf Bahnhöfen durch Horden kreischender Fans kämpfen, die mir den Weg verstellten, während im Hintergrund «A Hard Day's Night» aus den Lautsprechern dröhnte. Hin und wieder allerdings kam es vor, dass ich im Canter's Deli saß und mir gerade einen Teller Matzeknödelsuppe schmecken ließ und sich ein schüchterner Zuschauer meinem Tisch näherte, um mir zu sagen, er hätte dies oder jenes Interview toll gefunden. Das war aber schon das Maximum, was ich an Störung meiner Privatsphäre zu bewältigen hatte. Außerdem war ich auf den Gig angewiesen: Hätte ich abgelehnt, hätten meine Bosse bei KABC mich leicht ersetzen können, und zwar nicht nur im Fernsehen, sondern auch beim Radio. Also zuckte ich mit den Schultern und machte das Beste daraus. Und ich lernte, mit einem freundlichen Lächeln zu reagieren, wann immer eine mir unbekannte Person mir Komplimente machte.

Aber um ehrlich zu sein: Meine Erinnerung an diese Zeit ist ein wenig verschwommen. Insgesamt bin ich überzeugt, dass ich ein ausgezeichnetes Gedächtnis habe – fast schon fotografisch. Daher bin ich mir sicher, dass die Geschichten, die ich hier erzähle, der objektiven Wahrheit entsprechen (sofern es so etwas überhaupt gibt). Aber diese spezielle Zeit war so hektisch und fiebrig, ein wilder Wirbel von Aufnahmen und Deadlines und rasenden Fahrten zu irgendwelchen Interviewworten irgendwo in der Stadt, dass sie in meinem Kopf zusammenschmilzt zu einem Kaleidoskop von verwischten Gesichtern, Namen und Ereignissen.

Woran ich mich jedoch glasklar erinnern kann, ist mein erster Besuch in der neuen Wohnung von John und Yoko. Nach Johns Einladung brauchte ich noch ungefähr eine Woche, bis ich mir bei all den Radio- und Fernsehsendungen die Zeit freischaufeln konnte, um gen Osten zu fliegen. Ich fuhr vom JFK Airport direkt zum Dakota Building, ohne am Plaza Hotel haltzumachen, in dem ich üblicherweise abstieg, wenn ich in New York war. Nachdem das Taxi mich an der 72nd Street abgesetzt hatte, hielt ich einen Augenblick lang auf dem Bürgersteig inne und kam mir vor wie Nick Carraway in *Der Große Gatsby*, als er zum ersten Mal in West Egg ankommt und angesichts des palastartigen Gebäudes in Ehrfurcht erstarrt. Das Dakota war sicherlich eines der schaurig-schönsten – und merkwürdig einschüchterndsten – Gebäude in New York.

Den Haupteingang bildet ein mächtiger Torbogen, etwa sechs Meter hoch und fünf Meter breit. Groß genug jedenfalls, dass Kutschen hineinfahren und Fahrgäste aufnehmen oder absetzen konnten. Die schweren schmiedeeisernen Tore mussten vom Türsteher, der in seinem Wachhäuschen den Eingang im Auge behielt, von Hand geöffnet werden. Als 1884 erstmals ein Mensch seinen Fuß in das Dakota Building setzte, war es das einzige Gebäude in der ansonsten unerschlossenen Wildnis der Upper West Side. Aus diesem Grund gab sein Besitzer ihm vermutlich den Namen Dakota, denn spöttische Zungen behaupteten, es stünde auf dem Land der Dakota Sioux. Doch lange vor 1973 hatte sich Manhattan wie ein Ring um das Dakota gelegt, sodass das alte Gemäuer nun von lärmenden jüngeren Nachbarn umgeben war. Und so wurde die West 72nd Street zu einer wichtigen Speiche im urbanen Rad New Yorks. Dennoch mutete das

Dakota immer noch an wie eine einsame Trutzburg an der Grenze zur Wildnis.

John und Yoko begrüßten mich im Gewölbe der Vorhalle, die sich an den Torbogen anschloss. Sie strahlten förmlich und konnten es kaum erwarten, mir ihr neues Apartment im sechsten Stock zu präsentieren. Allerdings hatten sie auch eine Wohneinheit im Erdgeschoss erworben, die sie in ein Büro umwandeln wollten. Das, so erklärten sie begeistert, sollte das neue Hauptquartier für Studio One werden, das für die geschäftliche Seite von John und Yokos kreativen Unternehmungen verantwortlich war. Dort, im größten Zimmer, bauten einige Handwerker gerade eine vom Boden bis zur Decke reichende Wand aus Schränken auf. In allen Ecken standen Schachteln und Kisten, Schreibmaschinen und Berge von noch verpackter Ausrüstung.

Bezeichnenderweise hatte John im Studio One kein Büro, Yoko jedoch schon. Das Ganze nahm gerade erst Formen an, aber in der Minute, in der sie die Tür öffnete, wusste ich, dass dies das Epizentrum dieses Projekts werden würde, der Thronsaal des Lennon-Imperiums (mit eigenem privatem Badezimmer). Mein Blick wanderte über einen mächtigen antiken Schreibtisch im neuägyptischen Stil, in dessen poliertes Holz Hieroglyphen eingraviert waren, eine mit weißem Pelz bezogene Chaiselongue, einen offenen Kamin, an einer der Wände raumhohe dunkle Spiegel, ein Himmelsgemälde an der Decke und teuer aussehende Art-déco-Lampen in den Ecken.

Als sie mir Studio One gezeigt hatten, führten John und Yoko mich zum Aufzug des Dakota – der einer der ersten gewesen sein soll, die man in New York gebaut hatte. Er brachte uns in den sechsten Stock, wo mich die Hauptattraktion erwartete.

Ich hatte in Los Angeles schon so manches imposante Domizil zu Gesicht bekommen, von den Herrenhäusern der Finanzbarone bis zu den Penthouses der Filmstars, doch keins war so beeindruckend wie die neue Wohnung von John und Yoko. Sie maß fast 480 Quadratmeter, beeindruckte mit schwindelerregend hohen Decken und riesigen Fenstern, die einen fantastischen Ausblick auf den Central Park boten. Die Räume waren noch nicht fertig eingerichtet, aber sie waren schon viel weiter als die Büros im Erdgeschoss. Das weitläufige Wohnzimmer schien schon komplett zu sein – nahezu alles darin, vom Teppich, in dem der Fuß versank, über die riesige Sofalandschaft, den nie benutzten Kamin bis hin zum großen Steinway-Flügel (der in John und Yokos Video zu *Imagine* zu sehen ist), war weiß wie die Blüten des japanischen Schneeglöckchenbaumes. Der Raum hatte sogar einen eigenen Namen erhalten. Auf einer goldfarbenen Tafel an der Eingangstür stand: «The White Room».

Die Ästhetik war minimalistisches Shibui: Jede Oberfläche war radikal, aber geschmackvoll von jeglicher Ornamentik befreit worden. Nirgendwo Nippes, keine Figürchen in Glasschränken, nicht einmal viele Gemälde an den Wänden.

Neben dem Flügel und ein oder zwei anderen Objekten (wie einem Schreibtisch aus dem 18. Jahrhundert, der einmal dem schottischen Dichter Robert Burns gehört hatte) gab es nur noch ein weiteres Kunstwerk im White Room: auf einem weißen Sockel stand ein Plexiglasbehälter von etwa 1,50 Meter Länge, der einen 3000 Jahre alten Sarkophag enthielt. John und Yoko hatten die letzte aus Ägypten ausgeführte Mumie gekauft, bevor die ägyptische Regierung ein Ausfuhrverbot für ihre nationalen Kulturgüter erließ.

«Ihr solltet das Ding röntgen lassen, um zu sehen, was drin ist», schlug ich vor. «Vielleicht ist es ja was Wertvolles, kostbare Edelsteine zum Beispiel.»

«Es ist mir egal, was drin ist», meinte Yoko sachlich. «Der eigentliche Wert ist die Magie der Mumie selbst.»

Damals wusste ich das natürlich noch nicht, aber als John und Yoko mir ihre neue Wohnung zeigten – die große, gemütliche Küche, in der wir in den kommenden Jahren so viele Mahlzeiten miteinander teilen würden; das große Schlafzimmer, wo ich so viele glückliche

Stunden in einem weißen Korbstuhl verbringen und wir uns bis spät in die Nacht hinein unterhalten würden –, war das in gewisser Weise eine Führung durch mein künftiges Leben. Es war der erste Einblick in eine Welt, die mir schließlich ebenso vertraut werden würde wie mein eigenes, weit bescheideneres Haus in Laurel Canyon. Es war beinahe so, als hießen John und Yoko *mich* daheim willkommen.

Und noch etwas blieb mir von jenem langen Nachmittag im Dakota im Gedächtnis: die Begeisterung, mit der John und Yoko von dem Leben sprachen, das sie in diesem faszinierenden neuen Nest führen würden. Sie hatten so viele Pläne für die Wohnung. Freudestrahlend beschrieb John das «Entertainment Center», das er in einer Ecke der Küche einrichten wollte. Und Yoko erzählte, ganz Künstlerin, von ihren zahllosen Plänen für das Design der Räume. Ihre Begeisterung war so ansteckend, dass man darüber schnell vergaß, wie viel Schmerz und Leid – und im Falle Yokos auch Demütigung – die beiden in den letzten Monaten erfahren hatten, seit dem Vorfall auf Jerry Rubins Party, über den nie mehr gesprochen wurde.

Als ich einige Tage später zurück nach Los Angeles flog, war ich mir sicher, dass John und Yoko das Schlimmste überstanden hatten. Sie hatten ihre Probleme aufgearbeitet. Sie hatten die Vergangenheit hinter sich gelassen. John hatte seine Lektion gelernt, und Yoko hatte gelernt zu vergeben, auch wenn sie nicht vergessen konnte. Einmal mehr waren sie dieses magische Paar, der lebendige Beweis dafür, dass Liebe tatsächlich alles ist, was wir brauchen – *Love is all you need*.

Aber natürlich lag ich vollkommen falsch. Der Schmerz war keineswegs überwunden, und es sollte noch sehr viel schlimmer kommen, ehe sich alles wieder zum Besseren wandte. Denn Johns Verrat am Wahlabend, in diesem mit Mänteln gefüllten Schlafzimmer, war nur das Vorspiel. Er hatte die Lunte nur angesteckt. Die Explosion, die dann stattfinden sollte, hob alles aus den Angeln.

Kurz danach würde Johns «Lost Weekend» beginnen.

Teil III

Cut Piece

# KAPITEL 9

Los Angeles, 1973 bis 1974

Manche glauben, dass Yoko die Affäre nicht nur guthieß, sondern sogar arrangierte. Dass sie May Pang auf den Platz neben John setzte, als er mit American Airlines von New York nach Los Angeles flog, wohl wissend, was passieren würde: dass ihre hübsche 23 Jahre alte Assistentin früher oder später im Bett ihres Ehemannes landen würde.

Theoretisch ist das möglich, würde ich sagen. Yoko war und ist eine komplizierte Frau, die ihre Zukunft wie ein Schachweltmeister durchspielt und stets fünf Züge vorausdenkt. Durchaus denkbar, dass sie irgendeinen langfristigen strategischen Vorteil darin sah, diese Affäre in die Wege zu leiten. Vielleicht glaubte sie, eine gewisse Kontrolle über seine außerehelichen Eskapaden zu behalten, indem sie Johns Geliebte selbst auswählte. Oder vielleicht sah sie, unterstützt durch ihre mystischen Ratgeber, wirklich voraus, was kommen würde und dass John auf einen Absturz zusteuerte. Versuchte sie, seinen unvermeidlichen Aufprall abzufedern?

Selbst wenn irgendetwas davon der Wahrheit entspricht: Yoko hat nie ein Wort in dieser Richtung zu mir gesagt. Das Einzige, was sie im Oktober 1973 verlauten ließ, war, dass sie John und eine Assistentin nach L. A. schicken würde. Könnte ich die beiden wohl am Flughafen abholen?

Ich hatte inzwischen verstanden, dass die Ehe der beiden schwer angeschlagen war. Sosehr sie sich auch bemühten, ihre Beziehung zu kitten, so intensiv sie sich in ihrem neuen Zuhause im Dakota mit Nestbau beschäftigten: Das rote Licht an der Decke meines Schlafzimmers blinkte noch wilder als sonst in den Tagen und Wochen vor dem, was später als Johns «Lost Weekend» bezeichnet wurde: die achtzehn Monate, die er im Exil verbringen sollte, verbannt von seiner Frau und verbannt aus seinem New Yorker Zuhause.

Yokos Verhalten war wie immer, so auch damals nicht spürbar emotional. Das war und ist nicht ihre Art, nicht einmal unter dem Stress ihrer zerbrechenden Ehe. Doch wenn ich mit ihr telefonierte, konnte ich hören, wie weh ihr das alles tat. «John und ich kommen nicht sehr gut miteinander zurecht. Du weißt das, nicht wahr, Elliot?», fragte sie mich einmal während eines solchen Gesprächs.

«Es tut mir sehr leid, das zu hören», sagte ich.

«Wir sehen uns kaum. Und wir sprechen auch nicht viel miteinander.»

«Kann ich irgendwie helfen?», fragte ich.

«Wie sollte das gehen?», gab sie zurück. «John lenkt mich von meiner Arbeit ab. Er versteht vieles von dem, was ich tue, nicht, und steht mir nur noch im Weg. Es ist sehr mühsam. Manchmal muss ich einfach allein sein.»

Johns Anrufe hörten sich genauso deprimierend an.

«Hat Mother mit dir über uns geredet?», fragte er mich einmal, als wir am frühen Morgen miteinander telefonierten.

«Yoko redet mit mir über alles», erwiderte ich ausweichend.

«Ich komme nicht mehr an sie ran!», klagte er. «Gestern habe ich mich rasiert und schick gemacht und schlug ihr vor, zusammen in ihr Lieblingsrestaurant zu gehen. Und sie hat abgelehnt. Hat gesagt, sie hätte keine Zeit. So was sagt meine eigene verdammte Frau zu mir!»

Ich weiß nicht, ob es einen besonderen Moment gab – eine besonders verletzende Bemerkung vielleicht oder einen gereizten Wortwechsel –, der Yokos Geduldsfaden zum Reißen brachte. Wohl eher nicht. Sie war immer ein sehr methodisch agierender Mensch, und ich vermute, dass sie Johns Rauswurf aus dem Dakota präzise und sorgfältig vorbereitet hat. Wahrscheinlich sprach sie mit ihren spirituellen Ratgebern, um den astrologisch und numerologisch richtigen Moment zu finden, der am besten geeignet war, die Trennung einzuleiten. Und dann arrangierte sie die logistischen Details: seinen Flugplan, seine Unterkunft in Los Angeles, vielleicht sogar seine weibliche Begleitung. Alles mit der unterkühlten Präzision eines Arztes, der eine Amputation vorbereitet. Planung und Ausführung waren so geschmeidig, dass John wohl gar nicht wusste, wie ihm geschah.

Jedenfalls wirkte er nicht wie ein Mann, den man gerade aus seinem Haus geworfen hatte, als ich ihn und May Pang am Flughafen von L. A. abholte.

«Schlank siehst du aus, Ellie!», sagte er mit breitem Grinsen, als ich die beiden am Ankunftsgate begrüßte. «Nimmst du wieder diese Diätpillen?»

«Spritzen», korrigierte ich ihn. «Und nein, tue ich nicht.»

Sie hatten sehr wenig Gepäck bei sich, was darauf hindeutete, dass sie nicht mit einem langen Aufenthalt in Los Angeles rechneten. Ich schnappte mir ein paar von ihren Taschen und führte sie zu meinem Auto. Von Yoko hatte ich die Anweisung erhalten, die beiden zum Haus des Musikmanagers Lou Adler in Bel Air zu fahren, einem annähernd 750 Quadratmeter großen Mini-Herrenhaus an der Stone Canyon Road, das er John zur Verfügung gestellt hatte, solange der sich in der Stadt befand. Ein paar Leute drehten sich nach uns um, als wir mit raschen Schritten das Terminal durchquerten, aber in jenen Tagen waren Flughäfen relativ sichere Orte für Prominente. (Es war die Zeit, bevor Paparazzi selbst auf den Start- und Landebahnen lauerten, um müde Stars beim Aussteigen nach einem langen, anstrengenden Flug «abzuschießen».)

«Ich brauche etwas Geld», sagte John, als wir in meinen alten Jaguar einstiegen. May, die seit der Landung kaum ein Wort gesprochen hatte, saß auf der Rückbank. «Mother meinte, die könnte man in Geld umtauschen», fuhr er fort und drückte mir ein Bündel Reiseschecks in die Hand. Die Dinger waren etwa 10 000 Dollar wert, was selbst heute eine ordentliche Summe ist, im Jahr 1973 aber ein kleines Vermögen darstellte. «Kannst du mir das Geld besorgen?»

Wenn es darum ging, für sich selbst zu sorgen, war John eigentlich ein Kind. Das war nicht seine Schuld, er war seit Teenagertagen ein Rockstar. Praktisch ein ganzes Erwachsenenleben lang hatte sich immer irgendjemand um seine Bedürfnisse gekümmert. Er hatte nie gelernt, Lebensmittel einzukaufen, nie eine Handwerkerrechnung bezahlt, ein Paket aufgegeben oder sich in sonst eine der unzähligen Alltagsaufgaben verstrickt, mit denen die meisten von uns einen Großteil ihres Lebens verbringen. Was die grundlegendsten Abläufe unseres Wirtschaftslebens anging – Geld und wie man damit etwas kauft –, war er absolut ahnungslos.

Doch dafür hatte er ja May. Welche Absichten Yoko mit der Reise ihrer Assistentin verfolgt haben mag oder auch nicht – Mays hauptsächlicher Job in L. A. bestand darin, dafür zu sorgen, dass John etwas zu essen bekam und sich jemand um ihn kümmerte, dass alle seine Grundbedürfnisse – oder jedenfalls die meisten – befriedigt wurden.

Noch ein paar Worte zu May, denn sie scheute sich in den vergangenen Jahrzehnten nie, ihre eigene Version dessen zu präsentieren, was während des Lost Weekend passierte. Übrigens auch ihre eigenen, wenig schmeichelhaften Ansichten über Yoko, die sie ganz offensichtlich als Rivalin betrachtete. Sie veröffentlichte mehrere Bücher über ihre Affäre mit John, gab in Dokumentationen und Hunderten Interviews intime Details preis. Und wenn man ihr Glauben schenken darf, gelangt man unweigerlich zu dem Eindruck, dass sie zumindest eine Zeit lang das glühende Zentrum von Johns Universum war – dass ihre Romanze mit ihm die Achse war, um die sich das gesamte Lost Weekend drehte.

Ich zweifle nicht daran, dass sie selbst an diese Version glaubt. Ich bin mir auch ziemlich sicher, dass sie sehr verliebt in John war. Und ich habe keinen Anlass, daran zu zweifeln, dass auch John ihr echte Zuneigung entgegenbrachte. Ich kann dazu nur sagen, dass sie auf mich an jenem Tag, als ich die beiden am Flughafen abholte, wie eine intelligente, attraktive und hochkompetente junge Frau wirkte. Sie rauchte nicht. Sie trank nicht. Sie schien das Potenzial zu einer hervorragenden Assistentin zu haben.

Ich muss aber auch sagen, dass ich ihr, nachdem ich sie und John vor Adlers Haus abgesetzt hatte – wobei ich unterwegs noch kurz angehalten hatte, um in einer Bankfiliale die Reiseschecks einzulösen – in Los Angeles kaum noch begegnete. Vielleicht ist es sogar noch bezeichnender, dass John in all den Jahren, die ich ihn kannte – bis hin zu den letzten Tagen seines Lebens –, soweit ich mich erinnere, in keinem einzigen Gespräch auch nur ihren Namen erwähnte.

Soll May ihre eigene Geschichte in ihren eigenen Büchern erzählen – in diesem hier lasse ich sie an der Tür zu Adlers Haus in Bel Air hinter mir, während sie den Mann ihrer Chefin hineinbegleitet, und fahre mit meinem Jaguar zurück nach Laurel Canyon. Im Rückspiegel sehe ich noch, wie die beiden im Haus verschwinden. Bis zum heutigen Tag wünsche ich ihr nur das Allerbeste.

Etwa zwanzig Minuten später, als ich die Tür zu meinem Haus öffnete, hörte ich bereits das Telefon läuten. Natürlich, die Hotline: Yoko rief an.

«Hat alles geklappt?», fragte sie mich.

«Ja, sie sind gut gelandet. Ich habe die Reiseschecks für ihn eingelöst und sie dann zu Lou Adlers Haus gefahren. Alles glattgegangen.»

«Wie wirkte er auf dich?», fragte Yoko.

«Du meinst, körperlich?»

«Du weißt schon, was ich meine, Elliot. Kam er dir glücklich vor?»

«Er war eben einfach John.»

«Verschweigst du mir etwas?»

«Yoko, lass mich eins klarstellen. Ich liebe dich. Und ich liebe John. Und ich werde niemals Partei ergreifen. Ich werde keinem von euch irgendetwas verschweigen. Wenn es etwas gibt, von dem du nicht willst, dass John es weiß, dann erzähl es mir nicht. Denn ich fühle mich nicht wohl dabei, irgendwelche Geheimnisse vor einem von euch zu verbergen.»

Es entstand eine lange Pause, bevor sie wieder sprach.

«Sorg einfach dafür, dass er in Sicherheit ist, Elliot. Kannst du das für mich tun? Auf ihn aufpassen, dass ihm nichts passiert?»

«Ich tue mein Bestes», erwiderte ich.

Die ersten Monate schien John in Los Angeles absolut zufrieden zu sein, man könnte sogar sagen, fröhlich. Er schien seinen Rauswurf aus dem Dakota und seine Verbannung an die Westküste als eine Art Junggesellenausflug zu betrachten. Man muss dabei bedenken: Er war 21 Jahre alt, als er Cynthia und 28, als er Yoko heiratete. Jetzt, gerade 33 geworden, hatte er zum ersten Mal in seinem Erwachsenenleben keine Frau oder drei Bandmitglieder an seiner Seite. Er war ein freier Mann.

So war er ganz offensichtlich gut gelaunt, als ich ihn ein paar Wochen nach seiner Ankunft in L. A. bei einem Spaziergang am Strand von Malibu filmte. Sein neues Album *Mind Games* sollte bald erscheinen, und er war sehr erpicht darauf, Werbung dafür zu machen, also stimmte er zwei Interviews mit mir zu. Doch statt ihn zweimal in meiner Radioshow zu präsentieren, fragte ich ihn, ob er Lust hätte, ein Gespräch vor laufender Kamera für einen Beitrag in der Sendung *Eyewitness News* von KABC TV zu führen.

«Wir könnten das am Strand machen», schlug ich vor, wohl wissend, wie sehr John den Ozean liebte. «Es wäre auch schön, mal wieder Seeluft zu schnuppern.»

John stimmte sofort zu, doch sobald ich anfing, die Details zu planen, kamen mir Zweifel. Würden wir eine offizielle Erlaubnis brauchen, um am Strand zu drehen? Wie konnten wir die Menschenmengen unter Kontrolle halten und dafür sorgen, dass wir nicht von Schaulustigen bedrängt wurden? An welchem Strand sollten wir drehen? Wo war es am ruhigsten? Und was für Ausrüstung würden wir brauchen? Damals war eine mobile Kamera noch ein riesiges Gerät, das ein Kameramann auf der Schulter trug. Das Batteriepaket war noch größer und steckte im Rucksack eines Helfers. Außerdem brauchten wir extra Soundequipment, denn es war viel schwieriger, als es aussah, an einem windigen Strand mit dem Hintergrundgeräusch der Wellen einen anständigen Fernsehton hinzukriegen.

Letztlich beschloss ich aber, es durchzuziehen. Ich holte John gegen Mittag bei Lous Haus ab, und wir fuhren im Jaguar nach Malibu, begleitet von einem kleinen Team in einem Van des Fernsehsenders. Ich hatte mir vorgestellt, dass wir die Küste hinunterfahren, bis wir einen Strandabschnitt fanden, der einladend aussah. Dort würden wir das Interview dann im Guerilla-Stil drehen, ohne Genehmigung oder Security, und darauf hoffen, dass das Überraschungsmoment zu unseren Gunsten wirkte. Der Kameramann und der Tonmann würden hoffentlich wissen, was zu tun war.

«Hast du was gegessen?», fragte ich John während der Fahrt, nur um irgendwas zu sagen.

«Ich hab heute Morgen eine Tasse Tee getrunken, das war's», antwortete er. «Tatsächlich könnte ich einen Happen vertragen.»

Zufällig befand sich ein McDonald's ein kleines Stück weiter; ich konnte die riesigen goldenen Bogen schon sehen. Also setzte ich den Blinker, um dem Van hinter uns zu signalisieren, dass wir einen kurzen Boxenstopp einlegen würden. Aus irgendeinem Grund war der Parkplatz fast leer, was ich für einen Glücksfall hielt. Das Letzte, was ich jetzt gebrauchen konnte, waren Fans, die John bedrängten, bevor wir überhaupt mit dem Interview angefangen hatten.

«Sag mir, was du haben willst, ich hole es. Du bleibst im Auto», erklärte ich John, nachdem ich in eine der leeren Parklücken eingebogen war.

«Was gibt's denn hier?», fragte er. «Bangers and Mash fände ich gut.»

Ehrlich gesagt, wusste ich gar nicht so genau, was man bei McDonald's bekam. Ich hatte nie vorher dort gegessen (und habe es auch später nie wieder getan). Den Begriff «Big Mac» hatte ich zwar schon mal gehört, wusste aber nicht so recht, was sich dahinter verbarg. In einer Hinsicht war ich mir allerdings sicher: Würstchen mit Kartoffelbrei standen nicht auf der Karte.

«Hamburger und Pommes, solche Sachen», sagte ich.

«Wie auch immer du es nennst, Ellie, es wird schon okay sein», erwiderte er und betrachtete den leeren Parkplatz mit einem neugierigen Glitzern in den Augen.

Dann, bevor ich die Fahrertür öffnen konnte, legte er auf einmal seine Hand auf meinen Arm.

«Ich habe ziemlich lange nicht am Steuer gesessen», sagte er. «Meinst du, ich könnte mal ein bisschen mit deinem Wagen hier rumfahren?»

Es war kein Geheimnis, dass John ein katastrophal schlechter Autofahrer war. 1965, auf dem Höhepunkt der Beatlemania, hatte er zwar die Führerscheinprüfung bestanden, doch seitdem kaum so etwas wie Fahrpraxis erworben. Die wenigen Male, die er am Steuer gesessen hatte, fand er sich überhaupt nicht zurecht und achtete auch nicht auf den Verkehr. Vier Jahre zuvor, bei einem Urlaub in Schottland 1969, war er in einen schrecklichen Unfall verwickelt gewesen, bei dem er mit einem anderen Wagen zusammengestoßen und seinen Austin Maxi in den Graben gefahren hatte.

Ich schluckte und dachte an das Versprechen, das ich Yoko gegeben hatte: Ich sollte doch für seine Sicherheit sorgen! Andererseits kannte ich John gut genug, um nicht mit ihm zu streiten. Und außerdem war der Parkplatz so leer, was konnte schon passieren? Also nickte ich und bedeutete ihm, er sollte auf die Fahrerseite kommen.

«Bist du sicher, dass du klarkommst?», fragte ich nervös vom Beifahrersitz aus, während er an der Schaltung herumfummelte.

«Warte nur ab», gab er übertrieben selbstbewusst zurück.

Im nächsten Moment trat er das Gaspedal durch, sodass das Auto über den Parkplatz schoss wie eine verirrte Rakete. Die Schwerkraft drückte mich in die Rückenlehne, während wir über den Asphalt schlingerten. John lenkte heftig nach rechts, ich krachte gegen die Beifahrertür, dann lenkte er genauso wild nach links, sodass der Jag fast eine 360-Grad-Wendung hinlegte. Nach einer gefühlten Ewigkeit folgte eine Vollbremsung. Wir blieben mit quietschenden Reifen stehen, es roch nach verbranntem Gummi, und im Seitenspiegel konnte ich die Jungs vom Fernsehteam sehen, die auf der anderen Seite des Parkplatzes neben ihrem Van standen und den Mund nicht mehr zubekamen.

«Na», sagte ich, als ich wieder Luft bekam, «wie hat sich das angefühlt?»

«Ich glaube, du solltest mal deine Lenkung nachjustieren lassen», bemerkte John.

Meine Lenkung war vollkommen in Ordnung. Mein Nacken dagegen ...

Letzten Endes wurde es ein großartiges Interview. Ich fuhr vorsichtig aus dem Parkplatz des McDonald's hinaus und zu einem überraschend leeren Strandabschnitt unweit des Malibu Pier. Dort filmte das Kamerateam John und mich, wie wir über alles Mögliche redeten, von seinem neuen Album über seine Erinnerungen an die Beatlemania bis hin zu der einen Frage, die allen im Kopf herumspukte und die man ihm schon mindestens tausendmal gestellt hatte: War es denkbar, dass die Beatles wieder zusammenkamen?

«Ja, das ist durchaus möglich», sagte er, als wir im Sand saßen. «Ich weiß zwar nicht, warum zum Teufel wir das tun sollten, aber möglich ist es.»

«Fändest du das gut?», bohrte ich weiter.

«Wenn es sich ergäbe, würde ich es genießen.»

«Würdest du auch die Initiative ergreifen?»

«Na, das kann ich nicht sagen.»

«Aber wenn du könntest, würdest du es gern tun?»

«Ich weiß es nicht, Elliot. Du kennst mich ja, ich folge meinem Instinkt. Wenn der Gedanke mich morgen packt, rufe ich die anderen vielleicht an und sage: ‹Kommt, lasst uns was zusammen machen.› Ich kann es dir wirklich nicht sagen. Wenn es passiert, dann passiert es.»

«Du schließt es also nicht komplett aus?»

«Nein, nein, ich habe inzwischen nur noch schöne Erinnerungen, die Wunden sind alle verheilt. Wenn wir es machen, dann machen wir es. Wenn wir eine Platte aufnehmen, dann nehmen wir eine Platte auf.»

Das Interview wurde noch am selben Abend gesendet, und es schien, als hätte ganz Los Angeles – und viele Menschen darüber hinaus – es gesehen. Es war mit Abstand das erfolgreichste Interview meiner gesamten Karriere. Tatsächlich gab es nur einen Menschen in meinem Bekanntenkreis, der es nicht gesehen hatte: John.

«Warum soll ich mir das ansehen?», fragte er, als ich wissen wollte, wie er die Sendung fand. «Ich war doch dabei, als du es aufgenommen hast.»

In den nächsten Wochen und Monaten verbrachten John und ich viel Zeit miteinander, und wenn wir uns nicht persönlich trafen, telefonierten wir miteinander. Doch er erweiterte auch seinen Freundeskreis in L.A. und traf sich mit Leuten wie Harry Nilsson, dem genialen, aber chaotischen Singer-Songwriter, der dann auch bald einer von Johns liebsten Saufkumpanen wurde. Tatsächlich rief John mich ein paar Wochen nach unserem Fernsehinterview an und erklärte mir, er wolle mit einigen seiner neuen Freunde nach Las Vegas fliegen, um dort zu feiern. Ob ich ihn wohl dorthin bringen könnte?

Es war klar, dass er mich nicht zu dieser Party einladen wollte, er brauchte lediglich einen Reisebegleiter, der ihn in irgendein Hotel brachte – es kann das Flamingo oder vielleicht das Caesars Palace gewesen sein, ich erinnere mich nicht mehr –, was sie sich als Treffpunkt auserkoren hatten. Ich sagte trotzdem Ja, weil ... na ja, weil John mich gefragt hatte.

Und so holte ich John am nächsten Tag um zehn Uhr morgens – eine grausame Zeit für mich – bei Adlers Haus ab und brachte ihn zum Flughafen, wo schon damals jede Stunde ein Flieger nach Vegas ging. Doch auf halber Strecke, an einem besonders zwielichtigen Abschnitt des La Cienega Boulevard, entdeckte John etwas und riss die Augen auf: eine traurige kleine Stripteasebar namens «The Losers».

«Da müssen wir halten, Ellie», sagte er. «Wir müssen uns die Loser ansehen.»

Ich warf ihm einen fragenden Blick zu, doch er meinte es offenbar ernst. Wider besseres Wissen fuhr ich auf den Parkplatz des Clubs, wo noch drei oder vier andere Autos standen. Ich versuchte mir vorzustellen, welche Art von Menschen sich wohl bemüßigt fühlten, am hellen Vormittag ein solch schäbiges Etablissement zu besuchen – bis mir klar wurde, dass wir gerade dabei waren, uns ihnen anzuschließen. Dann versuchte ich, wie so oft, wenn ich mit John in der Öffentlichkeit unterwegs war, abzuschätzen, wie wahrscheinlich es war, dass wir in eine Menschenmenge geraten würden. Ich erinnerte mich an die Aufmerksamkeit, die John auf sich gezogen hatte, als er uns das letzte Mal in eine solche Situation gebracht hatte – als er mich gebeten hatte, mit ihm im Pussycat Theater auf dem Hollywood Boulevard *Deep Throat* anzusehen. Wir hatten uns durch Hunderte von übergriffigen Autogrammjägern hindurchkämpfen müssen, bevor wir überhaupt ins Kino kamen und unsere Plätze für die Nachmittagsvorstellung einnehmen konnten. (Übrigens gefiel John der Film nicht, wir gingen schon nach zwanzig Minuten wieder. «Das hatte ich schon viel besser», bemerkte er trocken auf der Heimfahrt.)

Doch an diesem Morgen, anlässlich unseres kurzen Stopps bei den Losern, lernte ich etwas Neues zum Thema Ruhm: Es kommt immer auf den Kontext an. Die Chance, dass ein Künstler vom Kaliber John Lennons an einem dermaßen traurigen, trostlosen Ort auftauchen würde, war so klein, dass es niemand glaubte, als er tatsächlich dort war. Selbst die müde Tänzerin auf der Bühne, die sich nur Zentimeter von ihm entfernt bewegte und ihm direkt in sein unverwechselbares Gesicht schauen konnte, erkannte ihn nicht. Vielleicht dachte sie kurz: *Hey, der Typ sieht ja aus wie John Lennon*, aber ich bezweifle, dass sie auch nur eine Sekunde lang den Verdacht hatte, gerade für das Genie zu tanzen, das «Strawberry Fields Forever» geschrieben hatte.

Wir hielten uns vielleicht dreißig deprimierende Minuten im Losers auf, warfen ein paar Münzen in die Jukebox in der Ecke und sahen zu, wie die Frühschicht-Tänzerinnen lustlos kreisten und damit kämpften, ihre Bikini-Oberteile abzustreifen. Dann setzen wir unseren Weg zum Flughafen fort. Als wir das Lokal verließen, grinste John und sang leise den nur allzu passenden Text aus einem Song aus *Some Time in New York City*: «We make her paint her face and dance...»

Nachdem wir in Vegas gelandet und zu unserem Hotel gefahren waren, bekam ich dann die andere Version des Themas Ruhm und Kontext präsentiert. Im Gegensatz zu einer heruntergekommenen Oben-ohne-Bar am La Cienega war ein schickes Casinohotel am Strip nun mal ein Ort, an dem man nicht überrascht war, Prominenten wie John Lennon zu begegnen. Insofern war damit zu rechnen, dass John einen Massenansturm auslösen würde, wenn er haltmachte, um ein paar Runden Roulette zu spielen.

Er zeigte mir ein «todsicheres» System, das er sich selbst ausgedacht hatte. Er besorgte sich Chips für 300 Dollar, die er sich von mir geliehen hatte – wieder einmal wurde ich daran erinnert und amüsierte mich darüber, dass John so gar kein Verhältnis zum Geld hatte, und wie seltsam es war, dass er nie welches bei sich trug –, und platzierte einzelne Chips auf alle Zahlen bis auf eine. Natürlich kam bei einer so breiten Streuung fast jedes Mal eine seiner Zahlen – für ihn ein Beweis, dass sein System unfehlbar war. Ich versuchte ihm zu erklären, dass er bei jeder Runde Geld verlor, weil er 35 Chips bekam, wenn er gewann, aber 37 Chips brauchte, um so viele Zahlen abzudecken. Doch er starrte mich nur indigniert an.

«Aber ich gewinne doch jedes Mal!», rief er.

Ich kam nicht mehr dazu, ihm den Haken an seinem System zu erklären, weil Minuten später der Roulettetisch von Fans überrannt wurde, die ihm mit Servietten und Stiften vor der Nase herumfuchtelten und Autogramme haben wollten. «Die Beatles sind hier! Die Beatles sind hier!», brüllte jemand im Casino und löste eine noch größere Welle aus. Ich packte John am Arm und führte ihn durch die Menge, bis wir eine Phalanx von Securityleuten fanden, die John in ihre Mitte nahmen und in Sicherheit brachten. Ich folgte dicht dahinter und achtete darauf, dass ihm nichts passierte. Nach einem kurzen, beruhigenden Gespräch mit dem Hotelpersonal war ich zuversichtlich, dass er die Verabredung mit seinen Freunden würde einhalten können.

Ich hatte erledigt, was man von mir verlangt hatte. Ich hatte John in Vegas abgeliefert. Viel mehr konnte ich nicht tun, also drehte ich mich um, nahm ein Taxi zum Flughafen, stieg in den nächsten Flieger und war ein paar Stunden später zurück in Laurel Canyon.

Auch diesmal dauerte es nur Minuten, nachdem ich meine Tür aufgeschlossen hatte, bis das Telefon klingelte.

«Wie geht es ihm?», fragte Yoko.

«Es geht ihm gut», versicherte ich ihr. «Er ist in Las Vegas und trifft sich mit ein paar Freunden.»

«Was für Freunde? Wen trifft er da?»

«Ich weiß es nicht genau», erwiderte ich der Wahrheit entsprechend. «Er hat es mir nicht gesagt. Vermutlich ist Harry Nilsson dabei, die beiden sind in letzter Zeit viel zusammen.»

Yoko schwieg einen Moment.

«Pass bitte weiter auf ihn auf, Elliot», sagte sie.

Und auch diesmal versprach ich ihr, es zu versuchen.

Mit der Zeit wurde es aber immer schwieriger, für Johns Sicherheit zu sorgen. Nach drei oder vier Monaten in L. A. war seine anfängliche Begeisterung verpufft, und seine Stimmung kippte. Er vermisste Yoko und fragte mich immer wieder, wann sie meiner Meinung nach bereit sein würde, ihn wieder zu Hause aufzunehmen. Eine Frage, die ich ihm nicht beantworten konnte. John verbrachte immer mehr Zeit mit Nilsson und trank mit ihm bis in die Morgenstunden im Troubadour, oft bis der Laden zumachte. Nach dem berühmten Rauswurf, weil er in betrunkenem Zustand die Smothers Brothers mit Zwischenrufen gestört hatte – ich war nicht dabei, schickte aber am nächsten Tag auf Johns Bitte hin als Entschuldigung ein großes Blumengesteck an die Brüder –, zogen die Nachteulen vom Troubadour weiter ins Rainbow Bar & Grill am Sunset Strip. Dort gründeten John und Harry zusammen mit einigen anderen, darunter meine alten Freunde Micky Dolenz und Alice Cooper, der frühere Beatles-Roadmanager Mal Evans, der Songwriter Bernie Taupin und die Musiker Keith Allison, Klaus Voormann und Marc Bolan, einen berüchtigten Trinkerclub namens Hollywood Vampires.

Man kann kaum übertreiben, wenn man das Ausmaß zügelloser Ausschweifungen beschreibt, die im VIP-Raum des Rainbow stattfanden, einer kleinen Nische ein paar Treppenstufen oberhalb der Bar. Die Mengen an Alkohol, die dort getrunken wurden, waren erstaunlich, um es vorsichtig auszudrücken, und ab und zu brachte jemand diskret kleine Tütchen mit Kokain. Nilsson, ein Bär von einem Mann, konnte mühelos an einem einzigen Abend ein Dutzend Brandy Alexander runterkippen – eine starke Mischung aus Brandy und Sahne, sein Lieblingscocktail; eine Vorliebe, die John bald übernahm. Da ich kein Promi war, wurde ich nie eingeladen, Mitglied der Hollywood Vampires zu werden, doch als Gast war ich immer willkommen und verbrachte manche späte Nacht am Rande der wilden, manchmal fast bedrohlichen Ausschweifungen.

«Was willst du trinken?», fragte mich Nilsson, als John uns einander vorstellte.

«Ähm, ein Glas Chardonnay wäre nett», erwiderte ich.

Er winkte dem Kellner und bestellte eine Flasche.

«Oh, ich trinke sicher nur ein Glas oder zwei», protestierte ich. «Ist nicht mein erstes heute.»

John lehnte sich zu mir herüber und flüsterte mir ins Ohr: «Heute Nacht wirst du die ganze verdammte Flasche austrinken.» Wieder einmal wurde ich daran erinnert, warum sich Yoko so viele Sorgen über Johns Verhältnis zum Alkohol machte: Dies war eine Seite an ihm, die wir beide nicht sehen wollten.

Am Fuß der Treppe, die zur Höhle der Vampires führte, lungerten immer eine ganze Menge attraktive junge Frauen herum, die auf ihre Chance warteten, etwas mit einem Rockstar anzufangen. Doch ehrlich gesagt, waren die meisten Jungs, wenn sie wieder die Treppe hinunterkamen – normalerweise dann, wenn die Bar schloss –, viel zu fertig, um von derartigen Angeboten Gebrauch zu machen. Ich weiß nicht mehr, wie oft ich John die Treppe praktisch hinunterschleppte, bevor ich ihn in irgendeinen Wagen setzte, den ich auf den Parkplatz der Bar bestellt hatte.

Immerhin hielt ich die meiste Zeit das Versprechen, das ich Yoko gegeben hatte, und sorgte dafür, dass John in Sicherheit war. Doch eines Nachts, etwa drei oder vier Monate nach Beginn des Lost Weekend, wurde mir klar, dass ich allmählich die Kontrolle verlor. Normalerweise wehrte sich John nicht allzu sehr, wenn ich ihm in der Rainbow Bar die Treppe hinunterhalf. Selbst im volltrunkenen Zustand wusste er immer genau, wann die Party vorbei war. Doch diesmal leistete er Widerstand. Er wollte nicht nach Hause, sondern weitermachen, obwohl die Bar schloss und die Gäste hinausströmten. Und so schubste er mich weg und tauchte in der Menge auf dem Parkplatz unter. Einer Menge, in der die Leute genauso betrunken waren wie er selbst. Es war eine unglaublich gefährliche Situation, mein schlimmster Albtraum: ein betrunkener Star, der sich in einen betrunkenen Mob verirrt.

Ich stürzte ihm nach, kämpfte mich durch die Betrunkenen und suchte nach ihm, verzweifelt und zunehmend panisch. Endlich sah ich ihn am Rande des Parkplatzes, wo er zusammen mit Nilsson in eine schwarze Limousine stieg. Sekunden später verschwand der Wagen in der Nacht, ich hatte keine Ahnung, wohin.

Mein Bauchgefühl verhieß nichts Gutes, John entglitt mir.

1973:

Diese Collage haben John und Yoko zu meinem Geburtstag angefertigt. Sie soll Aspekte von mir und unserer Beziehung darstellen. Es war das allererste Geschenk, das ich von ihnen bekam.

Mit freundlicher Genehmigung des Autors

```
                                        i west 72 nynynyny
                                        wed jewn 73.

dear elliot,
            as you can see.I'm learning to type.you ars receiving a letter.
I am writing it.That makes two of us.anyway que pasa ?as they say in
prison.I see SAL did it again!we might be down your way soon for the
dykes balls.meaning yoko id going to prison.(to perform )xI will be s
upporting her like a bra,(but not as a master musiker),meaning I.ll
be hanging around looking serious with me portapak video which reveals
ALL.(beware the lennon)I wonder if one has freudian slips on a typewriter?
Iwonder if one has freydian lips on an afghan hound?all thede questiond
and more will be answered a sometime in the future.(which is judt around
the corner.)
            Yoko has just woken up.someone has stopped practising in
ca central park.thesw two things happened at the same time.upi.you will
unf undwer stand the deeper meaning behind thedsw two appwarantly yyu
unrelated occurances,.The massage is simple,
                    que sera aaaa"!
                            yoxxxixxxxxxxx
                            your interesting friend,
                                j.f .lennonononono.
                                    (jog)john.

ps. im having a ps. because i'm enjoying himself.;
nb.i'mlooking over the 1 park.pweople aerd rowing,trees aeare greening.
for me am muy gal.
```

Juni 1973:

John lernt Schreibmaschine schreiben — und muss noch üben. Ein Beispiel für die etwa hundert verspielten Briefe und Karten, die er mir über die Jahre schickte.

Mit freundlicher Genehmigung des Autors

um 1975:

John und ich bei einem nachmittäglichen Segeltörn entlang der Küste vor New York. John liebte die See, denn er wuchs in einer Hafenstadt auf. An diesem Tag war er daher ganz in seinem Element.

Mit freundlicher Genehmigung des Autors

um 1975:

John und ich im Dakota-Wohnzimmer bei Improvisationen auf dem weißen Steinway (demselben Flügel, auf dem John in dem berühmten *Imagine*-Video spielt).

Mit freundlicher Genehmigung des Autors

> You are invited to start
> living,
> as of now,
> yours in faithfully,
> Shingo, san.

1975:
Eine Karte mit der Unterschrift «Shingo», einem von Johns Dutzenden skurrilen Alter Egos. Andere waren «Sgt. Swade» und «The Great Wok».

Mit freundlicher Genehmigung des Autors

LENNON MUSIC
1370 AVENUE OF THE AMERICAS
NEW YORK, NEW YORK 10019
212-586-6444
TELEX: 148315

Dear Eliot,

What _are_ you doing?You naughty little surfer!For heavens(?) sake dont go back down the drain,as it were,(was).Dont kid yourself about 'handling it better'...try and stick with wine at least my dear. We'll probably have talked to you by the time you get this.Didnt realize how long it's bin since we talked.THE NUMBER IS _____,by the way. Tell Sunshine I'm ex-comunicating with _anyone_ I met in the time I was separated from Yoko...I have meditated long and deep...and this is my _final_ decision (nothing personal Billy,of course!).If this doesnt suit, maybe an old fashioned FUCK OFF will do the trick.The trouble with all those kinda freeks is once they smell 'fear'..i.e._discomfort_...they move in on all of us.I have a feeling his bark is worse than his wife! If your young friend is loosing interest in the book...didnt you get paid anything yet?...There's always use for the stuff in the form of 'articles'in places like england and japan...?

        I'm doing a book meself ,old chum,a sort of In His Own Garbarge...with the second sight of 34/5 years up my scrotum! It's good fun while I'm waiting for the genious to be born.O.K.!O.K.! WE'RE WAITING!!

    That's all fer now...
    dont do it...
    you were only just getting your life/health back..
    why ruin it out of 'boredom'...
    leave that to those other idiots out there..
    or it's errol flynn/tracy/bogart/hello etc..and
WHO WANTS TO BE THAT DUMB!!!!!!!!!!!!!!

        lovey dovey the onolennones.

1975:

Ein weiterer Brief von John. Darin erwähnte er eine geplante Autobiografie, zu der John aber nicht mehr kam.

Mit freundlicher Genehmigung des Autors

1975:

Eine Collage, die mir Yoko zu meinem, wie sie ihn nannte, «durchsichtigen» Geburtstag machte.

Mit freundlicher Genehmigung des Autors

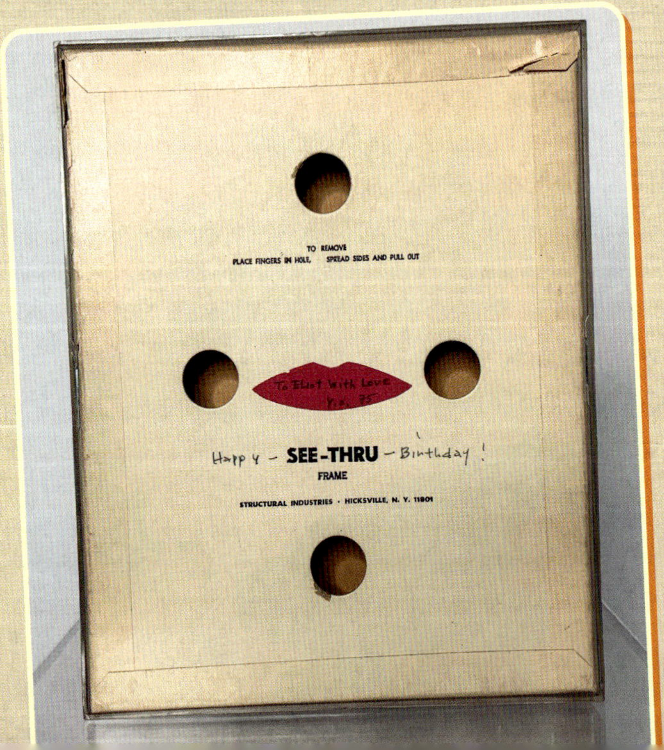

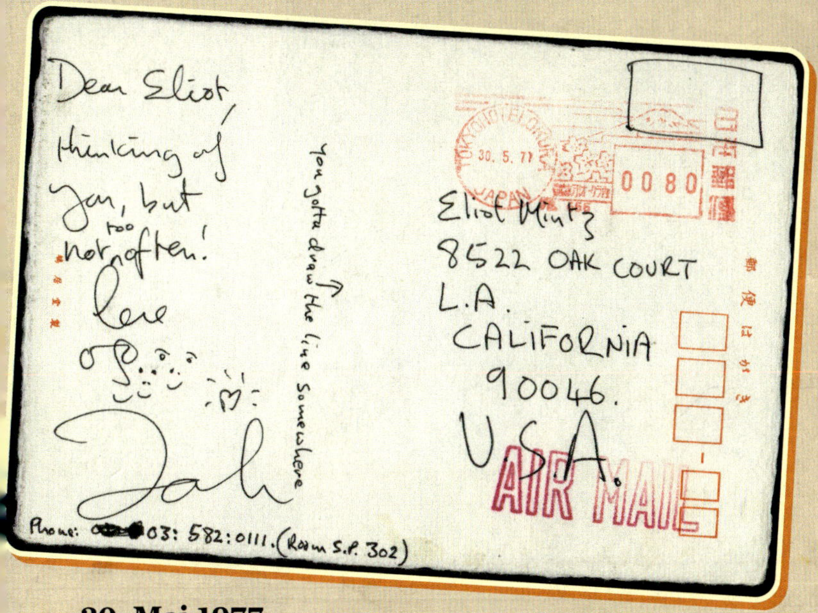

30. Mai 1977:

Eine von Johns Postkarten aus Japan, die er mir sandte, bevor ich mich Yoko und ihm in Karuizawa anschloss, um ein paar Wochen auszuruhen, zu entspannen und bedenklich frisches Sushi zu essen.

Auf der Rückseite der Karte war diese charmante Zeichnung von John. Yoko war eindeutig nicht die einzige bildende Künstlerin in der Familie. Im Lauf der Zeit schickte mir John Hunderte solcher Kritzeleien und Zeichnungen, darunter auch dieses Bild von ihm und seiner Familie (und einem Schaf).

Mit freundlicher Genehmigung des Autors

1977:
In einem Restaurant in Kyoto, wo die Schildkrötensuppe im Panzer ebenjener Schildkröte serviert wurde. Ich bat nicht um Nachschlag.

1977:
John, Yoko und ich besuchen einen Shinto-Tempel in Kyoto, wo wir, wie dort üblich, unsere Horoskope an einer Schnur aufhängen.

1977:
Vor dem Mampei Hotel, in dem John, Yoko, Sean und ich während unseres Aufenthalts in Karuizawa wohnten.

1977:
Eine weitere Aufnahme aus dem Shinto-Tempel von Kyoto.

Fotografien: Nishi F. Saimaru; mit freundlicher Genehmigung von Frau Saimaru und dem Autor

1977:
John sandte mir dieses Foto von Ringo Starr und Mae West (die gemeinsam in Maes letztem Film *Sextette* auftraten, einer musikalischen Komödie) nebst ein paar hilfreichen Anmerkungen.

Mit freundlicher Genehmigung des Autors

1978:

Ab und an bekam ich von John seine Version eines Koans, eines japanischen Rätsels, das zum Nachdenken anregen soll. Das hier gezeigte habe ich nie gelöst.

Mit freundlicher Genehmigung des Autors

Oktober 1978:

John bei einer doppelten Geburtstagsfeier (seinem achtunddreißigsten und dem dritten seines Sohnes Sean) in dem New Yorker Lokal Tavern on the Green.

Fotografien: Nishi F. Saimaru; mit freundlicher Genehmigung von Frau Saimaru und dem Autor

Dezember 1979:

Am ersten (und letzten) Abend im Club Dakota, Johns sehr privatem Club (nur drei Mitglieder!) im sechsten Stock des Gebäudes. Das ist womöglich die wunderbarste Erinnerung an meine Zeit mit ihm.

Mit freundlicher Genehmigung des Autors

1980:
John und ich in der New Yorker Hit Factory. Yoko und er machten dort Aufnahmen für *Double Fantasy* – es sollte das letzte Studioalbum seines Lebens werden.

Fotografie: Bob Gruen

1980:

Bei den Aufnahmen für *Double Fantasy*. Die Blechdose auf der Ablage war mit Johns Lieblingssüßigkeit gefüllt: Biscotti-Keksen.

Mit freundlicher Genehmigung des Autors

1980:

Yoko, John und ich im Studio.

Mit freundlicher Genehmigung des Autors

1984:

Mit Julian, Yoko, Sean und einem von Yokos Leibwächtern bei der Einweihung von Strawberry Fields im Central Park in New York.

Fotografie: Allan Tannenbaum / Getty Images

1985:

Für dieses Werk schuf Yoko eine Serie von vier Kästen, für jede Jahreszeit einen, und schenkte mir freundlicherweise diesen Sommerkasten. In dem Kasten befindet sich ein gläserner Schlüssel; außerdem gehören noch eine Taschenlampe sowie eine Anleitung zum Betrachten des Kunstwerks dazu.

Der Originalschlüssel zerbrach 1994 beim Northridge-Erdbeben. Yoko schickte mir sofort einen Ersatzschlüssel, der jetzt neben dem Kasten hängt.

Mit freundlicher Genehmigung des Autors

FROM YOKO

A glass key
— for Summer —

1) Keep the box on a south window sill and you will see the key during the day.

2) If you can't sleep at night for some reason, you may use the attached flashlight to make sure that the key is still in the box.

3) Share it with a friend — like you would of your other experiences.

Enjoy!

Love,
Yoko '85

KAPITEL 10

Los Angeles, 1974

«Weißt du, wer Phil Spector ist?»

Es war John. Drei Tage nachdem er und Harry Nilsson in die Nacht abgetaucht waren, tauchte er mit einem Anruf zur Mittagszeit wieder auf. In welchen Schlamassel auch immer er geraten sein mochte, nachdem das Rainbow dichtgemacht hatte, größere Schäden schien er nicht hinterlassen zu haben. John klang gut gelaunt und relativ nüchtern.

«Klar kenne ich Phil Spector», erwiderte ich, «den kannte ich schon vor dir.»

Spector war der legendäre Produzent (und schließlich verurteilte Mörder, aber dazu später mehr), der 1970 am letzten Beatles-Album *Let It Be* mitgewirkt und danach Johns *Imagine* koproduziert hatte. Ich hatte ihn schon 1966 kennengelernt, ganz am Anfang meiner Radioshow. Sal Mineo, der Schauspieler, hatte uns bekannt gemacht – wir waren Freunde, seit ich ihn ein paar Jahre zuvor für meinen Collegesender interviewt hatte (er blieb ein guter Freund, bis er 1976 ermordet wurde, auch dazu später mehr) –, und zwar ausgerechnet bei einer Trauerfeier für Lenny Bruce.

Wäre dies hier ein Film, würde jetzt das Bild verschwimmen – Flashback: Sal Mineo und ich kämen ins Bild, gemeinsam in der letzten Reihe bei der Begräbniszeremonie auf dem Eden Memorial Park sitzend, einem jüdischen Friedhof im kalifornischen Mission Hills, auf dem Lenny Bruce zur letzten Ruhe gebettet wurde, der Pionier der Stand-up-Comedy, gestorben mit nur vierzig Jahren an einer Überdosis Morphium. Ich weiß nicht genau, woher sich Sal und Lenny Bruce kannten, ich nehme an, es hatte mit James Dean zu tun, Sals Co-Star in ... *denn sie wissen nicht, was sie tun*; Dean und Bruce sollen befreundet gewesen sein. Bei der Feier waren allerdings gerade mal fünfzehn Leute anwesend, mich und Sal eingeschlossen, eine erbärmliche Zahl für eine so überragende Persönlichkeit.

Die Trauerrede hielt ein winziger Mann mit schulterlangen dunklen Haaren und einem bohrenden, wilden Blick. Das war Phil Spector, er war sechsundzwanzig und hatte ein paar Monate vorher noch Lenny Bruce' neues und dann auch letztes Album produziert. Spector war offensichtlich tief erschüttert über dessen Tod: Er hielt nicht nur die Trauerrede, er hatte auch, wie sich herausstellte, die ganze Beerdigung bezahlt.

Danach machte Sal uns bekannt.

«Ich bin ein Riesenfan Ihrer Musik», sagte ich. Und das stimmte. Viele Songs, die Spector noch als Teenager geschrieben oder mitgeschrieben hatte – «To Know Him Is to Love Him», «Chapel of Love», «Da Doo Ron Ron» –, gehörten zum Soundtrack meiner Pubertät.

Spector drückte mir die Hand und starrte mich prüfend an.

«Schön, dass Sie hier sind», sagte er schließlich. «Bestimmt kommen noch mehr Leute.»

Das war leider ein Irrtum.

Unwahrscheinlich, aber wahr: Nach Bruce' Beerdigung wurden Spector und ich Freunde. Wir hockten oft zusammen in Dino's Lodge, einem Nachtclub auf dem Sunset Boulevard, der Dean Martin gehörte und damals berühmt war als Drehort der Fernsehserie *77 Sunset Strip*. (Kookie, gespielt von Edd Byrnes, jobbt hier als Parkwächter.) Oder ich fuhr in Phils Haus in Beverly Hills – eine seiner frühen Villen – und hörte mir stundenlang seine fesselnden, wenn auch oft bizarren Verschwörungstheorien an, unter anderem, dass Washington für Bruce' Tod verantwortlich sei.

Spector war, gelinde gesagt, eine exzentrische Figur mit Hang zu Paranoia und anderen Wahnvorstellungen. Sein Haus war voller Waffen. Nicht eine Tisch- oder Arbeitsplatte oder sonstige Oberfläche, auf der keine Pistole lag. Selbst außer Haus – zum Beispiel, wenn wir zum Dinner in Dino's Lodge fuhren – hatte er immer eine Pistole dabei; sobald er mental unter Druck geriet, und das war oft der Fall, fummelte er unter seinem Jackett am Schulterholster herum. Aber ich hatte irgendwie ein Händchen dafür, ihn zu beruhigen. Ich sagte einfach, er solle mir in die Augen sehen, und versicherte ihm in besänftigendem Ton, dass alles in Ordnung war.

Wirklich merkwürdig, mit wie vielen Berühmtheiten ich über die Jahre Umgang hatte. Zwar nahm mich niemand auch nur annähernd so in Beschlag wie John und Yoko, aber an den Rändern meines Lebens schwirrten alle möglichen anderen Leute herum. Zu Sal und Phil und meinen Kumpeln im Laurel Canyon – und zu den zig Interviewpartnern in meiner Radioshow – gesellten sich später jede Menge weitere anhängliche Promis, von Paris Hilton bis Baba Ram Dass.

Wieso das ausgerechnet mir passierte, kann ich nicht genau erklären. Ich hab es nie auf Beziehungen zu berühmten Persönlichkeiten angelegt, ich zog sie wohl irgendwie an. Dabei war ich selbst gar nicht prominent, aber als Radiomoderator geriet ich sozusagen in ihr Fahrwasser. Aber was sie eigentlich in mir sahen, weshalb sie mit mir befreundet sein wollten, blieb mir immer ein Rätsel – vielleicht war ich eine sichere Verbindung zur bürgerlichen Welt, oder es gab eine Art intuitive Verwandtschaft der Außenseiter. In mystischen Momenten überlege ich manchmal, ob wir womöglich durch eine akashahafte Übereinstimmung verbunden waren, einen «Seelenvertrag», dank dem unsere Freundschaft kosmisch unausweichlich war und bis in alle Ewigkeit nach Wiederholung in immer neuen Inkarnationen strebte.

Es könnte natürlich einfach an Losglück gelegen haben, am Schicksalsrad des Zufalls, das unser Leben lang alle möglichen Drehungen und Wendungen bestimmt. Aber die Verbindungen zwischen meinen Bekannten schienen so schicksalhaft – gelegentlich geradezu schicksalsträchtig –, dass sie nach einer Erklärung über den schieren Zufall hinaus verlangten. Es war zum Beispiel schon seltsam genug, dass ich mit Phil befreundet war, aber dass ich mich auch innig mit Lana Clarkson anfreundete, der Schauspielerin, die Phil 2003 in seinem Pyrenees Castle in Alhambra erschoss und wofür er 2009 verurteilt wurde ... also, das ist für mich einfach zu tragisch synchronisiert für einen puren Zufall.

Kehren wir zurück zum Ende des Jahres 1973, zu Johns Frage, ob ich Phil Spector kenne. Er nehme gerade, erklärte er, ein Album mit Popklassikern der Fünfzigerjahre mit Spector in dessen Studio in Hollywood auf. «Ich will schon ewig so eine *Oldies-but-moldies*-Platte machen», sagte er. «Ich hab die Songs als Kind gern gehabt, da hatte ich selbst noch keinen einzigen selbst geschrieben. Die hatten so was Unschuldiges, ‹Ain't That a Shame› zum Beispiel. Wusstest du, dass das der erste Song war, den ich je gelernt hab?»

«Wusste ich nicht, John.»

«Yeah, meine Mama hat mir den auf dem Banjo beigebracht, bevor ich Gitarre spielen gelernt hab. Hast du Lust, nachher ins Studio zu kommen und abzuhängen? Wir sind in so einem Laden auf der La Brea Avenue, heißt A & M. Kennst du den?»

«Ja», antwortete ich, «das ist Charlie Chaplins altes Studio. Ich komme hin.»

Die Spector-Sessions, wie sie später hießen, gehören zu den berüchtigtsten Jam Sessions der Rock'n'Roll-Geschichte. Und so schlug ich mir ungefähr ein halbes Dutzend Nächte mit wüsten, drogen- und alkoholbefeuerten Gelagen um die Ohren und endete ab und zu als derjenige, der hinterher den Dreck wegräumte, keine ausgesprochen beneidenswerte Rolle. In der Nacht, in der Phil die berühmten Schüsse in die Decke feuerte, war ich (Gott sei Dank) nicht im Studio, aber ich erlebte jede Menge anderer grauenhafter Zwischenfälle mit. Ich staune heute noch, dass nie jemand ernsthaft verletzt wurde. Und noch erstaunlicher finde ich, dass bei all dem Chaos und den Ausschweifungen am Ende ein ganz und gar wunderbares Album wie *Rock'n'Roll* herauskam.

Nach meiner Erinnerung waren die Spector-Sessions nicht von Anfang an so wüst. Als ich zum ersten Mal im Studio vorbeikam, nach meiner Radioshow, die immer bis 23 Uhr lief, war die Stimmung ausgesprochen schläfrig, wenn auch leicht beschwipst. Um die Uhrzeit war praktisch keine Security mehr im Dienst – am Eingangstor fläzte nur ein müder Nachtwächter auf einem Stuhl herum und las eine Illustrierte. John war im Aufnahmeraum und wartete ungeduldig auf Spectors Startzeichen zum Singen. Spector stand am Mischpult und schob Regler hin und her. Dass Phil eine weiße Schlachteruniform trug, war keine sonderliche Überraschung. Er hatte öfter irgendwelche «Verkleidungen» an, wie er es nannte. Perücken waren nichts Unübliches. Er takelte sich gern auf.

Er fing meinen Blick auf, nickte mir zu und winkte mich zu sich. Er war eindeutig betrunken.

«Gut, dich zu sehen», lallte er. «Wir wollen hier gerade ein paar wichtige Aufnahmen in den Kasten kriegen.»

«Wie macht sich John?», fragte ich.

«Geht langsam mit ihm, aber er kommt dann schon noch in den Groove.»

John sah mich vom Aufnahmeraum aus und winkte mich zu sich. Auch er war eindeutig angetrunken.

«Wie läuft's denn?», fragte ich.

«Sehr langsam, Alter», sagte er. «Der Typ bewegt sich nur in seinem Tempo. Dieser Metzger lässt uns schon seit Stunden warten.»

Er bot mir einen Schluck aus einer Whiskeyflasche an, die er aus dem Nichts zu zaubern schien. Ich winkte ab, suchte mir einen bequemen Stuhl und wartete darauf, dass die Aufnahme endlich losging. Und wartete. Und wartete weiter.

In dieser Nacht bekam John keine Chance, auch nur einen Ton zu singen. Spector verkündete, nachdem er etliche Stunden am Mischpult herumgeregelt hatte, es sei alles erledigt, und schlich sich ohne ein weiteres Wort davon. John und die Studiomusiker sahen sich an, zuckten die Schultern und gingen einer nach dem anderen auch nach draußen zum Parkplatz. Alle waren betrunken, high oder beides.

Als ich ein paar Nächte später wiederkam, hatte sich die Szenerie komplett verändert. Spectors verschlafenes Studio brummte vor Geschäftigkeit, als habe jemand einen Schalter umgelegt. Plötzlich tobte hier die größte Party in ganz Hollywood, ein «Happening» mit Vollgas. Warren Beatty, Elton John, Cher, Joni Mitchell, David Geffen – wo ich hinsah, stand irgendein Superstar, der John auftreten sehen wollte. Und selbstverständlich bekam er diesmal die Chance zum Singen. Er trat ans Mikrofon und gab «To Know Her Is to Love Her» in einer derart herzzerreißenden Version zum Besten, dass es allen im Raum die Sprache verschlug. Seine Stimme klang so voll, so inniglich vertraut mit dem Text, er hatte den Song regelrecht im Blut.

Phil stand derweil an den Reglern, auf dem Kopf etwas, das aussah wie eine blonde Frauenperücke, und strahlte betrunken in die Menge.

Aber die Rockgötter geben, und sie nehmen. Ein paar Nächte später war der Schalter wieder umgelegt, die Energie in Phils Studio schlug von feierlich auf toxisch um. Als ich ankam, stritten und beschimpften sich John und Phil gerade gegenseitig, und ein paar Studiomusiker standen drum herum und sahen mürrisch zu. John und Phil waren eindeutig randvoll; Phil konnte sich kaum auf den Beinen halten. Ein paar Musiker hatten die Nase so voll von dem Gezänk, dass sie mitten in der Session rausstürmten. In dieser Nacht gab es keine Aufnahme.

Die Sessions brachen meistens kurz vor Sonnenaufgang ab, aber die bösartigen Vibes schienen wie eine Giftwolke über John zu hängen, selbst wenn er nicht im Studio war. Ich fuhr ihn anschließend manchmal zu Lou Adlers Haus, er war kaum noch bei Bewusstsein, fast hätte ich ihn zur Tür tragen müssen. Ein Morgen hat sich mir tief eingeprägt; John war gerade noch so wach, dass er einen Happen essen wollte, und ich kannte ein gemütliches holzgetäfeltes Bistro auf dem Sunset. Das Aware Inn hatte frühmorgens nie viele Gäste, kam mir also relativ sicher vor. Und nach einer mit Phil durchgemachten Nacht war John ohnehin kaum zu erkennen.

Er betrat den Laden mit einer dunklen Sonnenbrille, unrasiert, ungekämmt und ungewaschen. Er brauchte dringend frische Luft – er lebte ja nur noch von Alkoholschwaden und Kokainglut –, also besorgte ich uns einen Tisch auf der Terrasse. Ich saß mit Blick Richtung Hollywood und hielt ständig Ausschau nach Paparazzi und übermotivierten Fans; John hing mit Blick auf Beverly Hills auf einem Metallstuhl, kettenrauchend mit leicht zitternden Händen. Wir waren beide fix und fertig und schwiegen.

Dann tauchte sie auf.

Eine umwerfende Schwarze, groß, kurvig. Sie hatte eine Fotomappe unterm Arm, vermutlich war sie Model oder Schauspielerin und früh auf den Beinen für einen Tag mit Probeaufnahmen. «Entschuldigung», sagte sie leise und strich sich eine lange, dunkle Haarsträhne aus dem Gesicht, ihre Augen hatten ein hypnotisierendes Smaragdgrün. «Ich möchte nicht stören. Hier ist meine Telefonnummer. Ruf an, wann immer du so weit bist.» Sie legte einen Zettel neben Johns Teller, drehte sich um, als wäre sie auf einem Laufsteg, und ging davon. John sah ihr über den Brillenrand nach. Er nahm den Zettel, warf einen Blick drauf und warf ihn mir hin. Ich steckte ihn in die Tasche, wie immer, wenn so etwas passierte. Das tat es hin und wieder und wurde normalerweise nie wieder erwähnt.

Deshalb war ich etwas überrascht, als John bei einem unserer Telefonate ein paar Tage später das Gespräch auf das *breakfast girl* brachte.

«Erinnerst du dich an den hübschen Vogel, der mir seine Nummer hinterlassen hat?», fragte er. «Hast du die noch? Ich hab 'ne Nacht studiofrei, ich dachte, ich ruf die mal an.»

«Ich heb doch alles auf, was dir jemand gibt, John. Deshalb sind meine Taschen ja so voll.»

Ich hob tatsächlich jeden Papierfetzen auf, den ihm jemand zusteckte – Songideen von anderen Leuten, Briefchen von Beatles-Fans, Telefonnummern von Groupies –, vor allem, weil ich es unhöflich fand, sie liegen zu lassen. Meistens warf ich sie ein, zwei Tage später weg. Ich konnte mich nicht erinnern, dass John sich auch nur ein einziges Mal danach erkundigt hätte ... bis jetzt.

Mir war etwas unbehaglich dabei – schließlich wusste John, dass ich Yokos bester Freund war –, aber ich kramte herum, fand die Jacke, die ich angehabt hatte, und den Zettel darin und las John den Namen und die Nummer vor. Schließlich war er ein erwachsener Mann, gerade getrennt von seiner Frau, er konnte doch tun, was ihm passte, und anrufen, wen er wollte.

Nur dass ich gleich am nächsten Morgen vom Telefonklingeln aus dem Schlaf gerissen wurde: John rief an, in Panik.

«Was machst du grad?», wollte er wissen, die Stimme knirschte wie Kies.

«Ich schlafe», sagte ich. «Was brauchst du?»

«Du musst sofort hierherkommen. Ich bin in Schwierigkeiten.»

«Bist du in Gefahr?»

«Wir sind alle in Gefahr», sagte er. «Komm einfach sofort her.» Er nannte eine Adresse – nicht Lou Adlers Villa –, dann war die Leitung tot.

Ich warf mir ein paar Sachen über und betete, dass der Jaguar ohne allzu viele Probleme ansprang, was er tatsächlich mal tat. Ein paar Minuten später war ich in Beverly Hills und fuhr die Auffahrt eines kleinen Boutiquehotels hoch. Wie John hier zum Date mit *breakfast girl* gelandet war, werde ich nie erfahren; er hatte keine Ahnung, wie man in Hotels eincheckt, und May Pang hatte ihm die Suite garantiert nicht gebucht. Als ich hereinkam, saß die smaragdäugige Schönheit im Bademantel auf dem Sofa und sah sehr edel aus. Wir nickten uns zu, und ich lief weiter ins Schlafzimmer, wo John halbnackt auf der Matratze saß und sich den Kopf hielt.

«Schaff die weg», befahl er, ohne zu mir hochzusehen.

«Wie bitte?»

«Elliot, ich will die hier weghaben. Schaff sie weg.»

Ich war nicht glücklich darüber – in der Rolle als Johns Putzbrigade für den Morgen danach hatte ich mich nie gesehen –, aber nach einem kurzen Wortwechsel ging ich zurück in den Salon, um Johns Übernachtungsschönheit möglichst diplomatisch auszuquartieren. Sie hatte mittlerweile den Bademantel abgelegt und zog sich gerade wieder an.

«Hi», sagte ich, «ich bin ein Freund unseres Freundes. Wir haben uns neulich beim Frühstück gesehen. Müssen Sie irgendwohin? Darf ich Ihnen ein Taxi rufen?»

«Keine Sorge, Honey», sagte sie und hängte sich eine Reisetasche über die schlanke Schulter. «Ich bin schon weg. Kein Ärger meinetwegen.»

Sie ging aus der Tür, ohne dass wir uns verabschiedet hätten.

Ich lief zurück ins Schlafzimmer, wo John jetzt eine Zigarette rauchte.

«Ist sie weg?»

«Ja», antwortete ich, leicht säuerlich. «Aber merk dir eins, John, damit habe ich mich nicht wohlgefühlt. Verlang so was nie wieder von mir. In der Art Branche bin ich nicht tätig.»

John warf mir einen eiskalten Blick zu.

«Ich verlange jeden Scheiß von dir, wenn mir danach ist», zischte er durch die zusammengebissenen Zähne. «Erzähl mir nie wieder, was ich dir sagen darf und was nicht. Hast du verstanden?»

Yoko hatte mich schon einmal gewarnt, dass John ein vollkommen anderer Mensch wurde, wenn er trank – ich hatte es auch ein paarmal selbst erlebt –, aber das hier war neu. So hatte er noch nie mit mir geredet, er hatte seine glühende Wut noch nie so gezielt an mir ausgelassen.

Ich ging aus dem Schlafzimmer, zog die Vorhänge im Salon zu und verließ den Ort. Sowie ich zu Hause ankam, leuchtete die rote Lampe im Schlafzimmer. Ich wusste nicht, ob es John war oder Yoko, und es war mir auch völlig egal. Zum ersten Mal ließ ich es blinken.

Gut eine Woche lang ging ich nicht zu den Studiosessions und sprach nicht mit John, nicht mal am Telefon. Yoko und ich telefonierten weiter regelmäßig, aber ich erzählte ihr nie irgendetwas über Johns Nummer mit dem *breakfast girl*, auch nicht, wie mies er mich behandelt hatte. Mir war nicht wohl dabei, Geheimnisse vor ihr zu haben, aber ich hatte auch keine Lust, ihren Mann zu verpetzen.

Yoko und ich unterhielten uns über andere Dinge, ihre Vernissagen in Galerien und ihre eigenen Musikauftritte während der Zeit, in der John in ihrem Leben nicht vorkam. Ich erinnere mich an ein rührendes Gespräch eines späten Abends, ausgerechnet über Mah-Jongg.

«Weißt du, wie das Spiel geht, Elliot?»

«Ja, meine Mutter hat es oft gespielt. Es ist wie Schach mit kleinen Elfenbeinsteinen.»

«Nein, wie Schach ist das ganz und gar nicht», sagte Yoko. «Jedenfalls, neulich hab ich mit ein paar Freunden gespielt ...»

Ich versuchte mir diese Freunde vorzustellen, und mir fiel eine Gruppe jüdischer Seniorinnen ein, die mit meiner Mutter immer Mah-Jongg in unserem kleinen Wohnzimmer in Washington Heights gespielt hatten. Irgendwie konnte ich mir Yoko nicht in einem solchen Ambiente vorstellen.

«... und ich hab die ganze Zeit gewonnen», fuhr sie fort. «Wir haben nur um Kleingeld gespielt, aber ich hab jedes Mal gewonnen.»

«Na, das klingt doch gar nicht schlecht», sagte ich, erstaunt, dass Yoko um Geld spielte. Sie hatte mich oft für meinen Hang zum Zocken kritisiert.

«Allerdings hat mich keiner von ihnen bezahlt», fuhr sie fort. «Sie sind alle gegangen, ohne mir das Geld zu geben.»

«War's denn viel?»

«Nein, aber es geht ums Prinzip, Elliot. Das ist wie mit Geschenken. Du weißt ja, wie gern ich Leuten was schenke, nicht?»

«Ja», sagte ich und dachte an die vielen wunderbaren Dinge, die sie und John mir geschenkt hatten, seit wir uns kannten, die hochgeschätzten kleinen Kunstwerke zum Beispiel, die sie mir zum Geburtstag handgefertigt hatten.

«Ich bekomme nie Geschenke. Mir schenkt niemand was. Die Leute nehmen an, dass es nichts gibt, was ich gern hätte und mir nicht selber kaufen könnte, deshalb verzichten sie gleich ganz auf die Geste.»

«John schenkt dir doch ganz viel», warf ich ein, um sie etwas aufmuntern.

«Tja, John ist aber gerade nicht hier, oder?»

Nein, das war er eindeutig nicht. Wo John in diesem Augenblick war – und was er trieb –, war obendrein ein Problem, wie mir ziemlich schnell schmerzhaft klar wurde. Denn kurz nachdem Yoko aufgelegt hatte, klingelte das Telefon wieder und scheuchte mich mitten in der Nacht im Galopp in Lou Adlers Haus. Und dort stieß ich auf eine Version von John, die ich kaum wiedererkannte. Ich war kurz davor, die Talsohle des «Lost Weekend» zu erreichen, Johns absoluten Tiefpunkt.

Der Anruf war nicht über die Hotline gekommen, sondern über meinen normalen Hausanschluss, und am anderen Ende war einer von Phil Spectors Securityleuten: John sei in Schwierigkeiten, ob ich bitte schnell zu Lou Adlers Haus kommen und helfen könne, «ihn zu beruhigen».

Was ich sah, als ich zwanzig Minuten später in Adlers Wohnzimmer trat, könnte eine Szene aus *Der Exorzist* sein. John hing betrunken und mit irrem Blick an Armen und Beinen gefesselt auf einem Stuhl mit einer hohen Lehne, zerrte wutschäumend mit aller Kraft an den Stricken und schrie Obszönitäten in Richtung seiner Kidnapper, zwei muskelbepackten Bodyguards, die verlegen schweigend danebenstanden. Das Zimmer war ein Trümmerhaufen. John hatte einige von Adlers zahlreichen goldenen Schallplatten – für seine Verdienste als Manager von Carole King, The Mamas and the Papas, Neil Young, Cass Elliot, Cheech and Chong und Sam Cooke, um nur einige wenige zu nennen –, von der Wand gerissen und mitsamt den Rahmen zerschmettert. Der Boden war von Holzsplittern und Plexiglasscherben übersät.

Ich habe keine Ahnung, wo May Pang war. Von ihr war keine Spur zu sehen.

Laut den Securityleuten hatte der Zusammenbruch an jenem Abend im Studio seinen Anfang genommen, als sich John und Phil beinahe geprügelt hatten. Worum es bei dem Streit gegangen war, wusste anscheinend niemand mehr. Aber die Session war früh zu Ende, Phils Bodyguards hatten John weggezogen und in Lou Adlers Haus gebracht. Da war er ihnen allerdings kurz entwischt, hatte sich einen Spazierstock oder etwas Ähnliches geschnappt und damit so lange wild im Zimmer um sich geschlagen, bis die Bodyguards ihn überwältigen konnten und auf dem Stuhl festbanden.

Ich blieb kurz stehen, knapp einen Meter von John entfernt, dann ging ich langsam auf ihn zu, musterte ihn von oben bis unten und suchte ihn nach Schnitten, Blutergüssen oder Verletzungen ab, die ärztlich versorgt werden mussten. Gerade schrie er mal nicht. Sein Kopf war tief nach unten gesackt, das Gesicht auf den Boden gerichtet, der Brustkorb bebte, als bekäme er kaum noch Luft. Nach einem langen Augenblick hob er langsam den Kopf und schaute mich an. Er sah aus wie von Dämonen besessen.

«Du!», fauchte er. «Was machst du denn hier?»

«John, alles okay mit dir?», fragte ich leise.

«Mach die Fesseln da ab!», schoss er zurück. «Mach mir die ab, du ...»

Und dann rotzte er ein Schimpfwort heraus, so verletzend und beleidigend – und so offensichtlich befeuert von Suff und Wut –, dass ich nicht über mich bringe, es zu wiederholen.

Ich kann nur sagen, dass in meinem ganzen Leben nie jemand so etwas zu mir gesagt hat, schon gar nicht jemand, den ich als lieben Freund betrachtete. Ich konnte nicht glauben, dass das derselbe Mann war, der so eindrucksvoll über Frieden und Liebe und Verständnis schrieb und sang. Ich sah ihm direkt in die Augen, mit kaum verhohlener Empörung und Enttäuschung. Er erwiderte den Blick. Und dieser Blickwechsel schien zu einem tief in seinem suffvernebelten Hirn vergrabenen Fetzen Menschlichkeit vorzudringen. John wurde plötzlich sehr, sehr still. Die Fieberkurve in seiner gequälten Seele schien endlich gebrochen.

Nach ein, zwei Augenblicken drehte ich mich zu den Bodyguards um. «Ich glaube, ihr könnt ihm die Fesseln abnehmen», sagte ich, «ich glaube, er hat sich beruhigt.»

Sie sahen sich an und waren unsicher. «Sind Sie sicher, Mr. Mintz?»

Ich nickte, sie banden ihn los, und John stand auf, rieb sich die Handgelenke und ging langsam, ohne ein weiteres Wort, den Flur entlang zum Schlafzimmer, wo er wahrscheinlich auf die Matratze sackte und das Bewusstsein verlor.

Als ich am nächsten Tag gerade zur Arbeit fahren wollte, blinkte die Hotline. Ich überlegte, nicht dranzugehen – ich war ausgelaugt, hatte kaum geschlafen, weil mir Johns Beleidigung den Rest der Nacht durch den Kopf gegangen war –, aber schließlich nahm ich doch ab, warum auch immer.

«Ellie?»

«Ja, John.»

«Tut mir leid, was ich gesagt hab.»

«Aha», erwiderte ich.

«Aber wenn man es bedenkt, wenn das das Schlimmste ist, was ich über dich sagen kann, kannst du gar nicht mal so schlecht sein, oder?»

«Danke für das Kompliment», sagte ich.

«Tja, willkommen in der wirklichen Welt, Mother Virgin Mary. Ich bin ich. Ich hab 'ne große Klappe und sag, was ich fühle, wenn ich was fühle. Ich versteck mich nicht hinterm Mikrofon. Ich sing da rein oder sprech da rein, was mir gerade passt. Ich bin nicht immer der ‹Imagine›-Typ oder der ‹Jealous Guy› oder ‹The Walrus›. Also, ich hab mich bei dir entschuldigt. Mehr kann ich nicht tun.»

Er wartete einen Moment auf Antwort.

«Lust auf 'n Dinner nachher?», fuhr er fort, als keine kam.

«Nein», sagte ich. «Ich glaub, ich nehm mir mal 'n freien Abend.»

Und legte – zum allerersten Mal, soweit ich mich erinnere – auf, ohne mich auch nur zu verabschieden.

KAPITEL 11

Los Angeles und New York, 1974

Mit dieser schrecklichen Nacht endete vieles.

Zum einen war Schluss mit den Sessions mit Spector. Als sich das Gerücht verbreitete, Phil habe mit einer Pistole in die Studiodecke geschossen, war das Projekt gestorben, und Phil tat, was eben nur jemandem wie Phil einfallen konnte: Er verschwand mit den Mastertapes und nahm sie bei sich zu Hause quasi als Geiseln. Die Plattenfirma hätte sie wohl früher oder später zurückverlangen können, doch nur wenig später wurde Phil in einen Autounfall verwickelt und fiel ins Koma. Zumindest erzählte er das den Leuten, wobei so manche glaubten, das Koma sei nur wieder so eine typisch überdrehte Phil-Story.

Aber es gab noch andere Probleme, die das Label zwangen, das Album vorerst nicht herauszubringen – zum Beispiel ein Gerichtsverfahren mit einem zwielichtigen, angeblich mit der Mafia verbandelten Musikmogul, der sich irgendwie in das Projekt reingemogelt hatte. Es würde mehr als ein Jahr dauern, bis alle Schwierigkeiten aus dem Weg geräumt waren und *Rock 'n' Roll* endlich erscheinen konnte.

Währenddessen endete auch Johns Zeit in Lou Adlers Haus, was zweifellos mit den goldenen Schallplatten zu tun hatte, die John von der Wand gerissen und zerstört hatte.

Stattdessen wohnten er und May an verschiedenen Orten, darunter in einem Haus, das Johns Anwälten gehörte. Schließlich zogen sie in ein Haus am Strand von Santa Monica, ein Gebäude mit über 600 Quadratmetern Wohnfläche, das 1926 von keinem Geringeren als Hollywood-Ikone und MGM-Mitgründer Louis B. Mayer erbaut worden war. Was John aber noch mehr beeindruckte, war die Tatsache, dass das Haus in den frühen Sechzigern von Peter Lawford bewohnt worden war, der es zum Spielplatz des Rat Pack um Frank Sinatra gemacht hatte: Er feierte dort wilde Partys und ließ dafür extra Showgirls aus Las Vegas einfliegen, um seine Kumpel zu unterhalten, zu denen auch der damalige Präsident der Vereinigten Staaten gehörte.

John war fasziniert von JFK. Ähnlich wie Phil fand er Verschwörungstheorien aufregend: Nachdem er eine meiner Radiosendungen zu den Spekulationen über den Mord an Kennedy gehört hatte, versuchte er, mich davon zu überzeugen, dass er das Rätsel im Alleingang gelöst hatte. Er habe die Beweislage studiert, meinte er, und es sei völlig klar, dass es der Chauffeur der Präsidentenlimousine getan haben musste. Er hätte sich auf dem Vordersitz umgedreht und Kennedy mit einer Pistole in den Kopf geschossen. Wie viel auch immer gegen diese Theorie sprechen mochte – zum Beispiel die Amateuraufnahmen von Abraham Zapruder, die deutlich zeigen, dass das Attentat so nicht abgelaufen ist –, John war vollkommen überzeugt, dass er den Fall gelöst hatte.

Natürlich litt unsere Freundschaft nach dem Vorfall in Adlers Haus. Wie konnte es auch anders sein? In den nächsten paar Monaten verbrachten John und ich nur wenig Zeit miteinander – zumindest sahen wir uns nicht. Allerdings telefonierten wir nach wie vor noch jeden Tag miteinander, wie wir das immer getan hatten. Und irgendwann fühlte sich unsere Beziehung wieder so entspannt und vertraut an wie eh und je. Aber ich besuchte ihn nicht im Strandhaus und schloss mich ihm auch nicht abends an, wenn er ins Troubadour oder ins Rainbow ging.

Neben der Tatsache, dass verletzte Gefühle eine Zeit brauchen, um zu heilen, lag das auch daran, dass ich zu jener Zeit unglaublich viel zu tun hatte. Ich musste mich um meine Fernseh- und Radiosendungen kümmern, denn ich war ja nicht nur Moderator, sondern auch gleichzeitig Booker und für die Recherche verantwortlich. Ich sprach mit Raquel Welch (die mich in ihr Haus in Beverly Hills einlud), mit James Coburn (der mir vorführte, wie er zum Klang eines Gongs meditierte), mit Allen Ginsberg (der Harmonium spielte) und Jack Nicholson (mit dem ich mich während des Charles-Manson-Verfahrens angefreundet hatte. Einmal begleitete er mich zum Gericht, als ich über den Prozess berichtete).

Ein weiteres faszinierendes Interview führte ich mit einem Hypnotiseur. Später sollte ich ihn John vorstellen, was zum Wendepunkt in der ganzen Lost-Weekend-Geschichte wurde. Seine Spezialität war die Rückführungs-Trance, die er in der Sendung an mir demonstrierte. Dabei drehte er die Uhr nicht nur zurück bis in meine Teenagerjahre – wobei sich während der Sendung sogar meine Stimme veränderte –, sondern er ging noch einen Schritt weiter und versetzte mich in ein früheres Leben im 19. Jahrhundert, als ich offenkundig ein Minenarbeiter in Minnesota gewesen war. Ich weiß, das hört sich jetzt unwahrscheinlich an, aber ein Teil meiner selbst ist heute noch davon überzeugt, dass ich die Reinkarnation eines Bergarbeiters namens Stephen Dworman bin, der bei einem tragischen Unfall verschüttet wurde.

John hatte sich mittlerweile von dem Chaos der Spector-Sessions gelöst und produzierte eine Platte für seinen Kumpel Harry Nilsson, wobei es nicht ganz so durchgedreht zuging. Das Album sollte *Pussy Cats* heißen – Nilsson hatte es *Strange Pussies* nennen wollen, aber die Plattenfirma hatte dagegen ihr Veto eingelegt. Zwar kamen die Aufnahme-Sessions im Frühjahr 1974 in Burbank nicht an Phils Exzesse heran, aber es ging doch auch dort recht wild zu. John trank damals immer noch sehr viel und kokste nach wie vor, und Nilsson war ganz sicher kein Abstinenzler.

Das Bemerkenswerteste an den *Pussy-Cats*-Sessions war, wer außer den Genannten sonst noch mit von der Partie war. Ringo Starr, der einzige Beatle, der nach dem Auseinanderbrechen der Band noch mit John und Yoko Kontakt hielt, war damals in L. A. und setzte sich an die Drums. Wenn er keine Zeit hatte, kam Keith Moon von den The Who an die Percussion (zu denen bei einer Aufnahme auch chinesische Holzblockinstrumente gehörten). Und obwohl dieser eine Song es nicht in Nilssons Album schaffte, gab es da noch einen historischen Moment, als ein weiterer Ex-Beatle unerwartet im Studio auftauchte und mit John zusammen sang – das erste Mal, dass die beiden miteinander Musik machten, seit die Beatles sich aufgelöst hatten.

Auftritt Paul McCartney.

Ich kann Ihnen nicht sagen, wie oft es um Paul ging, wenn John und ich uns unterhielten. Sicher Dutzende von Malen, vermutlich noch mehr. Johns Gefühle seinem ehemaligen Bandkollegen gegenüber waren ebenso komplex wie umfassend, und sie änderten sich nicht bloß von Jahr zu Jahr, sondern von Minute zu Minute. Neben Yoko war Paul die wichtigste Beziehung in Johns Leben. Sie waren zusammen aufgewachsen, hatten schon als Teenager in einer Band zusammengespielt, lange bevor die Beatles geboren wurden. Und dann wurden sie zum größten popkulturellen Phänomen aller Zeiten, eine einzigartige Erfahrung, die alle vier Beatles lebenslang miteinander verband – am meisten aber John und Paul, die beiden Frontmen der Band.

«Ich habe Paul geliebt», erzählte mir John. «Er war mein Bruder. Ich erinnere mich noch gut an die frühen Jahre, bevor man uns die Beatles nannte, als wir hinten in einem Transporter von Gig zu Gig gondelten. Und dann, bevor wir uns versahen, saßen wir in einer Limousine, die uns vom Flughafen zum Plaza Hotel brachte, als die Beatles das erste Mal in Amerika landeten. Du kannst dir nicht vorstellen, wie aufregend das war, dieser Moment, den wir zusammen erlebten. Wir wussten, dass wir es geschafft hatten, noch vor der Ed Sullivan Show. Wir wussten, dass wir Amerika erobert hatten.»

«Wenn wir zusammen gesungen haben», erzählte John weiter,

«benutzten Paul und ich dasselbe Mikro. Ich war so nah an ihm dran, ich hätte ihn küssen können. Damals trug ich auf der Bühne meine Brille nicht – Brian Epstein war der Meinung, das ließe mich alt aussehen. Und so spielten wir all diese Konzerte, vor Tausenden Menschen, und alles, was ich sehen konnte, war Pauls Gesicht. Er stand immer direkt neben mir – ich konnte seine Gegenwart immer fühlen. Das ist es, was mir von all den Auftritten am meisten in Erinnerung geblieben ist. Paul und ich hatten schon früh unsere Differenzen, meist kreativer Natur, aber wir haben sie immer überwunden. Dann habe ich Yoko kennengelernt, und wir haben uns verliebt. Als ich sie ins Studio einlud, wo wir *Let It Be* aufgenommen haben, waren die anderen davon wenig begeistert. Das war ein Männerclub, und das hieß, keine Frauen im Aufnahmeraum. Aber Paul regte sich am meisten auf, was Yoko anging. Irgendwie hatte ich das Gefühl, dass er eifersüchtig war. Denn bis dahin hatte er all meine Aufmerksamkeit, all meine Liebe für sich, wenn wir Aufnahmen machten. Und plötzlich war da jemand anderer. Mit einem Mal gab es da Yoko.»

In den Jahren, nachdem die Beatles sich getrennt hatten, trugen John und Paul ihre Fehde manchmal öffentlich aus. Der Schlagabtausch erfolgte mittels der verletzendsten Waffe, die die zwei sich vorstellen konnten: ihrer Musik. Auf *Ram*, seinem Album von 1971, findet sich ein Seitenhieb auf John, ein Song mit dem Titel «Too Many People». («You took your lucky break und broke it in two.») Ein paar Wochen später schlug John voller Bitterkeit zurück. Der Song trägt den Titel «How Do You Sleep?». («The only thing you done was yesterday.») Dieser Song wurde auf dem Album *Imagine* veröffentlicht. Und als sie sich aussöhnten, geschah auch dies musikalisch. Im Dezember 1971 reichte Paul John die Hand. Auf dem Album *Wild Life* gab es einen Song über John, der den schönen Titel trug: «Dear Friend».

Jetzt aber, am 28. März 1974, standen sich John und Paul in diesem Studio in Burbank leibhaftig gegenüber, zum ersten Mal seit ewigen

Zeiten. Ich war nicht dabei, hörte aber später, dass Paul und seine Frau Linda unangemeldet vorbeikamen und aus irgendeinem Grund Stevie Wonder mitbrachten. Diejenigen, die damals dabei waren, erzählten später, dass man den Eindruck hatte, als würden John und Paul ihre Teenagerfreundschaft wiederaufleben lassen, als würden sie wieder aus dem Transporter steigen, um einen weiteren Gig zu spielen. Als John mir hinterher davon erzählte, fragte ich ihn, wie es sich angefühlt habe, mit seinem alten Kumpel Musik zu machen. Er reagierte ein wenig abweisend und meinte: «Die haben uns alle angestarrt, als würde gleich was ganz Großes passieren. Für mich war es einfach nur: Musik machen mit Paul.» Aber die Anwesenden faszinierte allein schon, dass die beiden zusammen in einem Raum waren. Vielleicht war das ja der Beginn einer neuen Zusammenarbeit. Aber ich wusste, dass ich hier nicht weiterbohren durfte: Solche Dinge fragte ich John einfach nicht, wenn wir uns als Freunde unterhielten und nicht aus beruflichen Gründen.

Ihre Mini-Session wurde nie von einer Plattenfirma veröffentlicht. Am Ende gelangte es doch an die Öffentlichkeit, als Bootleg-Album mit dem Titel *A Toot and a Snore in '74*. Und ganz ehrlich, es ist nicht das Beste, was John und Paul je zusammen gemacht haben. Bei einem Song bietet John Stevie Wonder ein bisschen Koks an – und trotzdem ist es tief bewegend, wenn man hört, wie diese beiden unnachahmlichen Stimmen sich harmonisch verbinden.

Was John jedoch nicht wusste, war, dass Paul aus einem bestimmten Grund nach Burbank gekommen war. Tatsächlich war er auf einer Mission, die Yoko betraf. Einige Tage vorher hatte sie mich angerufen und mich über die Hintergründe dieses Besuchs aufgeklärt.

Yoko erzählte mir, sie habe mit Paul gesprochen, der angeboten hatte, mit John zu reden.

«Das ist aber sehr großzügig», meinte ich. «Was hast du zu dem Angebot gesagt?»

«Ich fand es sehr nett von ihm», antwortete sie. «Ich war sehr froh darüber. Aber ich machte Paul klar, dass ich ihn nicht darum gebeten hatte. Es dürften keine Zweifel aufkommen, dass das Ganze Pauls Idee war und nicht meine, dass Paul es auf eigene Faust machte.»

Aus Yokos Sicht war es nicht an ihr, wieder auf John zuzugehen. Wenn er zu ihr zurückwollte, dann müsste auch er die Initiative ergreifen. Er müsste clean und trocken sein und ihr beweisen, dass er für die Beziehung bereit war.

Für mich stand fraglos fest, dass John unbedingt zu Yoko zurückwollte. Ja, er lebte mit May. Ja, er hatte Gefühle für die junge Assistentin. Und doch bat John mich bei jedem einzelnen Telefongespräch während der langen Monate seines Lost Weekend, mit Yoko über ihn zu sprechen. «Sag Mother, dass ich bereit bin, nach Hause zu kommen, Ellie. Sag ihr, dass ich jetzt ein anderer Mensch bin.»

«Ich glaube nicht, dass sie das von mir hören will», entgegnete ich dann. «Sie möchte, dass du ihr das zeigst.»

Wie ich später hörte, gab Paul John den gleichen Rat. Bald nachdem er das Studio in Burbank betreten hatte, nahm Paul John beiseite und erklärte ihm haarklein, was er tun musste, um Yoko zurückzugewinnen. Er sagte, er müsse ihr den Hof machen wie damals, als sie sich gerade erst kennengelernt hatten. Er solle sie ausführen und ihr Blumen bringen und andere Geschenke machen. Dass er sich zusammenreißen und Yoko zeigen müsse, dass er genesen war und imstande, die Ehe wieder ins Lot zu bringen. Kurz gesagt: Er müsse Yoko überzeugen, dass er es wert war, zurückgenommen zu werden.

Es ist heute unmöglich zu sagen, ob es das Gespräch mit Paul war, das John wieder auf die Reihe brachte oder ob er zu der Zeit eine andere Erleuchtung hatte. Aber in den folgenden Monaten konnte man sehen, dass er sein Leben wieder in den Griff bekam. Im Sommer 1974 begann er mit der Arbeit an seinem nächsten Album – *Walls and Bridges*. Für die Proben und die Aufnahmen in dem Studio in der Forty-fourth Street flog er regelmäßig nach New York. Und diese Sessions verliefen absolut professionell, denn John war jeden Tag hundertprozentig nüchtern.

Und als die Arbeit an dem Album nahezu abgeschlossen war, traf John eine schicksalsträchtige Entscheidung: Er wartete nicht mehr länger auf Yokos Einladung, um nach New York zurückzukehren. Stattdessen mieteten er und May eine eigene Wohnung an der Upper East Side. Klein, aber gemütlich und mit einem umlaufenden Balkon, der einen fantastischen Blick auf den East River bot. Tatsächlich stand er auf diesem Balkon, als er kurz nach ihrem Einzug etwas sah, das er als Ufo bezeichnete. Ich weiß das, weil er mich unmittelbar danach in L. A. anrief und mich bat, herauszufinden, ob irgendjemand sonst an der Upper East Side beobachtet hatte, wie eine fliegende Untertasse mit blinkenden Lichtern über der Skyline von Manhattan kreiste. (Tatsächlich waren in einer New Yorker Polizeistation mehrere solcher Meldungen eingegangen, wie mir der nette diensthabende Sergeant erzählte, der so freundlich war, meinen Anruf anzunehmen.)

Eine oder zwei Wochen später flog ich nach New York, um ein paar Interviews aufzunehmen, und nutzte die Gelegenheit, um John und May in ihrer neuen Wohnung zu besuchen – mein erstes persönliches Treffen mit John nach der hässlichen Szene in Adlers Haus. Es war aus mehreren Gründen eine peinliche Begegnung. Zum einen hatte ich den Nachmittag bei Yoko im Dakota verbracht, höchstens zwanzig Häuserblocks entfernt. Als ich im Taxi durch die Stadt zu John und May fuhr, fühlte es sich ein wenig nach Verrat an.

Außerdem konnte ich nur schlecht damit umgehen, dass ich May eigentlich mochte, und das verstärkte meine inneren Konflikte noch. May war klug und nett und in vieler Hinsicht gut für John. Sie trank nicht, rauchte nicht, nahm keine Drogen, und das war ein echtes Plus, vor allem jetzt, wo John versuchte, clean zu werden. Und sie bemühte sich wirklich sehr, auf ihn zu achten – keine leichte Aufgabe. John hatte schon immer eine Menge Zuwendung gebraucht. Was noch wichtiger war: Sie hatte auf John eingewirkt, sich wieder mit Julian zu versöhnen, seinem ersten Kind, von dem er sich entfremdet hatte. Sie lud den Jungen ein, Zeit mit seinem Vater zu verbringen. Schon das rechnete ich ihr hoch an.

Ich kann mich noch gut erinnern, wie ich Julian kennenlernte, als John und May noch in L. A. lebten. Es war an einem nebligen Morgen im Laurel Canyon. Ich wachte auf, weil ich eine Stimme vor meinem Fenster hörte. Es war die von John. Er rief: «Wach auf, ich möchte, dass du meinen Sohn kennenlernst.» Julian war damals etwa zehn Jahre alt. Er war ein unglaublich schüchterner Junge, und irgendwie drängte sich mir der Eindruck auf, dass Julian und John die ganze Nacht wach gewesen waren. Aber John war das anscheinend noch nicht genug.

«Ellie, jetzt zieh dich schon an und komm mit uns nach Disneyland.»

Es war sieben Uhr morgens. Um diese Zeit war ich noch nicht bereit für Disneyland. «John, warum fahrt ihr, du und Julian, nicht allein nach Disneyland? Und wenn ihr alles gesehen habt, kommt ihr zurück, und wir essen gemeinsam zu Mittag.»

Sie lungerten erst noch eine Weile in meiner Wohnung herum, bevor sie nach Anaheim losfuhren. Julian war fasziniert von einem Teleskop, das in meinem Wohnzimmer stand. Er sah hindurch, spielte damit herum, aber er sagte kaum ein Wort. Ich bin mir sicher, dass er sich mit dieser Situation total unbehaglich fühlte – einen Erwachsenen kennenzulernen, der für ihn ein total Fremder war. Bestimmt fragte er sich, was er hier sollte.

Ich würde Julian erst im Dezember 1980 wiedersehen.

Aber mit John und May allein zu sein, empfand ich nie als entspannt. Vielleicht spürte May meine Anspannung und machte deshalb gewöhnlich einen weiten Bogen um mich. Auch dieses Mal verschwand sie in einem der Schlafzimmer, um zu telefonieren, während John und ich auf dem Balkon standen und Neuigkeiten austauschten.

«Fühlst du dich unwohl damit?», wollte John nach einer Weile wissen.

«Du meinst, hier mit dir und May? Ja, ein bisschen schon», gab ich zu. «Es erinnert mich einfach an die Tatsache, dass du und Mother immer noch getrennt seid, und das macht mich traurig.»

«Nun, Mother will es so», meinte er, «zumindest im Moment.»

Dann legte er unerwartet seinen Arm um meine Schulter und meinte: «Ach, mein Junge, jetzt schau doch nicht so düster. Setz dein Radiogesicht auf. *There's nowhere you can be that isn't where you're meant to be.*»

Das war eines der wenigen Male, bei denen er mir gegenüber aus einem Beatles-Song zitierte.

Etwa einen Monat später, Ende September 1974, wurde *Walls and Bridges* veröffentlicht. John schickte mir eine signierte Kopie der Vorabveröffentlichung. («Für meinen kleinen Dream Lover auf Eis, mit viel Liebe und alten Pianos», schrieb er, weil er wusste, wie sehr ich Bobby Darins Hit liebte.) Das Album haute mich um. Ich fand, es enthielt einige seiner besten Solo-Aufnahmen überhaupt. Und da war ich nicht der Einzige.

Denn Elton John hatte sich für einen Song mit John zusammengetan und saß am Keyboard. Elton war sich sicher, dass die Single ein Hit werden würde. John hatte da gewisse Zweifel – anders als Paul hatte er nach den Beatles nie wieder einen Nr.-1-Hit gehabt. Aber Elton war so sehr davon überzeugt, dass er mit John eine Wette abschloss: Sollte der Song tatsächlich ein Hit werden, würde John bei Eltons bevorstehendem Konzert im Madison Square Garden auftreten. John schlug ein, allerdings glaubte er nicht, sein Versprechen tatsächlich einlösen zu müssen.

Und natürlich behielt Elton recht. «Whatever Gets You Thru the Night» wurde tatsächlich ein Riesenhit. Johns erste Solo-Single, die in den Charts die Nr. 1 erreichte.

Mir ist durchaus klar, dass May eine eigene Version davon hat, wie der Song entstanden ist: Sie meinte, John hätte die titelgebende Redewendung zum ersten Mal bei einem nächtlichen Auftritt eines Fernsehpredigers namens Reverend Ike gehört, der seinen Schäfchen gerne mit Feuer und Schwefel drohte. Das ist durchaus möglich, nehme ich an. Wie ich schon sagte, hatte John eine gewisse Vorliebe für Fernsehprediger. Allerdings glaube ich nicht, dass gerade dieser nach Johns Geschmack war. Reverend Ikes ständige Ermahnung war, dass das Geld neben der Frömmigkeit steht und dass Jesus wolle, dass seine Anhänger reich seien. Ich kann mir nicht vorstellen, dass so etwas bei John einen Nerv getroffen hätte.

Ich jedenfalls habe eine andere Vermutung, wie dieser Song entstanden ist, und die hat mit einer höheren Macht als Reverend Ike zu tun: Frank Sinatra.

John und ich gerieten beim Thema Religion oft aneinander. Er behauptete, ein Ungläubiger zu sein, während ich eher eine spirituelle Verbindung zum Göttlichen hatte. Aber als wir wieder einmal ausgiebig am Telefon über dieses Thema diskutierten – etwa um die Zeit, als John an *Walls and Bridges* arbeitete –, erinnerte ich mich an ein erstaunlich offenherziges Interview mit Sinatra, das im *Playboy* erschienen war. Bei diesem Interview, das in den frühen Sechzigern geführt worden war, fragte der *Playboy* «Old Blue Eyes», ob er religiös sei. Sinatras Antwort hatte mich beeindruckt, deshalb erzählte ich John davon.

«Schon mal gehört, was Frank Sinatra über Religion gesagt hat?», fragte ich John.

«Ich achte nicht sonderlich auf das, was Frank Sinatra sagt», meinte John abschätzig.

«Er sagte, die Leute sollten der Religion nachgehen, mit der sie etwas anfangen können. Sie sollten zu dem Gott beten, der ihnen etwas sagt. Sinatra meinte: ‹Ich bin für alles, was dich durch die Nacht bringt, ob es nun Gebete sind, Beruhigungsmittel oder eine Flasche Jack Daniel's.›»

Ich konnte hören, wie John für sich Sinatras Satz wiederholte. «Das gefällt mir», sagte er schließlich laut. «Ja, das gefällt mir wirklich.»

Was immer John inspiriert hatte, diesen Song zu schreiben, sei es nun Frank oder Reverend Ike oder beide – oder keiner von beiden –, die Tatsache, dass er bald in den Charts auf Platz 1 stand, war ein Wendepunkt. John hatte Paul lange um seinen Erfolg nach den Beatles beneidet, und nicht nur Paul, sondern auch George. (Harrison war der Erste, der einen Solo-Hit hatte: «My Sweet Lord» im Jahr 1970.) Nun aber hatte John mit «Whatever Gets You Thru the Night» der Welt – und wichtiger noch, sich selbst – bewiesen, dass auch er einen Hit schreiben konnte. Das gab ihm den alten Schwung zurück, er gewann neues Selbstvertrauen und den Glauben an die Zukunft.

Aber das hieß natürlich auch, dass er Elton John einen Auftritt bei seinem nächsten Konzert schuldete. Und ebendort, auf der Bühne des Madison Square Garden im November 1974, vor Abertausenden von Fans, begann das Lost Weekend allmählich zu verblassen.

Was genau an jenem Abend hinter der Bühne passierte, liegt auch fünfzig Jahre später noch im Dunkeln. Wir wissen, dass Yoko, die eine Einladung von Eltons Manager erhalten hatte, unter den Zuschauern war. Vermutlich wusste sie auch, dass John einen Überraschungsauftritt haben würde, denn entsprechende Gerüchte kursierten schon Tage vor dem Konzert. Aber sie konnte unmöglich auf das vorbereitet sein, was geschah, nachdem Elton nach ungefähr zwei Dritteln seines Programms John auf die Bühne geholt hatte, für seinen ersten öffentlichen Auftritt seit zwei Jahren. Die Menge begann zu toben. Die Decke der Halle bebte buchstäblich. Als John und Elton gemeinsam «Whatever Gets You Thru the Night» spielten, gefolgt von «Lucy in the Sky with Diamonds» und «I Saw Her Standing There», schien es das Dach der Arena schier aus den Angeln zu heben.

Nach der Show trat Eltons Manager an Yoko heran und sagte, Elton bitte sie, in seine Garderobe zu kommen. Er wolle ihr noch Hallo sagen, bevor sie den Madison Square Garden wieder verließ. Yoko war natürlich einverstanden. Sie wurde backstage zu einer Tür geführt, auf der ein Stern prangte. Sie klopfte, die Tür öffnete sich, und drinnen stand ihr Mann, ganz allein.

Ich kann Ihnen nicht sagen, was geschah, als sich die Garderobentür hinter den beiden schloss. Niemand außer Yoko weiß das, und sie hat mir nie Genaueres erzählt. Ich kann nur sagen, dass sich John und Yoko in den Wochen und Monaten danach öfter trafen und ihre tiefe Verbundenheit erneuerten. Vielleicht folgte John Pauls Rat und warb erneut um seine Frau, mit Blumen und Abendessen und Geschenken, obwohl er immer noch mit May in der Wohnung in der East Side lebte.

In einem der frühen Berichte von May jedenfalls vermutet sie, John sei in Hypnose suggeriert worden, seine Beziehung zu ihr zu beenden. Sie behauptet, Yoko hätte einen Hypnotiseur engagiert, der John helfen sollte, mit dem Rauchen aufzuhören. In Wirklichkeit habe man ihn einer Gehirnwäsche unterzogen, damit er sich von ihr trennte und zu Yoko zurückkehrte. Bis zum heutigen Tag gibt es viele Menschen, die das tatsächlich glauben. Ich aber weiß mit absoluter Sicherheit, dass das nicht stimmt. Denn *ich* war derjenige, der den Hypnotiseur bestellt hat. Yoko hatte nichts damit zu tun.

John hatte sich daran erinnert, dass ich in meiner Radiosendung einmal einen Hypnotiseur vorgestellt hatte – wir hatten am Telefon des Öfteren darüber gesprochen. Er fragte mich, ob ihm das vielleicht helfen könnte, vom Nikotin loszukommen. Ich rief den Hypnotiseur an, buchte für ihn einen Flug nach New York sowie ein Zimmer in einem Midtown-Hotel und vereinbarte den Termin mit John. Die Hypnose aber erwies sich als absoluter Flop. John erzählte mir unmittelbar danach, er sei nie in Hypnose gefallen. Der Hypnotiseur behauptete, das sei er sehr wohl, er könne sich nur nicht daran erinnern. Außerdem stellte sich der Hypnotiseur als echte Diva heraus. Er fand sein Hotel schrecklich – seiner Ansicht nach waren die Leute am Empfang unhöflich. Und so checkte er schon am nächsten Tag aus und flog eiligst zurück nach L.A.

John hörte nicht mit dem Rauchen auf, nicht für eine Minute. Daher ist es kaum vorstellbar, dass der Hypnotiseur ihn stattdessen erfolgreich einer Form von Gehirnwäsche unterzogen hatte – um ihn zum Beispiel dazu zu bringen, seine Partnerin zu verlassen. Aber schon am nächsten Tag machte John mit May Schluss und kehrte ins Dakota zurück. Er setzte seine Ehe mit Yoko fort und beendete – endlich – den langen und einsamen Winter, sein Lost Weekend. Kurz darauf rief er mich in L.A. an, um mir die gute Nachricht mitzuteilen.

Er sagte: «Lass die Medien wissen, dass die Trennung nicht funktioniert hat.»

Teil IV

Double Fantasy

KAPITEL 12

New York, 1976

Neun Monate nachdem John wieder ins Dakota gezogen war, wurde Sean geboren.

Es war eine anstrengende Schwangerschaft. Yoko und John hatten jahrelang versucht, ein Baby zu bekommen, doch selbst mit Hongs lebensverändernden Fruchtbarkeitskräutern und Ratschlägen war es ein Kampf geblieben. Auch die Geburt war eine entsetzliche Quälerei: Yoko brauchte einen Notkaiserschnitt, was bei John einen Wutanfall auslöste, der noch weiter angestachelt wurde, weil die meisten Ärzte im Krankenhaus mehr daran interessiert schienen, ihm einmal die Hand zu schütteln und ein Autogramm zu bekommen, als sich um seine Frau zu kümmern.

Doch jetzt hatten sie also endlich einen Sohn, einen fröhlichen, gesunden, krähenden kleinen Jungen, der ausgerechnet an Johns Geburtstag geboren war, am 9. Oktober.

Die Zahlen waren ganz klar auf ihrer Seite.

Zwei Wochen später flog ich nach New York, um das jüngste Mitglied der Familie Lennon kennenzulernen. Als ich aus dem Aufzug stieg und die Wohnung im Dakota betrat, bot sich mir ein ziemlich bemerkenswerter Anblick: John saß auf dem weißen Sofa im weißen Wohnzimmer und wiegte seinen Sohn in den Armen. Yoko saß neben den beiden und sah friedlicher und zufriedener aus, als ich sie je erlebt hatte.

Ich trat näher, um Sean besser ansehen zu können, aber John hob eine Hand und hielt mich auf.

«Nicht zu nah, Ellie», sagte er. «Wegen der Keime, weißt du.»

Also setzte ich mich auf die weiße Ottomane neben dem weißen Flügel, hielt respektvollen Abstand und betrachtete die Szene einfach. Nach dem Aufruhr der letzten Jahre fühlte es sich an, als hätte die Erdachse endlich wieder ihre richtige Neigung gefunden. Nicht nur, dass John und Yoko wieder zusammen und dort waren, wo sie hingehörten, sie waren durch das glucksende Baby auf ihrem Schoß noch enger verbunden als je zuvor.

«Elliot, man wird dich fragen, ob wir den 9. Oktober mit Absicht für den Geburtstermin ausgesucht haben, weil es auch Johns Geburtstag ist», sagte Yoko und zupfte sanft Seans Decke zurecht. «Aber das ist nicht so. Menschen entscheiden nicht darüber, wann ein Baby bereit ist, geboren zu werden. Das entscheiden die Babys allein. Sie entscheiden, wann ihre Seelen bereit sind, auf die Welt zu kommen, und sie suchen sich auch ihre Eltern aus.» Sie lächelte ihrem neugeborenen Sohn zu. «Sean ist ein sehr tapferer Junge, dass er sich uns ausgesucht hat. Er hätte ja auch irgendwelche anderen Leute nehmen können. Aber er hat uns ausgewählt.»

«Wir haben darüber nachgedacht, dich als Paten zu nehmen», fügte John mit einem Lächeln hinzu. «Aber dann haben wir uns doch für Elton entschieden, der macht die besseren Geschenke.»

Wenig später betrat eine Assistentin das Wohnzimmer und nahm Sean vorsichtig aus den Armen seiner Eltern, um ihn zu füttern oder die Windeln zu wechseln. Vielleicht sollte er auch nur ein Schläfchen machen. Wir zogen uns ins Schlafzimmer zurück. John und Yoko legten sich auf ihr Bett, wie sie es so oft taten, wenn wir zusammen waren. Ich nahm wie üblich im Korbsessel Platz, während John einen Joint anzündete.

«Bei meinem ersten Kind hab ich's vermasselt», sagte er zwischen zwei Zügen. Er meinte seinen schwierigen Start mit Julian, den er buchstäblich seit dessen Geburt vernachlässigt hatte. Als der Junge geboren wurde, hatte John mit den Beatles einen Auftritt im Osten von London gehabt, und wenige Wochen später flog er nach Barcelona, um mit Brian Epstein Urlaub zu machen, während Cynthia mit dem Neugeborenen allein zu Hause blieb. «So ein Arsch war ich», sagte er. «Bin einfach in Urlaub gefahren. Ich war ein unsichtbarer Vater. Aber diesmal werde ich mein Bestes geben. Ich werde jeden wachen Augenblick mit Sean verbringen und an seinem Leben teilnehmen, so gut ich kann.»

Soweit ich es beurteilen kann, tat er das. Er verwandelte sich in den ersten – oder jedenfalls berühmtesten – Hausmann der Welt.

Damals, 1975, waren die Geschlechterrollen noch viel starrer definiert als heute. Die Frauen begannen gerade, Grenzen aufzubrechen und mehr Forderungen zu stellen, die feministische Bewegung drängte auf sexuelle, wirtschaftliche und politische Gleichheit – doch die meisten Männer steckten noch in denselben alten Mustern fest wie ihre Väter und Großväter. Die Vorstellung, dass ein Mann zu Hause blieb und sich um ein Kind kümmerte, während die Mutter ihrem Beruf nachging, schien in jenen Tagen so revolutionär wie eine Welt ohne Staaten, Besitz und Religion. So etwas machte einfach niemand.

Aber John tat es.

Ich weiß, einige Leute hatten den Verdacht, dass Johns Jahre als Hausmann nur ein PR-Gag waren, den Yoko sich ausgedacht hatte, um positive Presse zu bekommen. Aber das stimmt nicht. Ich weiß das, weil sich praktisch jedes Telefongespräch, das ich mit John führte (und das war fast jeden Tag mindestens eines), um seinen Sohn drehte. Er erzählte mir alles: Wie er mit Sean in einem Tragetuch vor seiner Brust im Central Park spazieren ging und die einsameren Wege erkundete, abseits des Great Lawn. Ich hörte endlose Geschichten darüber, wie die beiden zusammen badeten. Über die Video-Bibliothek, die John für Sean zusammenstellte, damit der Junge von der Fernsehwerbung verschont blieb («Naturfilme und so, damit sein Geist frei schweifen kann»). Und über die Regale voller Bücher, die John für Sean gekauft hatte, damit er sie lesen könnte, «wenn er bereit dafür ist».

«Aber John, er ist doch erst ein paar Monate alt», sagte ich und stellte mir die Stapel von Krishnamurti-Bänden vor, die sich in Seans Kinderzimmer türmen würden. «Was für Bücher kaufst du denn?» «Kinderbücher!», erwiderte er. «Was denkst du denn?»

Er und Yoko hatten offenbar reichlich Hilfe bei der Kinderpflege und Nannys, die mit Adleraugen über den Jungen wachten, doch John wich seinem Sohn kaum von der Seite. Das schien eine beruhigende Wirkung auf seine Psyche zu haben. In den Monaten nach Seans Geburt bemerkte ich eine Veränderung seiner Stimme am Telefon; sie klang weicher und sanfter. Er fing sogar an, Brot zu backen, und schickte mir tatsächlich ein Polaroid von einem der ersten Laibe. Es schien, als hätte er etwas in sich entdeckt, wonach er immer gesucht hatte, ohne dass ihm das bewusst gewesen wäre. Im Jargon der Siebziger hätte man wohl gesagt, er hatte «sich selbst gefunden».

Yoko war erleichtert, dass John sich mit solcher Begeisterung in die Elternrolle stürzte. So hatte sie Freiraum, sich auf das Familienunternehmen zu konzentrieren. Das war ein Job, für den sie in einzigartiger Weise qualifiziert war, während John dafür in einzigartiger Weise unqualifiziert war und sich auch nicht interessierte. Nach der bitteren Trennung der Beatles wollte er nie mehr mit einem Anwalt zu tun haben, eine eidesstattliche Erklärung abgeben oder einen Vertrag lesen. Er hatte keine Ahnung von Steuerangelegenheiten, Pfändungsandrohungen, übrig gebliebenen geschäftlichen Angelegenheiten der Beatles oder Geldanlagen. Ich glaube nicht, dass er in seinem ganzen Leben jemals einen Scheck einlöste. Deshalb war er mehr als zufrieden, wenn Yoko sich um all das kümmerte, was sie unermüdlich, mit Geschick und Beharrlichkeit tat.

Wenn ich mit Yoko telefonierte – und auch das tat ich fast täglich –, sprach sie im Gegensatz zu John kaum einmal von Sean. Stattdessen schimpfte sie über Journalisten, erteilte mir Arbeitsaufträge (zum Beispiel Vorstellungsgespräche mit hellseherisch veranlagten Menschen, die sie für ihr Team rekrutieren wollte) und las mir gelegentlich ein Gedicht vor oder sang eine Melodie.

In solchen Fällen sagte sie: «Ich habe an zwei oder drei Songs gearbeitet, möchtest du sie hören?»

Dann sagte ich, dass ich mich freuen würde, und mit leiser Stimme sang sie mir ihre Lieder vor. Sie wirkten süß, poetisch und irgendwie tröstlich, doch sie nahm sie nicht auf, ich hörte sie nie wieder. Sie arbeitete einfach gern an Songs.

1975 war ein Jahr, in dem ich ziemlich viele Geschäftsreisen nach New York unternahm und so auch häufiger persönlich mit John und Yoko – und nachdem er geboren war, auch mit Sean – zusammentraf, als ich das gewohnt war. Meistens war das schön. Nachdem unsere Verbindung durch das Chaos des Lost Weekend bis an den Rand des Zusammenbruchs beansprucht worden war, war sie jetzt inniger denn je. All die Opfer, die ich für diese sehr ungewöhnliche und anspruchsvolle Freundschaft gebracht hatte – und dass ich mein Leben dem Rhythmus des blinkenden roten Lichts an der Decke meines Schlafzimmers unterordnete –, all das zahlte sich jetzt endlich aus. Ein neues Gefühl der Gegenseitigkeit war entstanden. Ich fühlte mich bei John und Yoko so wohl wie nie zuvor.

Doch wenn ich ganz ehrlich sein soll, gab es ein oder zwei Momente, die mich an den Rand des Wahnsinns trieben. Einmal kam ich nach New York, um Salvador Dalí zu interviewen, den gefeierten spanischen Künstler und Vater des Surrealismus, dessen Gemälde mit den schmelzenden, über Ästen hängenden Uhren weltberühmt sind. Bei einem makrobiotischen Abendessen im Dakota erwähnte ich die Verabredung mit Dalí, die am nächsten Tag stattfinden sollte. Ein großer Fehler. Die beiden hatten ihn Jahre zuvor kennengelernt und luden sich nun selbst ein, mich zu diesem Interview zu begleiten. Es gefiel mir gar nicht, sie mitzunehmen, doch ich konnte mich auf keinen Fall weigern. Und so ließ ich am nächsten Morgen mein Taxi einen Abstecher zum Dakota machen, bevor wir zu Dalís großartiger Suite im Hotel The Pierre fuhren.

Dalí, damals um die siebzig Jahre alt, war der geborene Showstar.

Er kleidete sich exzentrisch, normalerweise in kühnen Nadelstreifen-Zweireihern, oft ergänzt durch ein Plastron mit Rüschen und einen Gehstock mit silbernem Knauf. Er sprach extravagant und mit einem merkwürdig singenden Akzent, der wie gemacht dafür schien, Aufnahmegeräte zu verwirren. Selbst seine Gesichtsbehaarung war dramatisch; er trug einen langen, gewachsten Schnurrbart, der fast so surreal anmutete wie die Kunstwerke seines Trägers. Ich freute mich schon seit Wochen darauf, mit ihm zu sprechen, und wollte unbedingt etwas darüber erfahren, ob seine ausschweifende Fantasie durch Experimente mit psychedelischen Drogen angeheizt worden war.

Doch leider endete das Interview in einer Katastrophe, nicht zuletzt dank Johns und Yokos ständigen Unterbrechungen. Die beiden schienen sich überhaupt nicht darum zu kümmern, dass ich das Gespräch mit Dalí für eine Radiosendung aufnehmen wollte. Sobald er über etwas Interessantes sprach, platzte John oder Yoko – oder beide – mit einem Kommentar oder Witz heraus, der die Aufnahme ruinierte. Als ich in mein Hotelzimmer im Plaza zurückkam, war ich total deprimiert. Es war das schlimmste Interview, das ich je geführt hatte. Und das hier war mein Job! Man stelle sich umgekehrt vor, ich wäre in ein Aufnahmestudio hineingeplatzt, während John und Yoko sangen, und hätte eine Hupe gedrückt! Als ich mir die Aufnahme anhörte, wurde der Kloß in meinem Hals immer dicker. Das Interview war praktisch unbrauchbar.

Ich wünschte, ich könnte behaupten, dies sei das letzte Mal gewesen, dass ich mir von den Lennons ein Interview ruinieren ließ. Doch es dauerte nicht lange, dann passierte es schon wieder. Diesmal bestanden sie darauf, mich zu einem Treffen mit Baba Ram Dass zu begleiten, dem berühmten Psychologen, Harvard-Professor und psychedelischen Reisenden, der daran mitgewirkt hatte, die fernöstliche Philosophie im Westen salonfähig zu machen. Diesmal fing Yoko an, Ram Dass zu beleidigen, als wir in seiner kleinen Wohnung beieinandersaßen, indem sie am Ende seiner Überlegungen erklärte, er klänge «ein bisschen heuchlerisch». Wieder stürzte ich in eine tiefe Depression. Zum Glück rief mich Ram Dass – der später ein enger Freund wurde – am Tag darauf an und lud mich ein, das Interview noch einmal aufzunehmen. Diesmal sagte ich John und Yoko nichts von der Verabredung.

Irgendwann um diese Zeit tauchte meine alte Freundin Louise wieder auf, wenn auch nur für eine Woche. Sie hatte eine Europareise unternommen und machte auf dem Rückweg nach Kalifornien einen Stopp in New York. Also bot ich ihr an, bei mir im Plaza zu wohnen. Es war ein schönes romantisches Intermezzo, und John und Yoko gaben sich auch diesmal (wenn auch halbherzig) Mühe, sie in unsere kleine Herde aufzunehmen. Zu viert gingen wir im Central Park spazieren, aßen im Russian Tea Room und besuchten die Wiedereröffnung des Copacabana. Doch wie schon in Sausalito hatte die Bereitschaft der beiden, eine Fremde in unserer Dreisamkeit zu dulden, ihre Grenzen. Sie entschieden, wer mit uns zusammen unterwegs sein durfte, nicht ich. Als die Woche vorüber war und Louise nach Mill Valley weiterzog, spürte ich deutlich, wie die beiden sich wieder entspannten. Und letztlich ging es mir genauso, denn ich wusste ja ohnehin, dass Louise und ich nicht füreinander bestimmt waren. Eine Beziehung mit ihr war nichts anderes als ein Traum. Und diesen Traum hatte ich gegen eine ganz andere Fantasie eingetauscht, die inzwischen meine Wirklichkeit war.

Irgendwie hatte ich das Gefühl, mit John und Yoko verheiratet zu sein.

Dann erreichte mich an einem Donnerstagabend im Februar 1976, als ich gerade mit einem Freund in West Hollywood zu Abend aß, eine Nachricht, die mein sorgfältig kuratiertes Leben in tausend albtraumhafte Stücke zerbrach. Der Kellner brachte mir ein Telefon an den Tisch, und die Stimme am anderen Ende teilte mir mit, dass Sal Mineo ermordet worden war.

Lassen Sie uns die Zeit ein bisschen zurückdrehen, um ein paar Worte über Sal zu sagen. Ich lernte ihn 1962 kennen, als ich ein junger Student am City College war und er ganz oben in der Nahrungskette Hollywoods stand. Er war ein Kinderstar gewesen, hatte als einer der jungen Darsteller in der Broadway-Produktion von *The King and I* mitgespielt, war aber schon mit sechzehn Jahren die Leiter zum Filmstar hinaufgeklettert. An der Seite von James Dean hatte er 1955 in ... *denn sie wissen nicht, was sie tun* eine Oscarnominierung eingeheimst. Von da an ging es weiter mit Rollen in *Giganten* (1956), *Dino, der Bandit* (1957), *Sie nannten ihn Komantsche* (1958), *Jazz-Ekstase* (1959), *Exodus* (1960) und im Jahr 1962 mit *Der längste Tag* und *Flucht aus Zahrain*. Mit gerade einmal 21 Jahren verdiente Sal mehr als 200 000 Dollar pro Film, was damals eine enorme Summe war.

Und da er eben erst 21 Jahre alt war, gab er das meiste davon aus.

Eine Weile wohnte er in einer Junggesellen-WG in den Hollywood Hills, wo er sein Motorrad im Wohnzimmer parkte. Später kaufte er sich einen gebrauchten Bentley und zog in ein Strandhaus in Santa Monica, nicht weit von dem, das einst Peter Lawford gehört hatte. Die Partys, die Sal dort in den Sechzigern veranstaltete, waren riesige Gelage, neben denen selbst Lawfords Partys wie Grillfeste anmuteten. Endlose Kaviar-Büffets und Champagner bis zum Abwinken – Sal gab einen ordentlichen Teil seiner Gagen allein für diese beiden Dinge aus –, manchmal spielten auch Live-Bands. Einige der berühmtesten Künstlerinnen und Künstler aus Schauspiel und Musik waren Stammgäste auf diesen Partys. Ich erinnere mich, eng gedrängt mit Jane Fonda, Lee Remick, Roddy McDowall, Eva Marie Saint und Dutzenden weiteren Stars zusammengestanden zu haben. Bei einer Party stellte mich Sal einem Jungen vor, der ein paar Stücke für die erlesene Gesellschaft gesungen hatte, woraufhin sich alle in ihn verliebten. Sal erzählte mir, dass er den Jungen managte und ihm einen Auftritt in einer Musikshow namens *Shindig!* verschafft hatte. Der Junge hieß Bobby Sherman und war eine Weile sehr erfolgreich.

Auch bei Sal habe ich keine Ahnung, warum er mich mochte, doch es war so. Wie schon gesagt, es scheint mein Schicksal zu sein, mit berühmten, bewunderten Leuten befreundet zu sein. Jedenfalls wurden wir gute Kumpel, nachdem wir uns in dem Nachtclub am Sunset Strip getroffen hatten, wo ich für mein Collegeradio einen Show-Hypnotiseur interviewen wollte. Sal ließ mich bei sich wohnen, wenn ich mal wieder auf Arbeitssuche war, zeigte echtes Interesse an meiner jungen Karriere und gab sich Mühe, mich an seinem Leben teilhaben zu lassen. Während der Dreharbeiten zu dem monumentalen Bibelfilm *Die größte Geschichte aller Zeiten* (1965), wo er den Uriah spielte, einen Soldaten in der Armee König Davids, lud er mich an den Drehort in Moab in der Wüste von Utah ein, sodass ich ihm ein paar Tage bei dieser irren Produktion zuschauen konnte. Es war eine Geste reiner Freundschaft und Herzlichkeit, er wollte mich einfach nur glücklich machen.

Wir standen uns zwar nahe, doch ich hatte keine Ahnung, dass Sal bisexuell war. Damals war er mit der britischen Schauspielerin Jill Haworth zusammen, die er bei den Dreharbeiten zu *Exodus* kennengelernt hatte, und die beiden machten auf mich einen sehr verliebten Eindruck. Sie erschienen 1960 sogar zusammen auf dem Cover der Zeitschrift *Life* und sahen aus wie der Inbegriff eines glücklichen Hollywood-Pärchens. Wie auch immer die Geheimnisse ausgesehen haben mögen, mit denen Sal leben musste – und in jenen Tagen konnten derartige Geheimnisse eine Karriere zerstören: Mir gegenüber hat er nie irgendwelche Details erwähnt. Rückblickend könnte ich mir vorstellen, dass seine Vorliebe für lederne Motorradkleidung ein Hinweis war. Doch ich war wohl auch einfach naiv und dachte, es handele sich um die Nachwirkungen seines ersten großen Erfolgs in *... denn sie wissen nicht, was sie tun*.

Sal drehte in den Sechzigerjahren einige großartige Filme; *Who Killed Teddy Bear* (1965) gehörte zu meinen Favoriten. Doch als das Jahrzehnt zu Ende ging und er über dreißig war, wurden die Rollen spärlicher, und so wurde auch das Geld knapp. Da er fast nichts gespart hatte, tauschte er den Bentley gegen einen Chevrolet Chevelle ein und musste schließlich in ein trostloses Apartment in West Hollywood ziehen, am Hollywood Drive, gleich unterhalb des Sunset Strip. Er hielt sich mit Gastrollen im Fernsehen über Wasser, spielte in Serien wie *Hawaii Five-O*, *Meine drei Söhne* und *Columbo* mit. Seine letzte große Filmrolle war 1971 als Dr. Milo, der sprechende Schimpanse in *Flucht vom Planet der Affen*. Eine Weile konnte er noch von den Überresten seiner Erfolge leben, doch dann war es auch damit vorbei. Ich erinnere mich, dass ich 1974 oder 75 mit ihm in einem Bistro unweit des Sunset Plaza Drive zu Abend aß, einem Stammlokal vieler Schauspieler und Schauspielerinnen. Als der Kellner die Rechnung brachte, wollte er sie anschreiben lassen, doch der Kellner wies das höflich zurück, bat ihn um seine Kreditkarte und merkte an, dass Sal bereits erhebliche Schulden in diesem Lokal angesammelt hätte.

Sal reagierte empört. «Wissen Sie eigentlich, wie viele Leute ich in dieses Lokal gebracht habe?», schnauzte er und feuerte seine Serviette auf den Tisch. «Das ist beleidigend! Wie können Sie es wagen!»

Das war wohl so ungefähr das letzte Mal gewesen, dass ich ihn lebend sah. Und jetzt war es Februar 1976, ich saß in einem anderen Restaurant in West Hollywood und versuchte zu begreifen, was ich soeben zwischen zwei Gängen erfahren hatte: Sal war tot. Und nicht nur tot, sondern ermordet. Erstochen als Zufallsopfer eines brutalen, sinnlosen Raubmordes.

Wenig später verließ ich das Restaurant und fuhr zu Sals Apartment, wo der Mord passiert war. Später erfuhr ich, dass er von einer Theaterprobe nach Hause gekommen war und seinen Chevelle auf dem Parkplatz abgestellt hatte, als der Angreifer aus dem Gebüsch sprang, ihm einen Messerstich ins Herz versetzte und mit seiner Geldbörse verschwand. Die Beute betrug gerade einmal elf Dollar. Überall in der Umgebung von Sals Wohnung standen Polizeiwagen; ihre blinkenden Lichter warfen grausige farbige Lichtstreifen auf die

Palmen, die die Straße säumten. Etwa hundert Meter weiter lag die Leiche meines Freundes in der Einfahrt zum Parkplatz, zugedeckt mit einer Art gelber Plane.

Ich weiß nicht mehr, wie lange ich dort stand und die Szenerie betrachtete. Es können Minuten gewesen sein, vielleicht auch länger, doch irgendwann fuhr ich wohl zurück nach Laurel Canyon. Der Ansagedienst meines Telefons hatte Dutzende von Anrufen aufgezeichnet: von Freunden und Reportern, die von dem Mord erfahren hatten, doch auch ein paar von einem Mordermittler, der mit mir sprechen wollte. Nachdem ich ihn zurückgerufen hatte, tauchten Minuten später ein paar Polizisten bei mir auf und befragten mich sehr lange. Sie wollten mehr über Sals Privatleben wissen, über unsere Freundschaft, was ich an dem Abend gemacht hatte. Allmählich dämmerte mir, dass ich in diesem frühen Stadium der Ermittlungen, die sich letztlich zwei Jahre hinziehen sollten, als «person of interest» galt, wie man heute sagen würde. Ich nahm das nicht persönlich, die Polizei musste im Grunde genommen ja jeden verdächtigen, der Sal gekannt hatte. Am nächsten Tag fuhr ich zum Polizeirevier und absolvierte einen Test mit dem Lügendetektor, um meine Unschuld zu beweisen.

Am Ende wurde ein junger Kerl inhaftiert und verurteilt, ein Bandenmitglied, das schon einiges auf dem Kerbholz hatte.

Auf Bitten von Sals Bruder sorgte ich dafür, dass Sals Leichnam nach Mamaroneck im Bundesstaat New York geflogen wurde, um am Wohnort von Sals Familie beerdigt zu werden. Natürlich begleitete ich die sterblichen Überreste meines Freundes auf diesem Flug, doch ich war nicht allein. Sal war auch eng mit David Cassidy befreundet gewesen, die beiden hatten die Gemeinsamkeit, Teenie-Idole gewesen zu sein, und David bot sich an, mir bei dieser schaurigen Aufgabe zur Seite zu stehen. Es war, um es vorsichtig auszudrücken, eine schwierige Reise, die durch Davids Art, mit seiner eigenen Trauer zurechtzukommen, nur noch schlimmer wurde. Am Anfang erzählten wir uns Geschichten über Sal, was eine gewisse kathartische Wirkung hatte und uns durchaus half. Doch im Verlauf des Fluges trank David zu viel und verschwand immer wieder auf der Toilette. Wenn er zurückkam, war er voller rastloser, durch Kokain angeheizter Energie.

Und so schrecklich die Reise war, in New York wurde alles noch viel schlimmer.

Die Beerdigung, an der David nicht teilnahm, weil er fürchtete, seine Anwesenheit würde einen Medienauflauf verursachen, war mehr als grausam. Letztlich sind das wohl alle Beerdigungen, doch ich hatte bis dahin noch nie echte Trauer erlebt. Am nächsten kam ich dem – und das ist nun wirklich nicht im Entferntesten vergleichbar –, als mein Hund Shane unheilbar krank wurde und ich ihn einschläfern lassen musste. Wie gesagt, ein solcher Vergleich ist eigentlich nicht zulässig, denn ein Hund ist nun mal kein Mensch, doch an diesem Punkt in meinem Leben hatte ich keine andere Vergleichsmöglichkeit. Sals Tod jedenfalls rief eine ganz andere Dimension von Leid hervor.

Als der Gottesdienst endlich zu Ende war und Sal in Mamaroneck zur letzten Ruhe gebettet worden war, fuhr ich mit einem Chauffeurservice zurück in die Stadt und checkte im Plaza ein in der Hoffnung, endlich ein wenig zur Ruhe zu kommen. Doch schon als er mir den Zimmerschlüssel gab, überreichte mir der Angestellte an der Rezeption einen Stapel rosafarbener Telefonnachrichten. Ein Großteil stammte von John und Yoko, die mich baten, sofort ins Dakota zu kommen.

Ich beschloss, dass John und Yoko warten müssten, und begab mich zum Aufzug. Kaum hatte ich meine Zimmertür aufgeschlossen, als das Telefon auch schon läutete.

«Ellie, Mother und ich möchten dich sehen», sagte John.

«John, ich bin ausgebrannt und total erschöpft. Können wir das auf morgen verschieben?»

«Mother und ich würden dich wirklich gern jetzt gleich sehen», erwiderte er.

Ich war zu müde, um lange zu diskutieren, also legte ich auf, kehrte, ohne auch nur meine schwarzen Sachen ausgezogen zu haben, in die Hotellobby zurück und nahm das nächste Taxi. Wenige Minuten später stand ich im siebten Stock des Dakota vor der Wohnung der beiden. Bevor ich eintrat, bemerkte ich noch, dass an dem Türknauf aus Messing jetzt etwas hing: ein kleines Band aus tibetischen Glöckchen und Perlen, ein mystisches Totem, das magische, schützende Kräfte besitzen sollte. Das hatten sie wohl aufgehängt, nachdem Sean in der Familie Einzug gehalten hatte. Die Glöckchen klingelten zart, als ich die Tür öffnete.

John umarmte mich fest, sobald er mich sah, und führte mich dann in die Küche, wo Yoko wartete. Auch sie umarmte mich – es war eine der wenigen Gelegenheiten, bei denen sie eine körperliche Umarmung zuließ. Wir saßen an ihrem Esstisch, wo zu meiner Überraschung eine Flasche Chardonnay stand, die zusammen mit einem einzelnen Glas auf mich zu warten schien. Aus offensichtlichen Gründen duldete Yoko in der Wohnung normalerweise keinen Alkohol. Nicht zum ersten Mal an diesem Tag brach ich in Tränen aus.

Wir redeten stundenlang, bis weit in die Nacht hinein. Ich war erschöpft und emotional ausgelaugt, doch im Laufe der Zeit passierte etwas Seltsames: Auf wundersame Weise fühlte ich mich besser. Natürlich trauerte ich noch und war zutiefst erschüttert, doch ich konnte spüren, wie die Verzweiflung langsam nachließ. Ich war dort, wo ich sein sollte, bei den Menschen, die ich brauchte. Ich hörte die Stimmen, die ich brauchte. Ich war bei meiner Familie.

«Sag mir, wie du dich fühlst», bat Yoko leise.

«Total leer», antwortete ich.

«Manchmal fühlen wir uns im Stich gelassen, wenn jemand stirbt, den wir lieben. Ist es so etwas?», fragte sie.

«Ja, ich glaube, das fasst es ganz gut zusammen.»

«Aber du bist nicht allein, Elliot. Du bist hier. Bei Menschen, die dich lieben.»

John lächelte dazu. Doch er schien auch neugierig zu sein und konnte dem Drang nicht widerstehen, mir Fragen zu dem Mord an Sal zu stellen.

«Kannte Sal diesen Mann, Ellie?»

«Die Polizei weiß es noch nicht genau, aber es scheint, als wäre es ein zufälliger Überfall gewesen», sagte ich. «Anscheinend kannte Sal den Mann nicht.»

«Es kann jedem passieren», bemerkte John.

«Fürchtest du manchmal, es könnte dir passieren?», fragte ich.

«Wenn es jedem passieren kann, warum soll ich mir dann darüber Sorgen machen, dass es mir passieren könnte? Das wäre doch Zeitverschwendung.»

«Aber ihr habt nie Leibwächter oder Securityleute in eurer Nähe. Ich frage mich das schon, solange wir uns kennen. Warum schützt ihr euch nicht?»

«Mein Leben lang habe ich irgendwelche Typen um mich herum gehabt, die mich beschützen sollten. Wenn wir auf Tour gingen, waren Hunderte Polizisten um uns herum. Doch wenn es dich erwischen soll, dann erwischt es dich. Es könnte uns selbst in Disneyland erwischen. Denk an all die Leute, die Kennedy um sich hatte. Ich brauche keine Leibwächter, ich will das nicht. Ich bin doch nur ein Rock'n'Roll-Sänger.»

«Aber, John», drängte ich weiter, «glaubst du nicht, dass du mit ein paar Leuten um dich rum – oder wenigstens mit einem – ein bisschen sicherer wärst?»

«Nein», erwiderte er. «Schon der Gedanke schreckt mich ab.»

Er hielt einen Moment inne, dann fuhr er fort: «Ich habe nie Angst vor dem Tod gehabt. Für mich ist das so, als wenn man von einem Auto ins andere steigt.»

Yoko nickte zustimmend. «Wenn das Schicksal es so bestimmt,

kann man es nicht verhindern», sagte sie. «Wir haben mal eine Sitzung mit einer der besten Handleserinnen in Griechenland gemacht, und sie hat gesagt, John wird auf einer Insel ermordet werden. Sollen wir jetzt alle Inseln meiden? Nie wieder irgendwohin reisen? Wenn es geschehen soll, dann geschieht es.» Ich sah ein, dass ich ihre Haltung nicht würde ändern können.

So tröstlich das Zusammensein mit John und Yoko war, allmählich überwältigte mich die Erschöpfung. Ich brauchte dringend etwas Schlaf. Als die Sonne über der Insel Manhattan aufging, schenkte mir Yoko eine weitere halbe Umarmung, und John brachte mich zur Tür. Als er sie öffnete, um mich hinauszulassen, hörten wir die kleinen tibetischen Glöckchen klingeln.

«Schau», sagte John und deutete auf die magischen Totems am Türknauf. «Mehr Schutz als das hier brauchen wir nicht.»

KAPITEL 13

Japan, 1977

An einem brütend heißen Nachmittag im Sommer 1977 kreuzte ein Motorradkurier vor meinem Haus in Laurel Canyon auf. Ich erwartete keine Sendung, darum war ich ein bisschen verwirrt, als er mir einen großen braunen Umschlag überreichte. Darin befand sich ein First-Class-Flugticket nach Tokio und eine Nachricht in Johns unverwechselbarer Handschrift.

«Wir vermissen dich», stand da. «Komm zu uns.»

John und Yoko waren gemeinsam mit ihrem mittlerweile zwei Jahre alten Sohn Sean vor ein paar Monaten für einen langen Aufenthalt in Yokos Heimat Japan abgereist. Yokos Familie besaß Grundstücke in der Kleinstadt Karuizawa, außerhalb Tokios, und die Lennons hatten sich in dem wunderschönen alten Mampei Hotel niedergelassen. Obwohl unsere täglichen Telefonate aufgehört hatten, seit sie fort waren – das rote Licht an meiner Schlafzimmerdecke blinkte seit Wochen nicht –, erhielt ich über einhundert Briefe und Postkarten von ihren Reisen mit Johns unnachahmlichen Kritzelzeichnungen und schrägen, geistreichen Wortspielen. Nach Jahren beinah täglicher Telefongespräche waren die Briefe und Postkarten eine angenehme und lustige Art, mich meinen lieben Freunden verbunden zu fühlen, und jeder einzelne Brief, jede Postkarte freute mich.

Trotzdem vermisste ich die beiden, und wie es der Zufall so wollte, hätte die Einladung zu keinem günstigeren Zeitpunkt eintreffen können. Seit mehr als zehn Jahren arbeitete ich beim Radio – ich hatte Hunderte Stunden Sendung hinter mir – und fühlte mich ausgebrannt vom endlosen, stressigen Kreislauf der Suche nach angesagten Künstlern und dem anschließenden Versuch, diese Künstler in spannende Live-Gespräche zu verwickeln. Ich war bereit für eine

Veränderung, dachte über einen Berufswechsel nach – die schöne neue Welt des Media Consulting klang vielversprechend – und hatte wenige Wochen zuvor eine Pause von meinem regulären Sendeprogramm genommen. Seit ich damals für den Roadtrip nach San Francisco in den Dragon Wagon gesprungen war, fanden sich in meinem Kalender nun zum ersten Mal wieder eine Reihe freier Tage. Warum nicht ein paar davon in Japan verbringen?

Also packte ich eine Woche später meine Sachen und bereitete mich auf meinen allerersten Transpazifikflug am nächsten Morgen vor. Als ich meine Lieblings-Hawaiihemden in den Koffer legte, schaltete ich zur Ablenkung den Fernseher ein. Genau in dem Moment kam eine Nachricht, die mich beim Packen schlagartig innehalten ließ.

Elvis Presley war gestorben.

Natürlich erschütterte mich das nicht so sehr wie Sals Tod ein Jahr zuvor. Elvis hatte ich nicht mal kennengelernt. Dennoch war er ein bedeutender Bestandteil meiner kulturellen Entwicklung, viel wichtiger sogar als die Beatles. Für mich und zahllose andere Teenager meiner Generation repräsentierte Presley Freiheit und Rebellion. Noch nie hatten wir jemanden gesehen, der so aussah wie er, so sang wie er und sich vor allem so bewegte wie er. Er war der James Dean der Rockmusik: aufmüpfig, authentisch und gefährlich.

Ich wusste, dass Elvis auch für John eine äußerst einflussreiche Persönlichkeit war. Ohne Presley hätte John möglicherweise niemals eine Gitarre in die Hand genommen, und es hätte die Beatles überhaupt nicht gegeben. «Vor Elvis», sagte John bekanntermaßen einmal, und fasste damit Presleys Bedeutung für den Rock'n' Roll korrekt zusammen, «war da nichts.»

Telefonate quer über den Pazifik waren damals nicht gerade alltäglich, aber ich wollte John die Nachricht selbst überbringen. Ich ging davon aus, dass er bestürzt sein würde und vielleicht darüber reden wollte. Ich würde für ihn da sein, wenn auch nur am Telefon, um den Beistand zu erwidern, den er und Yoko mir nach Sals Beerdigung entgegengebracht hatten. Also rief ich in Karuizawa an.

«Ich hab gerade an dich gedacht!», meldete sich John und klang aufgekratzt. Ganz klar, die Nachricht von Elvis' Tod hatte ihn noch nicht erreicht.

«Hör mal, John, es gibt schlechte Neuigkeiten.»

«Um was geht's denn?», fragte er, sein Tonfall plötzlich ernst.

«Gerade wurde gemeldet, dass Elvis gestorben ist.»

«Was ist passiert? Wie gestorben?»

«Es heißt, er hatte einen schweren Herzinfarkt.»

John schwieg lange. Dann tat er etwas, das ich nie vergessen werde und das mich ein bisschen verwunderte. Er reagierte respektlos.

«Elvis ist gestorben, als er zur Army ging», sagte er.

Eine weitere Pause, die Leitung gut zehn Sekunden nur von transpazifischem Rauschen erfüllt. «Der Unterschied zwischen den Beatles und Elvis ist, dass Elvis tot ist und sein Manager noch lebt», sagte er schließlich. «Aber bei den Beatles ist der Manager tot, und wir leben noch. Aber ich wollte auch nie der Typ sein, der mit vierzig in einem Jumpsuit seine Goldhits in Las Vegas singt.»

Ich wusste nicht, was ich darauf entgegnen sollte, also sagte ich nichts.

«Schick bitte zwei weiße Gardenien für sein Grab», fuhr John dann fort und wegen meines Schweigens nun ein wenig sanfter. «Mit einer Karte und ‹Rest in Peace, John and Yoko› drauf.»

«Okay.»

«Also, man sieht sich?»

«Ja», sagte ich, ein wenig aufgewühlt. «Wir sehen uns in Japan.»

Ich erinnere mich, in dem Augenblick gedacht zu haben, dass mich vielleicht eines Tages, Jahre später, ein Journalist fragen würde, was John Lennon gesagt hatte, als ich ihm erzählte, dass Elvis gestorben war. Und ich wusste damals schon, wie sehr ich mich dann dagegen sträuben würde, diese Frage wahrheitsgemäß zu beantworten.

In meinem Schock über Elvis' Tod und meinem hektischen Bedürfnis, John trösten zu wollen, hatte ich vergessen, wie kompliziert seine Gefühle gegenüber Presley waren. Irgendwann war Johns jugendliche Bewunderung für Elvis in Enttäuschung umgeschlagen – und ich wusste genau, wann das gewesen war. Mitte der Sechziger, auf dem Höhepunkt der Beatlemania, lernten John und seine Bandkollegen Elvis in dessen Haus in Bel Air kennen. Das Treffen verlief nicht gut. John fragte Presley ständig, warum er all diese «fürchterlichen Filme» gedreht hatte – *Viva Las Vegas* war gerade erschienen –, was Elvis natürlich auf die Nerven ging. Sofort konnte er John nicht leiden. Später, als John immer politischer wurde und sich gegen den Vietnamkrieg aussprach, was Nixons Zorn heraufbeschwor und die anschließende Androhung der Ausweisung aus den USA nach sich zog, betrachtete John sein altes Idol mehr und mehr mit der gleichen Verachtung wie Nixon. Schließlich war Presley ein großer Nixon-Anhänger gewesen und hatte im Weißen Haus sogar den Federal Narcotics Badge ehrenhalber verliehen bekommen.

Am nächsten Morgen machte ich mich für den elfstündigen Flug nach Tokio bereit. Ich war noch nie in Asien gewesen und freute mich auf das bevorstehende Abenteuer, war aber auch etwas nervös. Karuizawa war nicht gerade ein beliebtes Touristenziel und die Anreise entsprechend kompliziert. John und Yoko hatten mir sehr genaue Anweisungen gegeben, was ich nach der Landung zu tun hatte: Ein Mann würde mich am Flughafen abholen und zu einem Bahnhof bringen, wo ich in einen Zug steigen und an der elften Haltestelle aussteigen sollte, dort würde mich ein weiterer Mann mit weiteren Instruktionen erwarten. Das alles erinnerte mich an unsere erste Begegnung, an die wilde Schnitzeljagd in Ojai. Doch diesmal machte ich mir aus gutem Grund Sorgen, mich in einem Land zu verirren, in dem ich kein einziges Wort der Landessprache beherrschte.

Und natürlich: Nach der Landung konnte ich den Mann nicht finden, der mich am Flughafen abholen sollte – zumindest anfangs nicht. Ich lief im Ankunftsterminal auf und ab, da entdeckte ich schließlich einen Japaner in Jackett und Krawatte, der augenscheinlich auf jemanden zu warten schien, vermutlich auf mich. Glücklicherweise stellte sich heraus, dass er tatsächlich meine erste Verbindung nach Karuizawa war. Er sprach kein Englisch, aber nach allerlei Handzeichen landeten wir an einem Bahnhof, wo er mich in einen Zug setzte – ich betete, dass es der richtige war.

Den Anweisungen folgend, stieg ich an der elften Haltestelle aus. Es war etwa drei Uhr morgens Ortszeit, und die Bahnstation war völlig verwaist, bis auf einen älteren Mann mit einem langen grauen Bart, der neben zwei ramponierten Fahrrädern wartete. Ich lächelte ihn an und fragte: «John Lennon?» Er lächelte zurück und verbeugte sich. Ich versuchte es noch mal: «Yoko Ono?» Diesmal erhellte sich sein Gesicht. Ich hatte offensichtlich den richtigen Mann erwischt. Auch er sprach kein Englisch, aber irgendwie schaffte er es, mir zu vermitteln, dass wir mit dem Fahrrad zum Mampei Hotel fahren sollten. Mein Gepäck würde später hinterherkommen. Offenbar waren in der Gegend Fahrräder das vorherrschende Transportmittel.

Was dann folgte, war eine Marathonfahrt, mindestens neun, zehn Kilometer. Ein paarmal war ich mir ziemlich sicher, gleich einen Herzinfarkt zu erleiden. Und dann fing es natürlich auch noch an zu regnen. Aber schließlich, nach etwa vierzig Minuten, entdeckte ich in der Ferne Parkanlagen. Als wir näher strampelten, erkannte ich das Mampei Hotel, ein charmantes altes Gästehaus, 1902 eröffnet – als Japan begann, den westlichen Tourismus zu kultivieren –, das ein bisschen aussah wie ein alpiner Gasthof, den man von einem Schweizer Berghang dorthin verpflanzt hatte. Als wir vor den stattlichen Eingang des Hotels rollten, ließ mich der berauschende Duft der Kirschblüten fast vom Rad abheben.

Ich drehte mich um, um dem alten Mann ein Trinkgeld zu geben, aber er war bereits verschwunden. Stattdessen stand ich nun neben einer hübschen jungen Japanerin, die mich schweigend durch eine

Shoji-Tür ins Hotelinnere führte, wo ich nach ein, zwei Minuten üblichem Anmelde-Papierkram zu den Mineralbädern des Hotels begleitet wurde. Nach dem Flug von L. A., den Zugfahrten und der Fahrradtour war in dieses magische Wasser einzutauchen eine der entspannendsten Erfahrungen meines Lebens. Danach wurde ich in einen Kimono gehüllt und in mein Zimmer geführt, dort stand eine große Schale voll mit frischem Obst, und der Raum war mit exotischen Blumen geschmückt. Außerdem war da eine Nachricht von John und Yoko.

«Wir sind jetzt alle zusammen, wie eine Familie», stand auf dem Zettel. «Wir sehen uns morgen früh.»

Meine Schlaflosigkeit, zeitlebens meine treue Begleitung, war der fast 9000 Kilometer langen Reise von Los Angeles nach Karuizawa nicht gewachsen, und kaum hatte mein Kopf die Tatami-Matte berührt, schlief ich auch schon. Ich träume nicht oft, oder zumindest erinnere ich mich nicht häufig daran, doch in dieser Nacht träumte ich davon, mit John und Yoko in einem kleinen Boot zu sitzen – eigentlich eher auf einem Floß. Wir trieben auf einem See, der so still und ruhig lag wie die Mineralbäder des Mampei, und gelegentlich griff Yoko nach unten und zog einen Fisch aus dem Wasser, sprach mit ihm auf Japanisch und ließ ihn dann wieder frei. Daraufhin tauchte John zum Schwimmen ins Wasser ein und verschwand unter dem Floß. Als er nicht wieder auftauchte, geriet ich in Panik – ich konnte nicht schwimmen, also konnte ich ihn nicht retten. Aber Yoko berührte sanft meinen Arm und sagte: «Ist okay, Elliot, John kommt zurück, wenn er dazu bereit ist.»

Keine Ahnung, was mir dieser Traum sagen wollte, und ob überhaupt etwas, aber als ich am nächsten Tag durch ein Klopfen an meiner Zimmertür aus dem Schlaf schreckte, war ich extrem erleichtert, John und Yoko gesund und munter vor mir zu sehen. Ihn in einem wunderschönen klassischen Kimono, sie in einem weißen Seidengewand. Die beiden hatten tatsächlich nie gesünder ausgesehen. In den zwei Monaten, die sie in Japan waren, hatten sie ihren Lebensstil radikal geändert – vor allem John, der in New York Schokokuchen für ein Grundnahrungsmittel hielt. Hier aßen sie frisches Obst und Gemüse und viel frischen Fisch, fuhren überall mit dem Fahrrad hin und waren schlanker und fitter denn je. Beide hatten glänzendes langes Haar – irgendetwas an dem Zauberwasser dort verlieh ihren Mähnen einen fast surrealen Schimmer – und die Haut schien beinah zu leuchten. Die beiden wirkten auf mich wie eine Vision, fast so, als würde ich immer noch träumen.

Wir umarmten uns zur Begrüßung – bei Yoko war es eher ein Schulterklopfen –, dann nahmen sie mich auf einen Spaziergang entlang einer nahe gelegenen Straße mit, wo wir Sushi zu Mittag aßen. Anzumerken ist, dass Sushi in Karuizawa nicht das Gleiche ist wie Sushi in Los Angeles. Die Fische in dieser Stadt wurden aus einem achthundert Jahre alten Bach geangelt, der neben dem Restaurant floss, und so frisch serviert, dass man geradezu spüren konnte, wie sie sich die Kehle hinunterschlängelten.

Jeder Tag in Japan war ein neues Abenteuer. Eines Morgens fuhren wir mit dem Fahrrad einen Hügel hinauf zu einem Teegeschäft, vielleicht fünf oder sechs Meilen entfernt. Yoko fuhr immer voraus, und John und ich mussten uns anstrengen, dass uns nicht die Luft ausging, wenn wir versuchten aufzuschließen. Yoko bemühte sich, für mich einzigartige und besondere Erlebnisse zu schaffen – das war eine ihrer Eigenarten, mich willkommen zu heißen und mir ihre Herzlichkeit zu zeigen. Allerdings waren einige der Erlebnisse ein bisschen zu viel für mich. Yoko führte uns in ein Restaurant, in dem es Schildkrötensuppe gab. So ähnlich wie in den Lokalen, wo man sich in einem Becken einen Hummer aussucht, aber in diesem Fall holten sie die Schildkröte für die Suppe heraus und ließen sie vor einem baumeln. Ein paar Minuten später war sie da, die Suppe in einem Schildkrötenpanzer mit den Schildkrötenfüßen darin. Ich entschied mich gegen einen Nachschlag.

«Und», fragte ich bei einem anderen, schildkrötenfreien Lunch, «was habt ihr beiden hier sonst so getrieben? Wie verbringt ihr normalerweise den Tag, wenn ich nicht zu Besuch bin?»

Beide schauten mich an, als wäre ich gerade von einem anderen Planeten eingetroffen.

«Na ja», antwortete John, «wir *sind* einfach.»

«Seid einfach?»

«Wenn du erst mal eine Weile runtergekommen bist, wirst du das verstehen», fügte Yoko hinzu.

Sie hatte recht. Und es dauerte nicht lange. Nach ein paar Tagen stellte ich fest, dass die Zeit in Karuizawa viel geruhsamer verging. Möglicherweise, weil es hier weniger Reizüberflutung gab als in New York oder Los Angeles – keine hupenden Autos, keine hektischen Menschenmassen. Bloß der leise Klang von Shakuhachi-Musik, der durch die Luft wehte und die Tage wie «tangerine dreams on marmalade clouds» dahinschweben ließ. Morgens machten wir vielleicht Yoga, einen Spaziergang mit Sean oder eine Fahrradtour den Hügel hinauf zu einem Espresso-Café, das John und Yoko entdeckt hatten. An einem Nachmittag arrangierte Yoko für John und mich Massagen in einem Shintō-Kloster, in dem ein Orden älterer blinder Frauen geheimnisvolle Berührungen zur Übertragung von heilender Energie anwandte. Ein großartiger, magischer Ort – hundert Jahre zuvor ein Zufluchtsort für misshandelte japanische Ehefrauen –, und ich verließ das Kloster mit dem Gefühl, wirklich von etwas Übernatürlichem berührt worden zu sein.

Irgendwann unternahmen wir einen Ausflug nach Kyoto, ungefähr fünf Autostunden von Karuizawa entfernt, um alte Shintō-Tempel zu besichtigen. Überraschenderweise fesselte John das Erlebnis von uns allen am meisten. Er schloss die Augen und faltete die Hände zum Gebet, während er sich vor den Schreinen verbeugte. Ironischerweise war der Mann, der «God» geschrieben hatte, einen Song, in dem er seinen Unglauben an so ziemlich allem verkündete, was mit Religion zu tun hatte, so sehr in das Ritual vertieft, dass es sogar Yoko auffiel. Ich erinnere mich, dass es in einem der Tempel eine Stelle gab, an der die Leute kleine Glücksbringer kaufen und an Schnüren befestigt als Opfergabe an die Götterwelt richten konnten. John, Yoko und ich wählten jeweils etwas aus und hängten es dann auf.

John senkte den Kopf und schloss seine Augen.

«Nur so aus Neugier, John, wofür hast du gebetet?», fragte ich ihn später und wollte ihn damit ein bisschen aufziehen. «Und zu wem genau hast du gebetet?»

«Das war kein Gebet», antwortete er abwehrend. «Nur ein Wunsch. Ich habe mir Frieden gewünscht. Was hast du dir gewünscht?»

«Ich habe das Göttliche gebeten, uns zu segnen», antwortete ich.

«Ah, na denn, du hast das Thema total verfehlt, mein Lieber», sagte er. «Das Göttliche ist in dir.»

So herrlich unser Aufenthalt in Karuizawa auch war, John und Yoko waren schon eine ganze Weile dort, bevor ich zu ihnen stieß. Als Yokos übersinnliche Berater einige Wochen nach meiner Ankunft zu dem Schluss kamen, dass für die Lennons die Zeit reif war weiterzuziehen, beschlossen sie, nach Tokio zu reisen, wo Yoko geschäftliche Meetings hatte und die Familie treffen wollte. Wir packten unsere Sachen und fuhren zum Bahnhof in Kyoto, wo wir den damals relativ neuen Shinkansen bestiegen, die schnellste und luxuriöseste Form, in Japan unterwegs zu sein, ohne die Erde zu verlassen. Wie der Name des Zugs schon ahnen lässt, war es keine lange Reise – bei um die 300 Kilometer pro Stunde dauerte die Fahrt nur etwa zweieinhalb Stunden. Yoko, die während unserer Wochen in Karuizawa ununterbrochen als Übersetzerin und Reiseleiterin fungiert hatte, beschloss, die Zeit für ein wohlverdientes Nickerchen zu nutzen, und überließ es John und mir, uns gegenseitig zu unterhalten.

«Hast du Lust, ein unsinniges Spiel zu spielen?», fragte ich John, während der Zug an der nur noch unscharf zu erkennenden japanischen Landschaft vorbeiraste.

«Warum sollte ich es spielen wollen, wenn es unsinnig ist?», fragte er zurück.

«Weil es die Zeit vertreibt», antwortete ich.

«Nichts vertreibt Zeit», sagte er. «Sag schon, wie geht dein unsinniges Spiel?»

Was mir vorschwebte, war eine Abwandlung des Kinderspiels, bei dem Spieler 1 eine Stadt, ein Land oder einen Kontinent nennt und Spieler 2 als Nächstes eine Stadt, ein Land oder einen Kontinent nennen muss, der mit dem letzten Buchstaben des Wortes beginnt, das Spieler 1 genannt hat. Fing man beispielsweise mit New York an, musste sich das Gegenüber eine Stadt mit *K* einfallen lassen, zum Beispiel Kandahar, und man selbst daraufhin eine Stadt, die mit dem Buchstaben *R* begann, wie Rio de Janeiro, und so weiter und so weiter. Nur dass es in der Version, die ich mit John spielen wollte, statt um Städte um Beatles-Songs gehen sollte.

«Beatles-Songs?», fragte John. «Möchtest du das echt im Zug spielen?»

«Yep. Könnte lustig sein.»

«Ich denke nie über Beatles-Songs nach», sagte er. «Für mich sind sie wie ein Kalender. So erinnere ich mich, wann in meinem Leben was passiert ist: Ich erinnere mich, wo ich war, als Paul und ich den Song schrieben. Aber davon abgesehen, interessiere ich mich nicht sehr dafür. Spiele sie nur selten. Höre sie kaum. Vor allem die frühen Stücke. Ist ein bescheuertes Spiel.»

«Lass es uns versuchen», drängte ich. «Die Idee bei solchen Spielen ist, dass sie einen aus dem verkopften Denken rausholen. Der Kopf wird zwar beschäftigt, aber auf eine nicht verkopfte Weise.»

«Tja, du schaffst das gut, mich aus dem Verkopften rauszuholen, das ist ein echt sinnloses Spiel. Weißt du nichts Besseres?»

«Nein», sagte ich.

Und so sausten wir mit dem schnellsten Zug der Welt durch Japan und spielten das Beatles-Song-Spiel.

John war wirklich miserabel in diesem Spiel. Ich fing mit «Come Together» an, und er kam auf keinen Beatles-Song, der mit dem Buchstaben R begann («Revolution», «Rocky Racoon» und «Run for Your Life» zum Beispiel). Ich sagte «A Day in the Life», und warum auch immer fiel ihm daraufhin weder «Eleanor Rigby» noch «Eight Days a Week» ein. Nach etwa fünf Minuten spürte ich, wie sein Frust stieg.

«Was willst du damit beweisen, Ellie?», schäumte er vor Wut.

«Keine Ahnung, was das mit diesem Spiel soll. Mein Leben lang habe ich versucht, keine Spielchen zu spielen.»

«Liegt dein Frust vielleicht nur daran, dass dir kein Beatles-Song einfällt, der mit D beginnt?»

Ich hatte gerade «I Want to Hold Your Hand» gesagt, und John war nicht imstande, mit «Day Tripper», «Dear Prudence» oder «Drive My Car» zu reagieren.

«Warum versuchst du, mich zu provozieren?», schrie John schon fast.

«Ist bloß ein Spiel», sagte ich. «Soll Spaß machen.»

«Ein blödes Spiel», meinte er spöttisch, zog dann den Hut über sein Gesicht, lehnte sich im Sitz zurück und tat so, als würde er schlafen.

In Tokio wohnten wir im *The Okura Tokyo*, damals das schickste Hotel in der Stadt, das japanische Gegenstück zum Plaza in New York. Und mit «wohnten» meine ich, dass wir das Hotelgelände auf Yokos ausdrückliche Anweisung fast nie verließen. Sie hatte gute Gründe, warum sie wollte, dass John drinnen blieb.

Zum einen war Tokio – und ist es noch – eine der kompliziertesten Städte der Welt, in der man sich leicht verirren konnte. Selbst Einwohner, die bereits ihr ganzes Leben hier verbracht haben, finden das byzantinische Gewirr aus Gassen und Torgängen irritierend. Zum anderen war Tokio – im Gegensatz zu Karuizawa, wo er möglicherweise zwar als Gaijin-Tourist auffiel, aber nur selten als ehemaliger Beatle erkannt wurde – für John keine sichere Stadt. Selbst 1977 platzte die Stadt mit einer Bevölkerung von mehr als 27 Millionen aus allen Nähten, und eine Menge Menschen würden einen ehemaligen Beatle erkennen, wenn sie ihm begegneten. Ein Grund, warum Yoko das Okura ausgesucht hatte, war, dass es außergewöhnlicherweise über eigene Security verfügte. Damit wusste Yoko John in Sicherheit, vorausgesetzt, er würde den schützenden Burggraben nicht überschreiten.

Zum Glück war das Gelände des Okura sehr groß, eine kleine Stadt für sich. Und die Lennons hatten die Präsidentensuite gemietet, die selbst so riesig war, dass man sich darin leicht verirren konnte. Das Wohnzimmer war so gigantisch, dass John und Sean darin manchmal Fußball spielten, wenn sie nicht gerade mit Tretautos in den scheinbar endlos langen Fluren Rennen fuhren. Wären wir nur ein paar Tage oder eine Woche in Tokio geblieben, wäre die Beschränkung auf das Okura vielleicht kein wirkliches Problem gewesen. John war es gewohnt, sich in Hotels zu verkriechen. Jahrelang hatte er ausschließlich in Hotels gelebt. (Die Beatles hatten in ihrer gemeinsamen Zeit mehr als 1400 Konzerte weltweit gegeben.) Aber letztlich blieben wir sehr viel länger in Tokio, weil Yokos Beraterteam Schwierigkeiten hatte, sichere Weiterreisetermine zu finden. Nach ein paar Wochen im Okura wurde John unruhig und schlecht gelaunt.

Eines Abends – Yoko war ausgegangen und Sean von der Nanny zu Bett gebracht worden – saß John in dem riesigen Wohnzimmer, spielte träge auf seiner Akustikgitarre und unterhielt sich mit mir über sein Heimweh und darüber, wie langweilig ihm war.

«Ich will einfach nur in meinem eigenen Bett liegen, mit meinem Verstärker und meinen Büchern», sagte er.

«Yep», bestätigte ich. «Hoffentlich stehen die Zahlen bald günstig für uns, sodass wir abreisen können.»

Johns Zupfen an den Gitarrensaiten ging in eine erkennbare Melodie über – er fing an, «Jealous Guy» zu spielen –, als sich plötzlich die Türen des Aufzugs öffneten, der von der Lobby direkt in die Präsidentensuite führte. Ein japanisches Ehepaar, fürs Dinner gekleidet, trat heraus, schlenderte umher, betrachtete vom Wohnzimmer aus den spektakulären Blick auf die Stadt und setzte sich dann auf eine der Couches. John und ich sahen uns bloß an. Offensichtlich war das Paar verbotenerweise in den falschen Aufzug gestiegen. Wie es dazu kommen konnte, fanden wir nicht heraus. Offenkundig eine schockierende Nachlässigkeit der Security. Das Paar war wohl davon ausgegangen, die Penthouse-Cocktail-Lounge des Hotels gefunden zu haben – denn es handelte sich um einen großzügigen, mit Sofas bestückten Raum mit Live-Musik. Die beiden zündeten sich Zigaretten an und blickten sich für die Getränkebestellung nach einer Kellnerin um. John und ich grinsten uns an, und er spielte weiter Gitarre. Nach der zweiten Zigarette stand das Paar auf und ging mit verärgertem und enttäuschtem Gesichtsausdruck zurück zum Aufzug, um einen spannenderen Club zu suchen.

Und so kam es, dass John Lennons letztes öffentliches Konzert in einem Hotelzimmer in Tokio und vor einem unbekannten japanischen Ehepaar stattfand, die augenscheinlich keinen Schimmer hatten, wer da für sie Gitarre spielte. Das Schicksal hat manchmal echt einen merkwürdigen Sinn für Humor.

Ein paar Abende danach, Yoko war wieder in Sachen Familienbesuch unterwegs, beschloss John, dass er die Nase voll hatte davon, eingesperrt zu sein. «Ich will hier raus», kündigte er an. «Ich will frische Luft. Seit Wochen sitzen wir in diesem verfluchten Hotel fest.»

«Mother hat gesagt, wir sollen nicht raus», erinnerte ich ihn. «Wir haben keine Security, und wir kennen uns in der Stadt nicht aus.» Ich spürte, es kündigte sich eine Rebellion an.

«Ich weiß, was Mother gesagt hat», meinte er. «Ich will trotzdem raus.»

Wir waren wie zwei Brüder, die darüber stritten, ob man sich den Anweisungen der Eltern widersetzen und etwas Gefährliches ohne Aufsicht von Erwachsenen tun will. Doch John war der Ältere, und obwohl ich der vorsichtigere Bruder war, war es unmöglich, ihm nicht zu folgen. Und ich hatte nicht vor, die Aufzugtür zu blockieren.

Als wir das Hotel verließen, war gerade die Sonne untergegangen. Wir nahmen ein Taxi in die Innenstadt von Tokio, und Yoko hatte zu Recht gewarnt: Es war genau so chaotisch und unübersichtlich, wie sie es geschildert hatte. Ein Wirrwarr blendender Neonlichter empfing uns, und wir wurden von gewaltigen Fußgängermassen hin und her geschoben. Noch nie hatte ich eine überfülltere Stadt gesehen – der Times Square hoch zwei. Aber John lief einfach weiter, furchtlos wie immer, und saugte alles Sehenswerte in sich auf. Besonders angetan schien er von den Sake-Bars, die es in jedem Häuserblock gab. Ich fürchtete mich vor dem, was kommen würde.

«Ich will Sake», meinte er.

«Sicher, dass das eine gute Idee ist?», flehte ich und dachte an Yokos Ermahnungen nach dem Lost Weekend, dass ich John um jeden Preis vom Alkohol fernhalten sollte. Sie wusste ebenso wie ich, dass John ein anderer Mensch war, wenn er trank.

«Ist bloß Sake!», sagte er und betrat eine der Bars. «Das gleiche wie 'n Glas Wein.» Ich folgte ihm dicht auf den Fersen, während wir uns Zentimeter für Zentimeter auf den Tresen zubewegten, an dem viele Menschen standen. John wollte gerade bestellen, als er merkte, dass er kein Geld hatte. Er hatte nie Geld bei sich. Er stupste mich an der Schulter an und meinte, ich sollte ihm einen Sake bestellen. Ich wühlte in meinen Hosentaschen und fischte ein paar zerknitterte japanische Scheine heraus. Wider besseres Wissen bestellte ich einen Sake für John und ein Glas Weißwein für mich, und es dauerte keine fünfzehn Sekunden, bis die Getränke vor uns standen. Kaum hatte ich nach meinem Weinglas gegriffen, knallte John seinen leeren Sakebecher wieder auf den Tresen. «Noch einen», verlangte er.

Jetzt hatte ich den Schlamassel. Unmöglich, ihm das Ganze auszureden. Also bestellte ich einen weiteren Sake, dann noch einen und noch einen. Aber als John seinen vierten Drink runterkippte, bemerkte ich, wie sich an der Bar eine wohlbekannte Energie zusammenbraute. Klar, ich sprach kein Japanisch, aber ich vernahm ein immer deutlicher werdendes Gemurmel, dann sagte jemand laut das Wort «Beatle» und daraufhin jemand anderes «John», und plötzlich fühlte sich der ohnehin schon übervolle Raum noch voller an, denn die Leute drängten sich näher an uns heran, ohne sich darum zu scheren, dass sie sich mit ihren Getränken die Hemdsärmel bekleckerten.

«John», sagte ich, «wir sollten zusehen, dass wir hier rauskommen. Könnte unangenehm werden.»

Er schüttete den Rest seines Sake hinunter, und wir bewegten uns auf den Ausgang zu. Doch mittlerweile hatte man ihn erkannt, und die Hälfte der Bargäste drängte mit uns hinaus auf die Straße. Innerhalb von Minuten hatte praktisch jeder auf dem Gehweg mitbekommen, dass John Lennon unter ihnen war. Scharen von Fußgängern wuselten um uns herum, drückten John Stifte in die Hand, riefen etwas auf Japanisch und verlangten Autogramme.

«Wir müssen hier weg!», brüllte ich über den Krawall hinweg. «Hier ist es nicht sicher. Ich besorge ein Taxi.»

John starrte mich bloß an, der Alkohol aktivierte bereits die Mr.-Hyde-Seite seiner Persönlichkeit. «Ich will 'nen Sake», knurrte er mit zusammengebissenen Zähnen und beachtete den Fantumult um ihn herum überhaupt nicht. «Ist keine Frage, sondern 'ne Feststellung.»

«John, das hier ist gefährlich! In den Gebäuden hier gibt es viele Glasscheiben. Es könnte sich jemand verletzen. *Du* könntest verletzt werden.»

Da packte er mich am Revers und stieß mich mit dem Rücken gegen eine Betonmauer. «Wenn ich 'nen beschissenen Drink will, dann stehst du mir gefälligst nich im Weg!», schrie er. «Verstanden?»

Aber natürlich war es John unmöglich, an noch einen Drink zu kommen. Selbst in seinem betrunkenen Zustand erkannte er, dass die Menschenmenge außer Kontrolle war und sie ihn nicht einfach in eine andere Sake-Bar gehen lassen würde. So blieb ihm nichts anderes übrig, als in das von mir mit Glück organisierte Taxi zu steigen und in seine Suite im Okura zurückzukehren, wo Yoko schon wartete und aussah wie ein wütender Elternteil. An ihrem Gesichtsausdruck war abzulesen, dass das Konsequenzen haben würde. Vielleicht nicht für John, aber mit Sicherheit für seinen vermeintlich vernünftigeren kleinen Bruder.

«Ich bin sehr, sehr enttäuscht von dir», schimpfte Yoko im Wohnzimmer, nachdem sich John kleinlaut ins Schlafzimmer verzogen hatte, um den Sake wegzuschlafen. «So viele Male habe ich dir gesagt, du sollst John keinen Alkohol trinken lassen. So viele Male habe ich dir gesagt, ihn nicht aus dem Hotel zu lassen. Warum missachtest du mich? Warum ignorierst du meine Wünsche?»

«Es tut mir sehr leid, Yoko», sagte ich, betrachtete eingehend meine Schnürsenkel und widerstand dem Drang zu widersprechen, dass es unmöglich war, das Ganze aufzuhalten, und ich zwar nicht mit allen Entscheidungen von John einverstanden, er aber immerhin erwachsen und außerhalb meiner Kontrolle war. «Dieser Fehler passiert mir nicht noch mal.»

Am nächsten Tag kam John verlegen auf mich zu. «Wie lief's mit Mother?», fragte er.

«Sie hat deutlich gemacht, wie enttäuscht sie von mir ist, dass ich das gestern Abend zugelassen habe», antwortete ich.

«Hab mir schon gedacht, dass sie dir dafür die Schuld geben wird», sagte er. «Zu mir hat sie gar nichts gesagt. Sorry, Ellie.»

Vermutlich war es kein Zufall, dass Yoko kurz nach dieser Eskapade beschloss, in die USA zurückzukehren. Ihr Beraterteam errechnete zwar, dass es für John nicht gut sei, direkt von Tokio nach New York zu fliegen, doch Yoko fand eine astrologisch akzeptable Alternative. Sie würde direkt von Tokio nach New York fliegen, während John und ich, zusammen mit Sean und seiner Nanny, nach Hongkong fliegen sollten. Von dort aus würden Sean und die Nanny nach New York fliegen, während John und ich auf dem Umweg über Bangkok,

Dubai und Frankfurt schließlich fast zwei Tage später in New York ankommen würden.

John und Yoko saßen im Flugzeug immer ganz vorne. Sie kauften nicht nur für sich selbst Tickets für die erste Klasse, sondern auch für die Plätze neben ihnen, die auf diese Weise frei blieben, sodass John nie Gefahr lief, neben einem Fremden zu sitzen und erklären zu müssen, warum die Beatles nicht wieder zusammenkommen würden. Als die neue doppelstöckige Boeing 747 eingeführt wurde, war es nicht ungewöhnlich, dass sie in verschwenderischem Luxus gleich die gesamte obere Kabinenetage reservierten. Auf dem Flug nach Japan hatten sie genau das getan, damit Sean seine Spielzeugeisenbahnschienen auslegen und während des Fluges auf dem Boden spielen konnte.

Die beiden waren sehr unterschiedliche Reisetypen. Yoko packte fünfundzwanzig Koffer und vergaß nichts, was sie vielleicht brauchen könnte. John hingegen war äußerst stolz darauf, alles, was er für eine Weltreise brauchte, in einem einzigen schmalen Aktenkoffer unterbringen zu können. Er liebte Aktenkoffer und besaß Dutzende davon, etliche hatte er in den Duty-Free-Katalogen entdeckt, die er in den Sitztaschen von Flugzeugen fand, und dann gekauft. Ging es allerdings um die Einzelheiten einer Reiseroute – wann und wohin geflogen werden sollte –, überließ John diese Entscheidungen ganz seiner Frau und ihren Beratern, selbst wenn das bedeutete, zwei Tage lang erst einmal in die falsche Richtung um die Welt zu reisen. Ich habe nicht ein einziges Mal mitbekommen, dass er sich über Yokos zum Teil quälende Reiseplanungen beschwert hätte.

Gelegentlich jedoch gab es Stolpersteine. Während unsere Flüge nach Hongkong und Dubai reibungslos verliefen, hatten John und ich in Frankfurt ziemliche Probleme. Es war Johns erste Reise nach Deutschland seit 1966 und erst seine zweite seit 1962, als die Beatles im Hamburger Star-Club aufgetreten waren. Der Rezeptionist des Frankfurter Flughafenhotels konnte unsere Reservierung nicht finden, und selbst mein Flehen konnte ihn nicht überzeugen, uns zwei Zimmer zu geben. Ich überbrachte John die schlechte Nachricht, der sich in der Hotellobby «versteckte», indem er seine alte Tarnung wieder aufgenommen hatte, nämlich dicht vor einer Wand zu stehen und geradeaus zu glotzen.

«Sie haben keine Zimmer», sagte ich.

«Sie haben Zimmer!», sagte er. «Es gibt immer Zimmer!»

«Vielleicht kannst du's mal versuchen?», fragte ich. «Ich meine, du bist John Lennon. Wenn uns überhaupt jemand Zimmer organisieren kann, dann du.»

«Kann ich nicht», entgegnete er. «Ich kann doch nicht sagen, ‹ich bin ein Beatle, gebt uns Zimmer›.»

«John, es regnet. Wir können nicht den ganzen Abend in Frankfurt im Regen rumlaufen.»

Seufzend ging John zur Rezeption, um widerwillig die Beatle-Karte auszuspielen. In den nächsten Minuten beobachtete ich, wie er sich mit dem Herrn am Empfang unterhielt, die beiden gelegentlich lächelten und einmal sogar lachten. Und dann, aus irgendeinem Grund, zeigte John auf mich. Der Angestellte schaute in meine Richtung und nickte eifrig. Wenige Augenblicke später kam John mit zwei Schlüsseln in der Hand zu mir zurück.

«Ich hab ihm gesagt, du wärst Paul McCartney», meinte John. «Das hat offenbar funktioniert.»

Es hat funktioniert, eindeutig. Ich bekam eine fantastische Suite mit einem Federbett und eigener Sauna. Kurze Zeit später schickte der Rezeptionist ein Tablett mit köstlichen Snacks und eine Flasche Wein in meine Suite. Das Leben als Paul McCartney war echt gut.

Doch dann, am frühen Morgen, stand John vor meiner Tür und wirkte müde und unglücklich. «Ich konnte nicht schlafen», sagte er. «Die Bude hier ist eine olle Kaschemme. Ich habe einen beschissenen Kleiderschrank als Zimmer.»

«Was meinst du?», fragte ich. «Ist doch toll hier!»

John kam in die Suite, betrachtete die Opulenz, und ihm fiel die Kinnlade fast bis zum Boden.

«Schätze, dem Typen am Empfang hat gefallen, dass ich ‹Yesterday› geschrieben habe», witzelte ich.

John konnte darüber nicht lachen.

Ungefähr zwölf Stunden später befanden wir uns im Oberdeck eines Jumbo-Jets, der sich bereitmachte, auf dem John F. Kennedy International Airport zu landen. Nach derart viel Zeit in Japan und dann so vielen Stunden in der Luft fühlte es sich ein bisschen surreal an, schließlich wieder in die USA zu kommen. Während ich durch die Passkontrolle eilte, kam mir der Gedanke, dass das für John besonders toll sein musste. Japan war seine erste Überseereise, seit er endlich eine dauerhafte Aufenthaltsgenehmigung für die USA erstritten hatte. Zum ersten Mal seit vielen Jahren musste er nicht befürchten, an der Grenze abgewiesen zu werden. Im Gegenteil, seinen Pass am JFK abstempeln zu lassen, war vielleicht sogar sein Höhepunkt der gesamten Reise. Der Zollbeamte prüfte die Dokumente, lächelte und sagte dann die Worte, die John so lange ersehnt hatte.

«Willkommen zu Hause, Mr. Lennon.»

KAPITEL 14

The Dakota, 1979 bis 1980

Ich weiß nicht, wie sie ihn in die Hände bekommen haben. Ich habe nie gefragt, sie haben es nie erzählt. Aber eines Abends in den späten Siebzigerjahren, als wir an unseren gewohnten Plätzen im Schlafzimmer herumlungerten und uns unterhielten – John und Yoko auf dem Bett, ich in meinem weißen Korbsessel –, hielt Yoko einen alten Messingschlüssel hoch und schlug vor, ihn auszuprobieren.

Der Schlüssel gehörte zur Wohnung Nr. 71, nur ein paar Schritte von Johns und Yokos entfernt, die einzige andere Wohnung auf ihrer Seite im siebten Stock des Dakota. Solange man sich erinnern konnte, hatte dort eine ältere Frau gelebt, die fast nie die Tür öffnete, sich nie blicken ließ und keine Besucher empfing. So gesehen war sie die perfekte Nachbarin für die Lennons, und trotz ihres geisterhaften Wesens waren John und Yoko nahezu von ihrem ersten Tag im Dakota davon besessen, die Wohnung der älteren Frau zu kaufen. Sie wollten ihre Ecke der siebten Etage ganz für sich allein, ihr persönliches Allerheiligstes an der New Yorker Upper West Side, damit keine Gefahr bestand, dass sich dort eine unbekannte Person blicken ließ – oder jemand, den Yokos Numerologen nicht überprüft hatten –, die einfach so aus dem Fahrstuhl ihre Privatoase hätte betreten können.

Und dann, Wunder über Wunder – kurz vor Thanksgiving, wenn ich mich recht erinnere – gab es plötzlich Gerüchte, dass die Dame endlich bereit war, ihr Apartment zu verkaufen. Ihre Wohnung war noch nicht bei Maklern gelistet – eigentlich war sie noch nicht auf dem Markt, aber John und Yoko hatten erfahren, dass die Besitzerin von Nr. 71 nicht zu Hause war. Wo sie war und wie lange sie fort sein würde, konnten sie nicht mit Sicherheit sagen. Yoko ging mit dem mysteriöserweise vorhandenen Schlüssel in der Hand voran, wir verließen die Wohnung Nr. 72 und schlichen auf Zehenspitzen den Flur entlang, um herauszufinden, was sich hinter der stets verschlossenen Tür von Nr. 71 befand.

Als Yoko die Wohnung aufschloss, sahen wir nichts als Dunkelheit. John tastete an der Wand neben dem Eingang, bis er schließlich einen Lichtschalter fand, der eine einzelne Stehlampe auf der anderen Seite des großen, mit dunklem Holz getäfelten Wohnzimmers einschaltete. Seltsamerweise gab es hier so gut wie keine Möbel – nur drei klobige Clubsessel nah beim Kamin, die um einen Couchtisch aus Holz standen, sowie ein paar andere vereinzelte, wahllos verstreute Möbelstücke. Entweder hatte die Dame bereits mit dem Auszug begonnen, oder sie hatte all die Jahrzehnte ein bemerkenswert aufgeräumtes Leben geführt.

Schritt für Schritt bewegten wir uns langsam durch unbekanntes Terrain, betrachteten die himmelhohen Zimmerdecken und die schweren Vorhänge vor den Fenstern, im Kopf schon einmal die Grundfläche schätzend – ich nahm an, so an die 300 Quadratmeter, unwesentlich kleiner als Nr. 72 –, und dann standen wir wieder vor den Clubsesseln am Kamin. Yoko setzte sich als Erste. John und ich folgten ihrem Beispiel.

«Die Frau muss uns unbedingt dieses Apartment verkaufen», verkündete Yoko und wühlte in einem kleinen Beutel, den sie mitgebracht hatte.

«Macht ihr doch einfach ein Angebot», schlug ich vor.

«Ja, aber vorher müssen wir herausfinden, welches der beste Weg ist, ihr ein Angebot zu machen», fuhr Yoko fort und legte den Inhalt ihres Beutels auf dem Couchtisch aus – eine Kerze, ein paar Kristalle und ein Tarot-Kartenspiel. «Sie kennt uns nicht. Also müssen wir klären, wie wir sie dazu bringen, dass sie die Wohnung *uns* verkaufen möchte. Andernfalls verkauft sie sie vielleicht an jemand anderes, der mehr bietet, oder möglicherweise an einen Verwandten.»

«Und wie stellen wir das an?», fragte ich. John sah aus, als wäre er auf die Antwort genauso gespannt wie ich.

«Schaut einfach zu», sagte Yoko.

Sie zündete die Kerze an, rieb die Kristalle ein paar Minuten zwischen den Handflächen, dann drehte sie eine ganze Weile lang einige Tarotkarten um, die sie intensiv studierte. John und ich beobachteten das Ganze schweigend, von Yokos geheimnisvollem Ritual wie hypnotisiert. Schließlich schloss Yoko die Augen, atmete tief ein und pustete die Kerze aus.

«Das war's, Mother?», fragte John.

«Ja», sagte sie und sammelte die Karten und Kristalle wieder ein. «Das war's.»

Wir gingen, schalteten das Licht aus und schlossen die Tür hinter uns ab.

Zwei Wochen später, ich war wieder zu Hause in Laurel Canyon, blinkte das rote Licht an der Schlafzimmerdecke. «Hast du schon mit Mother gesprochen?», fragte John, als ich den Telefonhörer abnahm.

«Nein, warum?»

«Wir haben die 71!»

«Wirklich?», sagte ich. «Wie das?»

«Magie, Ellie. Mothers Magie!»

Vielleicht war es wirklich Magie. Oder aber Yoko hatte ein Angebot für die Wohnung gemacht, das die Besitzerin schlicht nicht ablehnen konnte – eine andere Form von Magie –, so oder so hatten die Lennons endlich die siebte Etage ganz für sich allein.

Zunächst beließen John und Yoko das neue Apartment ziemlich genau so, wie wir es auf unserem Erkundungstrip vorgefunden hatten. Abgesehen von einer alten Wurlitzer-Jukebox mit halbrundem Buntglasaufsatz, die Yoko zu einem von Johns Geburtstagen gekauft hatte, und einem Yamaha-E-Piano, ebenfalls ein Geschenk, hatten sie kaum Einrichtungsgegenstände hinzugefügt oder auch nur dekoriert – bis etwa ein Jahr später, an einem verschneiten Silvesterabend, aus den Siebzigern die Achtziger wurden. Damals verwandelte John die Wohnung Nr. 71 für einen Abend in den «Club Dakota», den exklusivsten – und entzückendsten – Nachtclub in ganz New York City.

Ich komme gleich auf dieses außergewöhnliche, einmalige Ereignis zurück. Doch zunächst ein paar kurze Bemerkungen über die Weihnachtsfeiertage im Dakota – ein Gebäude wie einem Dickens-Roman entsprungen –, denn jeder Festtag war auf seine Weise bemerkenswert.

Wie ja schon deutlich wurde, waren John und Yoko nicht religiös. Spirituell ganz sicher, aber nicht im traditionellen Sinne gläubig. Dennoch nahmen sie Weihnachten ernst, wenn auch nicht als heiligen Tag, sondern als weltlichen Festtag, vor allem seit Seans Geburt. Zum Beispiel hatten sie immer einen Weihnachtsbaum – einen großen, für gewöhnlich fast drei Meter hoch, feierlich geschmückt mit altmodischen Glaskugeln, bunten Lichterketten und Lametta wie auf einer klassischen Weihnachtskarte –, der in einer Nische außerhalb der Küche stand, in Johns und Yokos meistgenutztem Wohnbereich. An einem Weihnachtsfest ging Yoko sogar so weit, das ansonsten makellose Weiße Zimmer mit Weihnachtsdeko zu verzieren: einem einzelnen, schlichten Tannenzweig, elegant in einer Vase stehend. Das war, glaube ich, ihre persönliche postmoderne Dekonstruktion des traditionellen Weihnachtsbaums. Ich fand das eine Spur zu dezent, trotzdem hübsch.

Normalerweise gaben die beiden keine Weihnachtspartys, aber sie führten sozusagen ein gastliches Haus. Und obwohl die Plätze auf ihrer Gästeliste extrem begrenzt waren, gab es manchmal verblüffende Überraschungen. Ich erinnere mich an ein Jahr, als Paul und Linda McCartney zum Weihnachtslunch im Dakota auftauchten. Ich hatte beide nie persönlich kennengelernt und auch keinen Hinweis bekommen, dass sie eingeladen seien – ich war davon ausgegangen, dass John, Yoko und ich den Tag nur mit Sean verbringen würden.

Doch da waren sie, alle vier – John und Paul, Yoko und Linda –, zum ersten Mal nach Jahren wieder gemeinsam.

Ich habe mich danach oft gefragt, warum John und Yoko mich in diesem Moment dabeihaben wollten: Bei der allzu persönlichen Begegnung damals war ich mir meiner Rolle als Außenseiter äußerst bewusst. Ich vermute, John und Yoko fanden, dass die Anwesenheit eines für Paul und Linda Unbekannten eine Art Puffer sein würde, damit sich alle von ihrer besten Seite zeigten. Ich weiß es nicht, und ich habe auch nie gefragt.

Aber natürlich war ich dankbar, bei diesem Ereignis dabei zu sein, so unangenehm und seltsam enttäuschend es am Ende auch war.

Der Lunch selbst fand nicht im Dakota statt. Wir entschieden, ins Elaine's in der Second Avenue Ecke 88th Street zu gehen. Doch zunächst trafen wir uns im Weißen Zimmer. Yoko und Linda gingen sofort aufeinander zu und unterhielten sich. Paul und John schienen anfangs sehr fröhlich. Als wären sie sich erst vor einem Monat zufällig über den Weg gelaufen, als wäre nicht so viel Zeit vergangen.

Kurz darauf begaben wir uns in die Lobby, stiegen dann in den Wagen der McCartneys und ließen uns von ihrem Chauffeur quer durch die Stadt in die Upper East Side fahren. Das Elaine's war zu der Zeit das Zentrum der New Yorker Hochkultur. Neben Woody Allen – der so etwas wie das inoffizielle Maskottchen des Elaine's war – wimmelte es hier nur so vor Glamour. Norman Mailer, Leonard Bernstein, Michael Caine, Jacqueline Onassis, Luciano Pavarotti, Elaine Stritch, Tom Wolfe, Mario Puzo, Gay Talese – an jedem x-beliebigen Tag waren in diesem Lokal genug New Yorker Promis für ein Wandgemälde von Al Hirschfeld. Doch selbst inmitten all dieser Lichtgestalten fielen John und Paul, die mit ihren Frauen an einem Tisch saßen und das Brot brachen, auf. Jede einzelne Pupille im Restaurant war auf unseren Tisch gerichtet. Das machte das Essen zu einer recht heiklen Angelegenheit.

Und, bei allem Respekt für die inzwischen verstorbene Restaurantinhaberin Elaine Kaufman, die Speisen aus ihrer Küche waren berühmt-berüchtigt ungenießbar. Irgendwie gelang es den Köchen vom Elaine's, ein einfaches Gericht wie Hühnchen Parmigiana in eine klebrige Pampe zu verwandeln; die Scampi waren so übergart, dass man eine hydraulische Rettungsschere brauchte, um die Garnele aus der Schale zu befreien. Nachdem wir die kleingedruckte Speisekarte studiert hatten, fand niemand an unserem Tisch etwas, das zu bestellen man riskieren wollte.

«Hier ganz in der Nähe gibt's eine tolle Pizzeria», schlug Linda schließlich vor. «Vielleicht liefern die?»

Ich ahnte, dass das ein gesellschaftlicher Fauxpas war, aber ich war mir auch ziemlich sicher, dass Elaine John, Paul und ihre Ehefrauen nicht aus dem Restaurant werfen würde. Im hinteren Bereich des Lokals war ein Münztelefon, und so bestellte ich ein paar Pizzas. Sie wurden in die Küche geliefert, dort aus den Pappschachteln genommen und auf Elaines Tellern dekorativ angerichtet.

Nach dem Lunch kehrten wir gemeinsam ins Dakota zurück, und ich hoffte, der Wortwechsel würde dort etwas spritziger werden. Yoko und Linda unterhielten sich eine Weile angeregt – die beiden verstanden sich prächtig, vielleicht durch die gemeinsame Erfahrung verbunden, mit einem Beatle verheiratet zu sein, während John und Paul an den Fenstern mit Blick auf den Central Park standen und zuschauten, wie der winterliche Nachmittagshimmel über Manhattan verblasste. Sie schwiegen lange, bis es einem von beiden peinlich wurde und er versuchsweise eine Unterhaltung begann.

«Machst du grad Musik?», fragte Paul irgendwann.

«Na ja, ich spiele ein paar Stücke für mich selbst, aber ich arbeite nicht an irgendwas Bestimmtem. Musik treibt mich grad nicht so um. Es dreht sich alles ums Baby. Was ist mit dir?»

«Oh, ich nehm irgendwie immer auf», antwortete Paul. «Ohne Musik im Leben käme ich nicht klar.»

Daraufhin verstummten beide wieder für eine ganze Weile.

Es schien, als hätten diese beiden Rock'n'Roll-Giganten – Männer, die in ihrer Jugend den Zeitgeist der Sechzigerjahre geprägt, eine ganze Generation inspiriert und der Musik eine neue Bestimmung gegeben hatten – nun, ein knappes Jahrzehnt später, Schwierigkeiten, ein Thema zu finden, über das sie sprechen konnten.

Ich fand das irgendwie traurig. Aber was hatte ich auch erwartet? Selbst beste Freunde aus der Kindheit gehen irgendwann getrennte Wege. Das nennt sich Erwachsenwerden. Jetzt waren John und Paul nur noch zwei alte Kumpel, die nicht mehr allzu viel gemeinsam hatten. Es war unsinnig von mir anzunehmen, dass die bloße Anwesenheit der beiden im selben Raum irgendwie das Genie und die Energie ihrer früheren kreativen Partnerschaft neu entfachen würde.

Dennoch, als ich am Abend auf dem Rückweg vom Dakota zum Plaza an all den funkelnden Weihnachtslichtern vorbeikam und aus den wenigen noch geöffneten Restaurants und Bars weihnachtliche Melodien erklangen, konnte ich nicht umhin, mir vorzustellen, dass an diesem Tag möglicherweise Geschichte hätte geschrieben werden können.

«Machst du gerade Musik?», hatte Paul von John wissen wollen.

Was, wenn John so etwas geantwortet hätte wie: «Nein, aber meine Gitarre ist nebenan. Komm, wir setzen uns zusammen und spielen etwas...»

Wer weiß, was für ein Lennon-McCartney-Klassiker an diesem Nachmittag hätte entstehen können.

Über allem stand, natürlich, dass John und Yoko jetzt Eltern waren, also bedeutete Weihnachten, wie bei den meisten Moms und Dads auch, hauptsächlich, Geschenke fürs Kind zu kaufen. Doch anders als die meisten Familien verfügten John und Yoko über nahezu unbegrenzte Mittel, sodass Weihnachtsshopping mit den Lennons eine ganz besondere Erfahrung war. Zum Beispiel besaßen nicht viele Dads den Einfluss, das Spielzeuggeschäft FAO Schwarz nach Ladenschluss für einen privaten Last-Minute-Bummel öffnen zu lassen.

Der FAO-Schwarz-Flagshipstore an der Ecke Fifth Avenue und 58th Street wurde vor Jahren geschlossen, aber in seiner Glanzzeit war er eines der großen Einkaufswunder in Manhattan, das Taj Mahal der Spielzeuggeschäfte. Vor dem Eingang stand ein Heer von Empfangspersonal Wache, gekleidet wie Holzsoldaten in Lebensgröße, in rote Mäntel mit Messingknöpfen gehüllt und mit flauschigen Bärenfellmützen auf dem Kopf, um die Besucher zu begrüßen und der Kundschaft beim Verladen der Einkaufstüten in die wartenden Taxis behilflich zu sein. Im Laden selbst gab es alle erdenklichen Puppen, Marionetten, Spiele und Spielereien nicht nur zu einem kleinen Turm auf einem Ausstellungstisch gestapelt, sondern zum echten Spielen ausgelegt, sodass Kinder (und Erwachsene) ihre Favoriten ausprobieren konnten, bevor sie sie mit nach Hause nahmen. Wenn es solche Läden gibt: Wer braucht da noch Santa Claus?

Aber John konnte natürlich nicht einfach in FAO Schwarz reinspazieren, schon gar nicht kurz vor Weihnachten, wenn das Geschäft voll mit Kunden war. Also bat er mich, Sean war gerade mal im Kleinkindalter, bei FAO Schwarz anzurufen und zu fragen, ob sie für ein oder zwei Stunden schließen könnten, damit er *last minute* noch ein paar Geschenke kaufen konnte. Die Geschäftsführung war von der Idee nicht begeistert, was mich nicht überraschte – mitten in der wichtigsten Saison die Türen zu schließen, damit ein Promi – und sei es ein ehemaliger Beatle – Geschenke im Wert von ein paar Tausend Dollar kaufen konnte, war wirtschaftlich nicht sinnvoll. Aber sie boten John an, ihn nach Ladenschluss ins Geschäft zu lassen.

Ich war zufällig in New York und begleitete John bei seinem Ausflug. Er war damals achtunddreißig Jahre alt, aber kaum waren wir durch die Eingangstür getreten, verlor er schlagartig drei Jahrzehnte. Er wurde buchstäblich wieder Kind.

Zur weihnachtlichen Dekoration bei FAO Schwarz gehörte eine riesige Spielzeugeisenbahn, die sich von der Decke herab durchs gesamte Geschäft schlängelte – sie muss fast fünfzig Meter lang gewesen sein –, und auf den Schienen waren große, klobige Lokomotiven der Firma Lionel unterwegs, die schnauften und Dampf ausstießen.

«Die! Lass uns die kaufen», rief John gleich in der Sekunde, als er die Modelleisenbahn sah.

«Und wo willst du die im Dakota aufbauen?», fragte ich ihn. «Im Esszimmer?»

«Okay», meinte er geknickt. «Vielleicht doch nicht.»

Johns Kindheit war nicht einfach gewesen, nachdem sein Vater die Familie verlassen hatte, er größtenteils von seiner Tante aufgezogen wurde und als Teenager seine Mutter verloren hatte. Ich vermute, die Weihnachtsfeiertage in seiner Kindheit in Liverpool waren nicht sonderlich fröhlich. Als Erwachsener war er deshalb fest entschlossen, das zu kompensieren, und zwar nicht nur seinem Sohn zuliebe, sondern auch sich selbst. Letztlich kaufte John bei FAO Schwarz dreißig oder vierzig Spielsachen, angeblich alle für Sean, aber in Wirklichkeit lauter Dinge, die ihm selbst am besten gefielen: elektrische Spielereien und Spiele, für die sein Sohn noch viel zu klein war, mit denen aber trotzdem viele Stunden gespielt werden würde. John würde schon dafür sorgen.

Doch so groß die Ausbeute an jenem Abend auch war, sie machte nur einen Bruchteil der Geschenke aus, die Sean letztlich an Weihnachten bekam. In den Tagen und Wochen vor dem Fest trafen aus aller Welt zahlreiche Pakete für Sean ein, und die Freunde von John und Yoko übertrafen sich gegenseitig, um dem kleinsten Lennon eine Freude zu machen. Tatsächlich müssen unter dem Weihnachtsbaum an die zweihundert bunt verpackte Päckchen mit Seans Namen gelegen haben.

Weihnachten fing bei den Lennons übrigens am 25. Dezember exakt eine Minute nach Mitternacht an. Sie weckten Sean, brachten ihn zum Baum und ließen ihn die Geschenke aufreißen. Ich war bei mehreren dieser Bescherungen dabei, und es herrschte immer eine Stimmung wie während eines Tornados, bei dem Geschenkpapier und Weihnachtskarten überall herumflogen. Eigentlich versuchte ich, den Überblick zu behalten, wer Sean was geschickt hatte, damit es nachher einfacher war, den richtigen Schenkern den entsprechenden Dankesbrief zu schreiben. Aber es war hoffnungslos, irgendwann gab ich auf und ließ zu, dass sich das Chaos auf natürliche Weise entfaltete.

Einige der Geschenke waren völlig altersunangemessen. Elton John schickte Sean ein Motorrad – Sean war noch zu klein, um überhaupt nur darauf zu sitzen. Viele Leute schickten ihm Stofftiere, für die er sich überhaupt nicht interessierte – er warf sie einfach zur Seite. Ein Chemiebaukasten schien ihm zu gefallen, aber auch hier war Sean noch zu klein, um Mineralien und Schwefel zu mischen. Das Geschenk, das ihm am meisten zu gefallen schien, war merkwürdigerweise ein Set Kristalle. Es war eines der wenigen Geschenke, die er mit in sein Zimmer nahm und auf dem Nachttisch aufbewahrte. Wie die Mutter, so der Sohn.

John und Yoko machten sich natürlich auch gegenseitig Geschenke. Etliche waren der klassische Plunder, mit dem sich wohlhabende Ehepartner halt bedachten. Yoko schenkte John eine Armbanduhr von Cartier. Er schenkte ihr eine Kette mit weißen Diamanten, das einzige Schmuckstück, das ich an der ansonsten so schmucklosen Yoko je sah. Aber manchmal waren die beiden beeindruckend kreativ, wenn es um Geschenke ging, vor allem John. Einmal bat er mich um Unterstützung bei der Aufnahme einer Musikkassette für Yoko. John und ich saßen im Weißen Zimmer, er hatte einen Kassettenrekorder neben sich und spielte «Stardust» auf dem weißen Klavier, während ich auf sein Drängen hin den Text ins Mikrofon sang – auch wenn, um ehrlich zu sein, «sang» ein eher großzügiger Ausdruck für das ist, was aus meinem Mund kam. Welche dürftigen Talente ich in diesem Leben auch immer besitzen mag, Singen gehört nicht dazu. Als John Yoko mein Ins-Mikrofon-Schmachten vorspielte, nahm er ihre Reaktion auf meinen Nicht-ganz-Willie-Nelson-Vortrag auf und spielte es mir später vor. Ich hörte, wie Yoko so etwas sagte wie: «Oh Gott, nein! Bitte mach das aus!», und in Gelächter ausbrach.

Doch das bei Weitem größte Weihnachtsgeschenk, das John Yoko – und auch mir – je machte, war nichts, das er irgendwo gekauft oder auf Kassette aufgenommen hatte. Es war ein Erlebnis, ein zauberhaftes Funkeln purer, destillierter Freude, das er in den letzten Stunden des 31. Dezember 1979 nur für uns drei inszenierte.

Ein paar Tage zuvor hatte mich John in seine Pläne eingeweiht. Er wollte die neue Wohnung Nr. 71 in einen Privatclub verwandeln. John war kein großer Fan des Nachtlebens – Menschenmassen waren aus offensichtlichen Gründen sowieso problematisch –, aber ihm gefiel das Konzept eines exklusiven, privaten Bereichs, so etwas wie ein altenglischer Herrenclub. Er hatte von dem nicht öffentlichen Blues-Heiligtum von John Belushi und Dan Aykroyd in Chicago gelesen, und so etwas wollte er im siebten Stock des Dakota auch einrichten. Also gingen er und ich kurz nach Weihnachten in New Yorks Lower East Side einkaufen. Dort gab es jede Menge Secondhand-Läden, und wir erstanden günstige Möbel und Dekoration – Polstersofas, Martini-Shaker, rosa Flamingo-Pappfiguren –, um Nr. 71 in das zu verwandeln, was John inzwischen Club Dakota nannte.

Nach dem Einrichtungseinkauf verbrachten wir ein paar Stunden damit, in Secondhand-Plattenläden zu stöbern, suchten nach alten 78er-Platten, um die antike Jukebox zu füllen, die Yoko John geschenkt hatte. (Wir fanden Dooley Wilson, der «As Time Goes By» sang, Bobby Darins «Dream Lover», Bing Crosbys «Please», Gracie Fields mit «Sally» und viele andere mehr.) Dann machten wir uns auf den Weg zur Canal Street und besorgten muffige alte Frackhemden und weiße Handschuhe, die wir zur Eröffnung des Club Dakota tragen wollten – John hatte diese Feier für Silvester angesetzt. Eigentlich sollten John und ich die einzigen Gründungsmitglieder des Clubs sein, aber er wies mich an, eine formelle Einladung an Yoko zu formulieren, die ich ihr später auf einem Silbertablett überreichen sollte. Yoko wurde lediglich «Ehrenmitglied», weil sie sonst, wie John mir gegenüber scherzte, sofort versuchen würde, den Club sexuell integrieren zu wollen.

Über diesen Abend habe ich oft nachgedacht, darüber, wie ich ihn allen, die nicht das Glück hatten, dabei gewesen zu sein (also dem Rest der Welt), am besten beschreiben kann. Und das Beste, was mir einfällt, ist, dass mir der Abend vorkam wie ein glückseliges Intermezzo in einer magischen Schneekugel. In meiner Erinnerung scheinen wir uns wie in Zeitlupe zu bewegen, als würden wir durch mit Glyzerin versetzte Luft schweben. Wir drei – Yoko in einer eleganten schwarzen Abendrobe, John und ich in lächerlichen altmodischen Pinguin-Anzügen (er trug dazu ein weißes T-Shirt und seine alte Schulkrawatte aus Liverpool) – tanzten und lachten (und rauchten) gemeinsam, ohne uns um irgendetwas auf der Welt zu scheren, die Jukebox erfüllte das Wohnzimmer mit herrlichen alten Melodien der Vierziger- und Fünfzigerjahre. (An diesem Abend habe ich Dutzende Polaroid-Fotos gemacht, aber keines davon konnte den Zauber des Augenblicks einfangen.)

Und dann, um Mitternacht, wurde unsere Traumwelt vom Knallen und Prasseln des Silvesterfeuerwerks unterbrochen. Wir standen an den Fenstern und sahen, wie die Skyline hinter dem Central Park von flammenden Kugeln, von funkelnden, wirbelnden Fontänen und einer Reihe anderer Explosionen und Feuerwerkskörper erleuchtet wurde. Ich hatte in meinem ganzen Leben noch nie etwas Schöneres gesehen. Und ich hatte John und Yoko noch nie so zufrieden und so verliebt gesehen.

Das war das Seltenste und Kostbarste im Leben – ein perfekter Moment.

Es war auch, wie es das Schicksal wollte, Johns letztes Silvester.

Noch vor dem nächsten Jahreswechsel war er tot.

KAPITEL 15

Los Angeles und The Dakota, 1980

«Ist alles in Ordnung bei dir?»

Die Frage überraschte mich. Zunächst einmal, weil meine Mutter sie mir stellte, die mich im Laurel Canyon von unserer alten Wohnung in Washington Heights aus anrief. Wir telefonierten eher selten miteinander und bestimmt nicht zu dieser Uhrzeit: gegen 20 Uhr an der Westküste und 23 Uhr in ihrer Zeitzone. Anders als ich war meine Mutter keine Nachteule.

«Mir geht's gut», antwortete ich. «Warum fragst du?»

«Na, weil ich gerade im Radio gehört hab, dass es bei dem Gebäude in der 72nd Street, wo du immer hinfährst, eine Schießerei gab. Ich wusste nicht, ob du in New York bist oder in Los Angeles. Ich wollte sichergehen, dass bei dir alles okay ist.»

«Bei mir ist alles okay», beruhigte ich sie, doch plötzlich stimmte das nicht mehr. Wenn Lokalsender über eine Schießerei in New York berichteten, war das Opfer wahrscheinlich jemand mit hohem Bekanntheitsgrad. Und die berühmtesten Menschen, die ich in der 72nd Street kannte, waren John und Yoko.

Ich komplimentierte meine Mutter aus der Leitung und rief sofort im Apartment der Lennons an. Niemand hob ab. Ich rief die Studio-One-Verwaltung im Erdgeschoss des Dakota an. Ohne Erfolg. Ich rief am Empfang des Dakota an. Ohne Erfolg. Wieder und wieder und wieder wählte ich die Nummer des Empfangs, bis endlich jemand abhob.

«Ja», war alles, was er sagte – kein Hallo, einfach nur «Ja». Aber ich erkannte die Stimme, es war der Telefonist des Dakota.

«Hier spricht Elliot Mintz», sagte ich, weil ich wusste, dass er meinen Namen kannte. «Ist drüben bei euch alles in Ordnung?»

Ein paar Sekunden Schweigen, dann das Freizeichen. Er hatte einfach aufgelegt.

Nun geriet ich in Panik. Offenkundig war irgendetwas überhaupt nicht okay.

Ich schaltete den Fernseher ein. Wir schrieben das Jahr 1980 – Montag, den 8. Dezember 1980, um genau zu sein. In dem Jahr nahm CNN den Betrieb auf, doch bis zum Siegeszug des Kabelfernsehens mit seinen Nachrichten rund um die Uhr würden noch zehn Jahre ins Land gehen. Im Fernsehen lief daher nichts außer einem Football-Spiel und einigen Sitcoms.

Ich traf eine spontane Entscheidung. Sie war nicht sehr vernünftig und überhaupt nicht durchdacht – aber irgendetwas sagte mir, ich müsse so schnell wie möglich nach New York. Ich warf ein paar Kleidungsstücke in eine Tasche, sprang in meinen Wagen und brauste zum Flughafen von Los Angeles. Wie so viele Teile des ramponierten alten Jaguar funktionierte auch das Radio nicht, sodass ich den gesamten Weg über keine Nachrichten hören konnte. Am Flughafen angekommen, hatte ich kaum Zeit, zu parken, zum Schalter zu rasen, ein Ticket zu kaufen und zum Gate zu rennen, bevor die Tür zur letzten Maschine des Tages – des Nachtflugs um 22 Uhr – geschlossen wurde. Ich schaffte es gerade noch rechtzeitig und ließ mich auf einem Sitz ganz vorne nieder, und ich hatte den Bereich ganz für mich alleine. Wie sich herausstellte, war der «red eye» am Montagabend kein besonders beliebter Flug.

Nachdem der Jet abgehoben hatte (und es zu spät war, mich umzuentscheiden), fragte ich mich, ob ich vielleicht überstürzt gehandelt hatte. Ich ging die mir bekannten Fakten durch und stellte fest, dass ich eigentlich keine verwertbaren Informationen über die Vorgänge im Dakota hatte. Meine Mutter hatte eine Radiomeldung über eine Schießerei an der 72nd Street gehört. Die Lennons hoben ihre Telefone nicht ab, und auch niemand in ihren Büros. Der Dakota-Telefonist hatte bei meinem Anruf aufgelegt. Das war's. Das war alles, was ich mit Sicherheit wusste. Reichte das aus, um zum Flughafen zu rasen, damit ich den letzten Flug nach New York erwischte? Ich fürchtete, womöglich überreagiert zu haben.

Doch dann sah ich, wie eine Flugbegleiterin das Cockpit verließ: Ihr Gesicht war rot und fleckig, ihr Mund zuckte, und über die Wangen rannen Tränen. In all den Jahren als Fluggast hatte ich so etwas noch nie gesehen. Als sie den Gang herunterkam, streckte ich die Hand aus und berührte sie am Arm.

«Alles in Ordnung bei Ihnen?», erkundigte ich mich.

«Sie haben ihn getötet!», antwortete sie und unterdrückte ein Schluchzen. «Sie haben John Lennon ermordet!»

Ich weiß nicht, wie es möglich ist, wenn man mit achthundert Kilometern pro Stunde unterwegs ist, aber plötzlich schien alles um mich herum in der Luft zu erstarren.

Psychologen nennen das, was ich erlebte, eine «verzögerte emotionale Reaktion». Für eine längere Zeit war es mir unmöglich, das Gesagte zu verarbeiten. Ich verstand die Worte, die die Flugbegleiterin zu mir gesagt hatte, und ihre Bedeutung hätte nicht klarer sein können. Mein neuronales Netzwerk schien jedoch eine Art Systemausfall erlitten zu haben, der meine Fähigkeit zu begreifen abschaltete. Stattdessen saß ich wie betäubt in meinem Sitz, starrte mit offenem Mund die Lehne vor mir an und wartete darauf, dass mein Verstand neu bootete.

Und dann, wie eine Stichflamme in meinem Schädel, explodierte der ganze unwirkliche Schrecken des Geschehens in meinem Bewusstsein. «John ist tot», flüsterte ich vor mich hin. Meinen besten Freund gab es nicht mehr. Mein Herz begann zu rasen, ich hatte Atemnot. Ich krümmte mich buchstäblich vor Schmerzen, als mir der Schock in meinen ganzen Körper fuhr. Ich war froh, dass das Flugzeug so leer war und mich niemand sehen konnte.

Wie lange ich so gequält und zusammengekrümmt dasaß, weiß ich nicht. Zu guter Letzt erlangte ich zumindest ein wenig meine Fassung zurück und versuchte, meine Lage zu sondieren. Ich steckte in neun Kilometern Höhe in einer Aluminiumröhre. Die Fluggesellschaften hatten noch keine Airphones eingeführt und Handys gab es ebenfalls noch nicht, sodass es für mich keine Möglichkeit gab, mit dem Boden zu kommunizieren. So erschüttert ich auch war, wurde mir dennoch klar, dass ich meine Gedanken sortieren musste. Ich musste planen, was zu tun war, sobald das Flugzeug um sechs Uhr früh am Flughafen JFK landete. Auf gar keinen Fall konnte ich als emotionales Wrack im Dakota auftauchen. Das hätte niemandem geholfen. Ich musste mich zusammenreißen, meinen Kummer verbergen und für Yoko und Sean stark sein.

Leichter gesagt als getan. Während ich die nächsten Stunden durch den Nachthimmel schwebte, gab ich mir alle Mühe, das Unvorstellbare gedanklich zuzulassen.

Nur ein paar Wochen zuvor hatte ich John in New York getroffen. Im Dakota hatten er, Yoko und ich einen langen Abend damit zugebracht, uns ihr Album *Double Fantasy* anzuhören, das kurz vor der Veröffentlichung stand. Mehrere Monate hatten sie in der Hit Factory an den Aufnahmen der vierzehn Titel gefeilt. Es handelte sich zumeist um Oden an die innige Liebe, um eine Art musikalischen Dialog zwischen beiden. Es sollte ihre bisher persönlichste und in mancher Hinsicht leidenschaftlichste LP werden. Auch die letzte zu Johns Lebzeiten, die nur wenige Wochen vor seinem Tod erschien.

Das Studio hatte ich im Sommer 1980 drei- oder viermal bei verschiedenen New-York-Trips besucht. Es beeindruckte mich, wie sehr sich das Ambiente von dem der wilden Aufnahmen unterschied, die sechs Jahre zuvor in den Spector-Sessions von Los Angeles stattgefunden hatten: Dies hier war eine Angelegenheit von makelloser Professionalität. In den Räumlichkeiten waren weder Drogen nach Alkohol gestattet. Auch kein Junkfood. Yoko ließ zu den Mahlzeiten frisches Sushi kommen und stellte im Studio Tabletts mit Sesamsamen und anderen gesunden, natürlichen Snacks auf (die einzige Ausnahme waren die Dosen mit Biscotti-Keksen, denen John nicht widerstehen konnte). Ich erinnere mich, dass ein großes Foto von dem damals fünfjährigen Sean mit Klebeband an einem Videomonitor über dem Mischpult befestigt war. Außerdem gab es einen kleinen, ganz in Weiß gehaltenen Vorraum zu dem Zuhörerbereich, in dem eine Assistentin namens Toshi Tee zubereitete und servierte. Yoko hatte den Raum so hergerichtet, als würde sie ihr Dakota-Apartment im Kleinformat nachbauen. Ein paar Quadratmeter Zuhause außerhalb des Zuhauses.

Die beiden hatten nie glücklicher und fitter ausgesehen. John hatte mit dem Schwimmen begonnen und war schlank und drahtig wie ein Sportler – ganz ohne die Hilfe fettschmelzender Injektionen. Yoko strahlte eine heitere Gelassenheit aus und wirkte mehr im Frieden mit der Welt, als ich sie je erlebt hatte.

An jenem Abend Mitte November, als die erste kommerzielle Fassung des fertigen Albums geliefert wurde, war ich zufällig in New York, und so luden mich beide erneut ins Dakota zu einer improvisierten *Double-Fantasy*-Hörparty ein. Die zwei lagen auf dem Bett, die Köpfe auf Kissen gestützt – die Lautsprecher von Johns überraschend mittelmäßiger Stereoanlage standen hinter ihnen auf einem Kaminsims –, während ich am Fußende der Matratze saß. Wir hörten das Album zweimal durch.

«Na, sag's mir: Was gefällt dir *nicht* daran?», wollte John anschließend wissen.

Ich lächelte nur. Ich hielt es für ein wunderschönes, außergewöhnliches Werk, anders als alles, was die beiden je zuvor aufgenommen hatten, und gewiss anders als alles, was John als Beatle aufgenommen hatte. «Ich werde lange hier sitzen, bevor mir eine Antwort auf die Frage einfällt», antwortete ich ihm. «Mir fällt nichts ein, was mir nicht daran gefällt.»

Nachdem wir uns bis zwei Uhr morgens unterhalten hatten, bemerkte ich, dass die beiden müde wurden, also stand ich auf und verabschiedete mich. John brachte mich zur Tür.

«Nimmst du ein Taxi zum Plaza?», fragte er.

«Ich denke, ich gehe lieber zu Fuß», antwortete ich.

«Denk dran», warnte er mich, «halte dich auf der Straßenseite mit den Türstehern. Geh nicht auf der Seite, die zum Park schaut.»

«John», gab ich zurück, «ich bin in New York aufgewachsen. Ich weiß, wie man sich zu Fuß durch diese Stadt bewegt.»

Im Lauf der nächsten Wochen sprachen John und ich vier- oder fünfmal am Telefon miteinander, vielleicht öfter. Dies war jedoch das letzte Mal, dass ich ihn leibhaftig sah, dort im Türrahmen seines Zuhauses im Dakota, wo er sich Sorgen um *meine* Sicherheit auf just jener Straße machte, auf der er wenig später umgebracht werden sollte.

Als mein Flugzeug am JFK gelandet war, suchte ich mir als Erstes ein Münztelefon und rief Johns und Yokos Büro im Dakota an. Diesmal kam ich durch und wurde mit Richie De Palma verbunden, dem Büroleiter vom Studio One, der so verzweifelt und niedergeschlagen klang wie erwartet. Er erzählte mir ein paar Einzelheiten von der Schießerei; viel wusste man zu diesem Zeitpunkt noch nicht. Offen gesagt, war ich auch gar nicht in der Verfassung, mir mehr anzuhören. Ich informierte ihn darüber, dass ich vom Flughafen käme und in weniger als einer Stunde da wäre.

«Hier ist eine Menschenmenge», warnte er mich. «Ich warte vor dem Gebäude auf dich und helfe dir reinzukommen.»

Dort war wirklich eine Menschenmenge. Bis ich am Dakota eintraf, gegen 7 Uhr 30, hatten sich auf der 72nd Street mindestens 5000 Menschen versammelt, und jeden Augenblick wurden es mehr. Viele hatten Ghettoblaster dabei und spielten Songs von John oder den Beatles, bei denen Hunderte mitsangen. Manche Leute legten Blumen am mächtigen, hohen Eisentor des Dakota ab. Ein paar Leute hatten Schilder gebastelt, die sie fast wie bei einer Demo hochhielten. Auf einem stand treffend: «WARUM?»

Ich erblickte Richie hinter den Absperrungen vor dem Gebäude, und er winkte mich zu sich. Unter Ellbogeneinsatz schob ich mich durch die Menge, kam aber kaum voran, bis mir einige Polizisten auf Richies Bitte hin an den Sperren vorbeihalfen. Plötzlich stand ich direkt vor dem Tatort, den man noch nicht gesäubert hatte. Auf dem Gehweg war Blut – Johns Blut – und Scherben von einer Fensterscheibe, die eine der Kugeln durchschlagen hatte. Einen Moment lang musste ich an jene Nacht denken, in der ich unter einer gelben Plane vor seinem Wohnhaus in West Hollywood den toten Körper von Sal Mineo gesehen hatte. Unweigerlich kam mir der Gedanke, dass mir dieses Mal wenigstens ein ähnlicher Anblick erspart blieb. Ich hatte ernste Zweifel daran, dass ich das noch einmal verkraftet hätte.

Ich fuhr mit dem Aufzug zum siebten Stock und klopfte an die Tür von Apartment 72, die immer noch von den am Knauf baumelnden tibetischen Glöckchen beschützt wurde. Die langjährige Haushälterin der Lennons, Masako, ließ mich ein. Ihre Augen sahen verquollen aus; man sah, dass sie geweint hatte.

«Yoko-san in Schlafzimmer», erklärte sie in gebrochenem Englisch. «Tür zugeschlossen.»

Ich ging den vertrauten Weg den Flur entlang bis zu dem Schlafzimmer, in dem ich so viele Stunden im Gespräch mit John und Yoko verbracht hatte. An der geschlossenen Tür hielt ich inne und überlegte einen Moment, was ich als Nächstes tun sollte. Mir war sehr unbehaglich zumute. Zugleich war ich aber auch erleichtert, mich so weit gefasst zu haben, dass ich nicht in Tränen ausbrechen würde, wenn Yoko die Tür öffnete. Mein Ziel war, ihr nicht meine Reaktion zu zeigen, sondern mich ihren Bedürfnissen anzupassen. Ich atmete noch einmal durch, dann klopfte ich zart.

«Yoko, ich bin's, Elliot», sagte ich leise. «Ich warte direkt hier draußen, bis du so weit bist, mich zu sehen. Ich gehe nirgendwo anders hin.»

Ich setzte mich in den Korridor und wartete. An diesem Ort hätte ich Stunden zugebracht, Tage, falls nötig. Doch nach gerade einmal fünf Minuten hörte ich das Schloss klacken und sah die Tür einen Spalt weit aufgehen. Ich erhob mich und spähte in das Schlafzimmer, das von dem Großbildfernseher erhellt wurde, der live Lokalnachrichten vom Dakota zeigte. Yoko hatte sie, wer weiß wie lange, mit ausgeschaltetem Ton angesehen. Obwohl die Fenster geschlossen und die Jalousien heruntergelassen waren, konnte ich die Musik hören, die sieben Stockwerke tiefer lief. Noch tagelang würde der Klang der trauernden Menschen, die auf der Straße Johns Lieder sangen, das Apartment erfüllen.

Yoko stand neben dem Bett, sie trug einen Seiden-Pyjama und einen Kimono und sah unglaublich zerbrechlich aus. Ich beugte mich zu ihr und legte vorsichtig den Arm um sie. Sie berührte mein Gesicht und kroch dann wieder ins Bett und unter die Decke. Es war sehr ungewohnt. In diesem Raum war ich vorher nie mit Yoko allein gewesen: Stets waren John und Yoko gemeinsam dort gewesen. Dies war ihr Schlafzimmer, ihr Nest. Aber John ... war nicht da. Yoko wirkte am Boden zerstört, leer, verloren.

«Gibt es irgendetwas, was ich tun kann?»

«Es gibt nichts, was irgendjemand tun könnte», antwortete sie mit schwacher Stimme.

«Hast du etwas gegessen? Kann ich dir einen Tee bringen?»

«Elliot», antwortete sie, «deine Anwesenheit ist tröstlich. Du musst gar nichts tun oder sagen.»

Also ließ ich es. Ich ließ mich an meinem üblichen Platz nieder, in dem weißen Korbstuhl, und wir sahen beide den Bildern zu, die über die Mattscheibe flimmerten. Es war eigenartig, sich im Inneren des Gebäudes zu befinden, das auf dem Bildschirm gezeigt wurde, zu wissen, dass die Kameras, die die Bilder von der Menschenmenge draußen übertrugen, nur knapp einhundert Meter entfernt waren. Ich nahm mir einen Moment Zeit, um sicherzugehen, dass die Vorhänge im Schlafzimmer vollständig geschlossen waren, weil ich befürchtete, ein Fotograf mit einem Teleobjektiv – oder, Gott bewahre, jemand mit noch übleren Absichten – könnte in einem Wohnhaus auf der anderen Straßenseite lauern.

Mein Blick wanderte einige Zeit im Raum umher und blieb schließlich an Johns Nachttisch hängen, wo ich einen Stapel Bücher entdeckte – die Bände, in denen John in seinen letzten Tagen gelesen hatte. Gelinde gesagt war es ein Sammelsurium, alles Mögliche wie *The Second Sex* von Simone de Beauvoir und *Sugar Blues* von William Dufty oder *The Anatomy of Swearing* von Ashley Montagu und *Your Child's Teeth: A Parent's Guide to Making and Keeping Them Perfect* von Stephen J. Moss. Genauso fanden sich dort Exemplare von *Mind Games*, dem bahnbrechenden Handbuch über mentales Training von Robert Masters und Jean Houston, oder *The Dream Game* von Ann Faraday. Ich warf einen Blick auf die andere Seite des Betts und entdeckte Yokos Lesestoff, eine ähnlich bunte und faszinierende Auswahl an Titeln.

Dann sprang meine Aufmerksamkeit plötzlich wieder zu dem Fernseher zurück: Zum ersten Mal erschien ein Foto des Verdächtigen auf dem Bildschirm. Yoko setzte sich auf und blickte konzentriert das Polizeifoto des Täters an. Das Gesicht des Mannes, der nur Stunden zuvor ihren Ehemann ermordet hatte, schien sie gleichermaßen zu faszinieren wie abzustoßen – und zutiefst zu verwirren. Ich beobachtete ihre Augen, während sie die seinen musterte. Sie schien etwas in der Aufnahme zu suchen, zweifellos dasselbe, was alle Menschen rings um das Dakota – so wie rings um die Welt – an diesem fürchterlich traurigen, schlimmen Tag gesucht hatten. Sie suchte die Antwort auf die Frage, die auch auf dem Schild draußen in der Menge gestellt wurde: «WARUM?»

Die nächsten Wochen rauschten einfach nur vorbei. Einige davon verbrachte ich unten im Studio One, wo ich mich den vier oder fünf Mitarbeitern anschloss, die sich der nicht enden wollenden Flut der Anrufe entgegenstemmten. Sobald eines der fünf Lämpchen für eingehende Anrufe erlosch, leuchtete ein anderes auf. Vielfach meldeten sich Journalisten, die natürlich alle mit Yoko sprechen wollten, was aber nicht geschehen würde. Das Letzte, was Yoko brauchte, war, einen Haufen Fragen in ein Mikrofon zu beantworten. Lediglich für Barbara Walters nahm Yoko ein kurzes Video auf; sie konnte man auch unter widrigsten Umständen nicht abweisen.

Nicht *alle* Anrufe kamen jedoch von Reportern. Einmal, noch ganz zu Anfang, streckte mir eine Assistentin einen Telefonhörer entgegen. «Er sagt, er sei Ringo Starr», flüsterte sie, wobei sie die Sprechmuschel mit ihrer Handfläche zuhielt. Ich übernahm den Hörer. Wie sich herausstellte, war es wirklich Ringo. Er rief von einem Münzsprecher an und wollte einen Kondolenzbesuch mit seiner Freundin Barbara (inzwischen Ehefrau) machen. Ich kontaktierte Yoko über das Haustelefon, und sie willigte in Ringos Bitte ein. So wie die Menschenmassen draußen anschwollen, war es gar nicht so einfach, Ringo und Barbara unbemerkt ins Dakota zu schaffen. Zu guter Letzt schlich ich mit ihnen über einen Hintereingang ins Gebäude und verfrachtete sie mit einem alten, handbetriebenen Lastenaufzug in die siebte Etage.

«Ich weiß genau, wie du dich fühlst!», sagte Ringo zu Yoko, als sie ihn und Barbara in ihrem Schlafzimmer begrüßte.

«Nein, das weißt du nicht», gab Yoko zurück, «aber ich bin dir dankbar dafür, dass du hier bist.»

Irgendwann bat mich Yoko, als offizieller Sprecher des Lennon-Nachlasses zu fungieren (sie zahlte mir sogar ein kleines Gehalt), doch zu diesem Zeitpunkt hatte ich weder einen offiziellen Job noch einen Titel. Ich tat einfach, was zu tun war, und manchmal war das, was getan werden musste, das Letzte, worauf ich gekommen wäre.

Nur einen oder zwei Tage nach Johns Ermordung kehrte ich

abends vom Telefondienst in das Apartment 72 zurück und traf dort auf Julian Lennon, der allein in der Küche saß. Mittlerweile war er siebzehn Jahre alt und gerade unbegleitet aus London hergeflogen, um John die letzte Ehre zu erweisen. (Später erzählte er mir, dass in dem Flugzeug lauter Passagiere saßen, die Zeitungen mit Schlagzeilen zu der Ermordung seines Vaters lasen.) Während des Lost Weekend hatten sich John und Julian einander angenähert, was aber die die restliche Familie betraf, war Julian noch immer ein Außenseiter. Trotz ihres Treffens in Kalifornien fiel es John und Julian auch in den folgenden Jahren schwer, Zeit miteinander zu verbringen. Zu Yoko oder Sean hatte Julian praktisch gar keine Beziehung.

«Könntest du dich um Julian kümmern?», fragte mich Yoko, als ich ihr Schlafzimmer betrat. Sie blieb weiter unter ihren Decken vergraben und schien jeden Tag weniger zu werden. «Hier ist es so deprimierend. Fahr doch mit ihm in New York rum, zeig ihm verschiedene Orte und achte drauf, dass er nicht fotografiert wird.»

Teils bat sie mich darum, um Julian etwas Gutes zu tun, aber teils auch aus Selbstschutz. Yoko war nicht in der Verfassung, um mit Johns trauerndem Teenagersohn umzugehen; sie wurde kaum mit dem Leid ihres eigenen Kindes fertig. Sean erinnerte sie so stark an John, dass es sie quälte, im selben Raum mit ihm zu sein. Er wurde deshalb zusammen mit seinem Kindermädchen zum Feriendomizil der Lennons in Florida geschickt. Die Idee, mit Julian auf Sightseeing-Tour zu gehen, erschien mir ein wenig seltsam – und ihm auch, so jedenfalls deutete ich seine skeptische Miene, als ich die Idee erwähnte. Trotzdem verbrachten wir schließlich einen Tag miteinander, an dem wir zusammen Sehenswürdigkeiten in Manhattan besuchten. Der Höhepunkt war ein Besuch der Aussichtsplattform auf dem World Trade Center, der sich als eines der wenigen angenehmen Kapitel in jener ansonsten schier unerträglichen Zeit des Elends entpuppte. Für einen sehr kurzen Moment reichte Julians Blick über den Horizont hinaus.

Während die Tage und Wochen verstrichen, wurde das Elend immer immer schlimmer – genau wie die Atmosphäre der Angst und Furcht, die im Dakota herrschte. Die meisten normalen Familien genießen in Krisenzeiten das Privileg, sich zurückziehen zu können, doch normal waren die Lennons nie gewesen. Johns Ermordung lenkte die Aufmerksamkeit der Welt auf Yoko. Das private Refugium in der siebten Etage des Dakota, das sie und ihr Ehemann sich einst geschaffen hatten, stand jetzt der Welt offen. Zerstört worden war nicht nur Yokos Gefühl von Sicherheit und Geborgenheit – trotz des draußen anwesenden Polizeiaufgebots und der verstärkten privaten Sicherheitsdienste drinnen –, sondern genauso jeder Hauch Privatsphäre. Genau wie der Anstand.

Johns Leiche war heimlich in den Vorort Westchester gebracht worden, um dort kremiert zu werden. Im Nachhinein erfuhren wir, dass ein widerwärtiger Profiteur in der Leichenhalle die Gunst der Stunde für ein Foto genutzt hatte. Verkauft wurde die Aufnahme an die *New York Post* (die sie in Schwarz-Weiß auf ihre Titelseite druckte) und an den *National Enquirer* (der sie in grauenhaften Farben brachte). Wie wir hörten, hatte derjenige 10 000 US-Dollar für das Bild kassiert und damit den makabren Ruhm errungen, als Erster Geld mit Johns Tod gemacht zu haben. Er würde nicht der Letzte bleiben.

Eine der weiteren Aufgaben, die ich in dieser Zeit übernahm, war das Durchlesen der Drohbriefe, die säckeweise im Studio One angekommen waren. John hatte offenkundig auf Millionen von Fans einen äußerst positiven Einfluss gehabt. In den kommenden Tagen würden sich 200 000 von ihnen im Central Park versammeln, um seiner auf einem kleinen Fleckchen Erde zu gedenken, das bald schon den neuen Namen «Strawberry Fields» bekommen sollte. Innerhalb dieser Gruppe gab es jedoch eine kleine Teilmenge, die eindeutig zutiefst gestört war, und Johns Tod schien ihre toxische Wut entfesselt zu haben. Ich verbrachte Stunden damit, Hassbriefe zu sichten – einschließlich der vielen von einem perversen «Fanclub» des Mörders, die üblicherweise mit «Tod für Ono» unterzeichnet waren – und sie je nach Bedrohungsgrad auf verschiedene Stapel zu sortieren. Die besorgniserregendsten wurden den Strafverfolgungsbehörden für weitere Ermittlungen gemeldet und an Yokos private Sicherheitskräfte weitergegeben. Diese hängten die Namen und Beschreibungen der Absender an eine Pinnwand im Studio One und beschworen die Mitarbeiter, den Alarm auszulösen, sollte eine verdächtige Person in der Nähe des Dakota erspäht werden. Die Pinnwand wurde sehr schnell sehr voll.

Die Leibwächter machten regelmäßige Kontrollgänge durch das Domizil. (In dem Jahr nach Johns Ermordung gab Yoko mehr als eine Million US-Dollar für private Sicherheitskräfte aus.) Ich traf immer in der Küche auf sie, auf die großen Männer mit mächtigen Oberarmen, allesamt Polizisten außer Dienst, deren Jacken nur knapp die sich vorwölbenden Schulterholster bedeckten. Die Ironie war unübersehbar: Dieses auf Liebe und Frieden gegründete Haus, diese Zitadelle der Freundschaft und Harmonie, strotzte nun vor Waffen. Tatsächlich trug sogar ich irgendwann eine. Yoko hatte mich gebeten, bei ihrem Schutz zu helfen, insbesondere in den seltenen Momenten, wenn die Leibwächter Schichtwechsel hatten oder im Stau steckten. Und so beantragte und erhielt ich schließlich die Genehmigung für das Führen einer verdeckten Waffe – keine einfache Sache in New York, nicht einmal in den Achtzigern – und hatte von da an einen kurzen .38er in einem Knöchelholster bei mir.

Man stattete mich auch mit einer kugelsicheren Weste aus, die so unförmig und unbequem war, dass ich sie so gut wie nie anlegte. Soweit ich mich erinnere, schlüpfte ich eines der wenigen Male bereitwillig in die Schutzweste, als ein Mann vor dem Dakota gesichtet wurde, auf den die Beschreibung eines der Briefschreiber des Fanclubs des Attentäters passte. Es war einer jener Momente, in denen kein Personenschützer zur Verfügung stand, sodass ich es schließlich übernahm, dem Verdächtigen auf den Zahn zu fühlen. Es handelte sich um einen hochgewachsenen, jungen, ansonsten unauffällig aussehenden Kerl. Vorsichtig näherte ich mich und fragte ihn nach der Uhrzeit. Als er das Handgelenk hob, um auf seine Uhr zu schauen, sah ich etwas unter seinem Jackett, was aussah wie der Griff einer Waffe, die in seinem Gürtel steckte. Schnell kehrte ich in die Dakota-Lobby zurück und rief die Polizei. Sie kamen binnen Minuten, drängten ihn gegen eine Wand, entdeckten, was sich tatsächlich als Waffe entpuppte, und brachten ihn rasch fort.

Doch beinahe ebenso schockierend und erschütternd wie die Bedrohungen, die das Dakota außen umschwirrten, waren die Gefahren, die in seinem Inneren lauerten. Auf traurige und herzzerreißende Art sollte Yoko im Verlauf der nächsten Monate erfahren, dass sie von Verrätern umgeben war, dass einige ihrer engsten Vertrauten insgeheim (und zuweilen recht offen) gegen sie intrigierten.

Zunächst einmal war da Yokos bevorzugter Tarotdeuter John Green, dem John den Spitznamen «das Orakel» verpasst hatte. Kurz nach Johns Tod startete Green eine Betrugsmasche in einem von Yokos Lofts in der Innenstadt. Green ließ Fremde gegen Eintritt die Kunstwerke und Beatles-Acetatfilme begutachten, die Yoko dort gelagert hatte (betrieb also im Wesentlichen sein privates John-Lennon-Museum), bis Yoko Wind davon bekam und es unterband. Später veröffentlichte Green *Dakota Days* betitelte Erinnerungen, in denen er Yoko als neurotische Hexe beschrieb, die Lennons Talente zerstörte.

Dann gab es da noch einen Wachmann, ein früherer FBI-Agent mit Namen Doug MacDougall, dem Yoko früher Seans Bewachung anvertraut hatte. Als er nach einem Vorfall auf einem Spielplatz kündigte (er ging im Zorn, als Yoko ihm Vorwürfe machte, weil er Sean aus den Augen gelassen hatte), rief mich MacDougall an, um mir mitzuteilen, dass er ein paar von Johns alten Liebesbriefen an Yoko und einige Brillen von John habe und alles zurückgeben würde, sobald er von

Yoko mehrere Tausend Dollar als, wie er es nannte, «Lohnnachzahlung» bekäme. Sie willigte ein, stellte einen Scheck aus und schickte mich los, um ihn persönlich zu übergeben und die entwendeten Dinge zurückzubringen.

Doch der bei Weitem größte Übeltäter, die schlimmste Viper in der Schlangengrube des Dakota, war ein Assistent namens Fred Seaman. Fred war nicht bloß ein weiterer Mitarbeiter im Studio One; er war der zuverlässige Helfer, der John im Sommer dieses Jahres auf eine Reise nach Bermuda begleitet hatte – dem Trip, bei dem John viele Songs für *Double Fantasy* geschrieben hatte. Es war schier unfassbar, aber beinahe unmittelbar nach dem Mord begann Seaman, mit privaten Unterlagen vollgestopfte Einkaufstaschen aus den Büros und Wohnungen der Lennons zu schmuggeln – darunter fünf persönliche Tagebücher, die John unter seinem Bett aufbewahrt hatte. Seaman schleppte alles uptown in die Wohnung seines Komplizen Robert Rosen. Im Rahmen des von ihnen «Project Walrus» getauften Plans wollten sie anhand des gestohlenen Materials ein Enthüllungsbuch über John schreiben. Darin wollte sich Seaman als Lennons wahren Schüler darstellen, als den einen, der ihn in Wirklichkeit am besten kannte, besser noch als Yoko. In Wahrheit ging es um Geldmacherei: «Tote Lennons = viele Dollars», wie Seaman in sein eigenes Tagebuch kritzelte.

Es dauerte Monate, aber (nachdem sich zu guter Letzt die Staatsanwaltschaft Manhattan eingeschaltet hatte) wir bekamen die Tagebücher schließlich zurück. Und Seaman bekannte sich am Ende des Diebstahls schuldig. (Seamans Geständnis zu verfassen, war einer der Höhepunkte meines Lebens.)

Wenig überraschend forderte all dies von Yoko einen schier unerträglichen Tribut. Als wäre der Verlust ihres Ehemannes nicht schon niederschmetternd genug, sah sie sich auch noch von Verrätern umgeben. An wen konnte sie sich wenden? Wem konnte sie vertrauen? Eine Weile stützte sie sich auf die Gesellschaft ihres Freundes und

Innenarchitekten Sam Havadtoy, der nicht nur im Dakota einzog, sondern sich auch ein Schlafzimmer mit Yoko teilte. Es war nicht jenes, das sie mit John genutzt hatte, sondern ein anderes, in das sie kurz nach dem Mord umzog. Vielen ihrer Mitarbeiter erschien das als seltsam, und zwar nicht bloß, weil es so kurz nach Johns Tod geschah. Havadtoy war unbestreitbar charmant, schien nur Yokos Wohl im Sinn zu haben und verstand sich hervorragend mit Sean, gleichwohl war er auch schwul. Er verließ sogar seinen Freund, einen Hair-Stylisten namens Luciano Sparacino, um bei Yoko einzuziehen. Waren er und Yoko ein Liebespaar? Ich könnte es nicht sagen. Das können nur sie selbst.

Trotz der Beziehung mit Sam und der Geborgenheit, die sie mit ihm empfand – was auch immer diese Beziehung gewesen sein mag –, wurde Yoko immer misstrauischer gegenüber praktisch allen, die sie umgaben. Angesichts der Umstände halte ich das für verständlich. Aber das Leben im einst so lockeren Dakota verwandelte sich dadurch in etwas, das an einen Roman von Kafka erinnerte oder einen Thriller von Kubrick: ein düsteres Spiegelkabinett voller Argwohn, Paranoia und Gaslighting.

«Warum passiert mir das?», fragte mich Yoko einmal, bestürzt über die Menge an Betrügereien. «Womit habe ich das verdient?»

Ich wusste keine Antwort. Weil es keine gab.

Ob ich je unter Yokos Verdacht geraten bin, weiß ich nicht – mir gegenüber hat sie jedenfalls nie Entsprechendes geäußert –, doch überraschen würde es mich nicht. In einer bestimmten Phase war jeder in ihrem Dunstkreis verdächtig. Ich erinnere mich an einen Moment, in dem Yoko und ich einem Streit gefährlich nahe kamen, das erste und einzige Mal in unserer Freundschaft, dass mir ihr gegenüber die Nerven durchgingen.

Es war durchgesickert, dass Albert Goldman ein Buch über John plante. Goldman, einst ein angesehener Journalist und Feuilletonist der Illustrierten *Life*, verfasste inzwischen Enthüllungsbiografien

Prominenter – und stellte eine ernst zu nehmende Bedrohung dar. Er hatte bereits über Elvis und den Comedian Lenny Bruce Bestseller-Biografien voll übler Tiefschläge verfasst, und es gab keinen Grund zu der Annahme, dass er mit John und Yoko pfleglicher umgehen würde. Im Gegenteil: Wir wussten, dass Goldman bereits mit Havadtoys Ex-Freund Luciano gesprochen hatte, wie auch mit anderen, die nicht gerade als große Yoko-Fans bekannt waren. Kein Zweifel: Da wurde eine Verleumdungskampagne vorbereitet. Kaum war es 1988 erschienen, bestätigte sich unsere Vermutung. Ein vernichtenderes Porträt war kaum vorstellbar, und es wurde sofort zum Bestseller.

Ich bedrängte Yoko, mich mit ihr und Sean ein Radiointerview führen zu lassen, um wenigstens einige der haarsträubendsten Gerüchte zu zerstreuen, die über die Familie Lennon verbreitet wurden. Etwa, dass es sich bei Johns Dasein als «Ehehausmann» um nichts als einen PR-Betrug gehandelt hätte; dass er ein gewalttätiger Ehemann und Vater gewesen (der Sean einmal angeblich quer durch einen Raum getreten hatte) sei; und dass er ein drogensüchtiger Einsiedler gewesen wäre, möglicherweise schizophren, und ein glühender Verehrer thailändischer Prostituierter – neben verschiedenen anderen abscheulichen Unwahrheiten.

«Ich hab dich nie gebeten, eines der anderen Bücher zu kommentieren, aber dieses können wir nicht ignorieren», erklärte ich ihr.

Yoko schwieg einen Moment, bevor sie antwortete: «Lass mich das mit meinen Beratern abklären», womit sie ihr Team aus Tarotdeutern und Numerologen meinte.

Yokos mystische Überzeugungen hatte ich nie angezweifelt – schließlich hatte ich auch ein paar eigene –, aber nach Johns Tod stand nun so viel mehr auf dem Spiel. So wertvoll diese spirituellen Berater auch für Yoko gewesen sein mochten, ihnen weiterhin so viel Macht einzuräumen, erschien mir nicht länger als sinnvoll, zumal ihre Erfolgsbilanz nicht gerade exzellent war. Deshalb hielt ich ausnahmsweise dagegen.

«Yoko, lass mich dich eine Sache fragen», begann ich. «Wenn diese Berater so gut sind, wie du glaubst, wie kommt es dann, dass keiner von ihnen vorhergesehen hat, was John passieren würde? Warum gab es keine Warnung? Wie konnte ihnen das entgehen?»

Yokos Antwort überraschte mich.

«Elliot», fragte sie zurück, «woher weißt du, dass ich nicht gewarnt war? Hast du mich je gefragt, ob es Warnungen gegeben hat?»

«Nun, nein, ich hatte einfach angenom...»

«Nein, nicht dieses Wort!», unterbrach sie mich. «Du weißt, dass ich das Wort nicht ausstehen kann.»

«Okay», sagte ich mit mühsam erkämpfter Ruhe, «ich frage dich: Hat dich einer von deinen Beratern gewarnt, dass John Gefahr drohen könnte?»

«Ja», antwortete sie. «Mir wurde gesagt, dass er in New York in Gefahr wäre und dass er sofort weggebracht werden müsse. Deshalb habe ich ihn den Sommer über nach Bermuda geschickt. Die ganze Zeit über habe ich gesagt, dass ich ihn weggeschickt habe, damit er sich inspirieren lässt, um Songs für *Double Fantasy* zu schreiben. Das ist die Wahrheit, aber es ist nicht die ganze Wahrheit. Ich hab ihn auch geschickt, damit er nicht in Manhattan ist. Aber ich konnte ihn nicht für immer fernhalten. Irgendwann musste er zurückkommen.»

Ich war sprachlos.

«Schau, Elliot», fuhr Yoko fort, «du weißt, wie John über seine eigene Sicherheit dachte. Wir haben an unserem Küchentisch darüber gesprochen, als dein Freund getötet wurde. John sagte: ‹Doch wenn es dich erwischen soll, erwischt es dich.› Was meine Berater zu mir gesagt haben, war egal. Zu Leibwächtern hatte er kein Vertrauen, er würde sie nicht aushalten. Er wollte frei sein. Er liebte seine Freiheit. Was hätte ich denn sonst noch tun können?»

EPILOG

The Dakota, 1981

Noch eine von Johns Brillen. Das macht jetzt insgesamt siebenundzwanzig, und ich füge sie zur Inventarliste hinzu, zusammen mit all den anderen Habseligkeiten, die ich ausgegraben habe – Hunderte Polaroid-Selfies, das Beatles-Kostüm im Schrank, die Notizbücher voll mit Zeichnungen –, während ich die Apartments im Dakota und die Lagerräume im kerkerartigen Keller des Gebäudes weiter durchstöbere. Bei dieser düsteren Ausgrabung des Hab und Guts meines toten Freundes, bei dieser trostlosen Bestandsaufnahme von Johns materiellem Nachlass, gibt es Momente, in denen ich mich einsamer und verlorener fühle als jemals zuvor.

Das Ganze ist ein brutales, fürchterliches Unterfangen, und trotzdem werfe ich mich hinein, mit jeder Faser, die ich besitze.

Es ist mir vielleicht nicht bewusst, aber ich glaube, einer der Gründe, warum ich mich so energisch in diese und all die anderen Aufgaben stürze, um die mich Yoko gebeten hat – Briefe mit Hass-Inhalt aussortieren, die Presse abfertigen, mit ihrem Security-Team und den spirituellen Beratern zusammenarbeiten –, ist die Hoffnung, dass es mich von dem herzzerreißenden Kummer ablenkt. Gestatte ich mir selbst keine Zeit zu trauern – solange ich nur jede Sekunde mit Aktivität fülle, egal wie schwierig oder morbide –, gelingt es mir vielleicht, den Schmerz unter Kontrolle zu halten.

Es funktioniert nicht. Denn sobald ich in Johns Schubladen stöbere und seine Schränke durchwühle, stoße ich unweigerlich auf Dinge, die mich taumelnd in die Vergangenheit schicken und Erinnerungen wachrufen, die mir immer und immer wieder das Herz brechen.

In einer Pappschachtel auf einem Regal finde ich ein altes Vinyl von *Some Time in New York City* und fühle mich sofort nach Ojai und zu meiner ersten persönlichen Begegnung mit John und Yoko zurückversetzt. Ich weiß noch, wie aufgeregt beide waren, als sie mir das gerade fertiggestellte Album überreichten – und wie sehr sie am nächsten Tag lachten, als ich ihnen erzählte, dass ich gefeuert worden war, weil ich die Platte in meiner Radiosendung gespielt hatte.

In einer Schublade finde ich eine Tüte voller alter Fotos, darunter ein Schnappschuss von John und mir am Strand von Big Sur, wie wir uns gerade einen fetten Joint teilten, bevor wir wieder in den Dragon Wagon stiegen und den Pacific Coast Highway nach San Francisco fuhren, während Little Eva ihr «The Loco-Motion» in voller Lautstärke aus Johns aberwitziger mobiler Stereoanlage plärrte.

Im Keller stoße ich in einem Berg Klamotten auf das muffige, alte Pinguin-Jackett, das John vor nicht mal einem Jahr zum weißen T-Shirt und seiner Schulkrawatte bei der Eröffnung (und gleichzeitig dem letzten Abend) des Club Dakota trug. Die Papp-Flamingos, die wir für das Event gekauft hatten, lehnen in einer Kellerecke, Überbleibsel eines magischen Silvesterabends, den wir in unserer eigenen verzauberten Schneekugel verlebten.

Und dann, beim Rumwühlen in einem anderen Raum, stolpere ich über etwas, das mir schier den Atem raubt. Es ist ein Briefumschlag in einer harmlos wirkenden, großen braunen Mappe, die ich in einem schwarz lackierten Stahlschrank für Akten finde, halb versteckt unter einem Stapel Art-déco-Leuchten und Statuen und neben einem alten Harmonium, das Allen Ginsberg bei einem Besuch im Dakota vergessen haben muss. Der Umschlag ist verschlossen, aber die handgeschriebene Adresse auf der Vorderseite verrät mir, dass es sich um einen Brief von John handelt, der offensichtlich nie dazu gekommen ist, ihn abzuschicken.

Der Name des Empfängers lautet: Elliot Mintz.

Ich starre den Umschlag lange an.

Selbstverständlich bin ich neugierig auf den Inhalt – ich bin, ehrlich gesagt, sogar überaus neugierig auf das, was sich im Inneren verbergen könnte –, aber etwas hält mich davon ab, ihn zu öffnen. Hätte John gewollt, dass ich ihn lese, überlege ich, hätte er mir den Brief mit der Post geschickt – oder, wahrscheinlicher, eine Assistentin beauftragt, ihn zu verschicken –, statt ihn in einem Schrank liegen zu lassen.

Aber da ist dieses Rätsel, das ich lösen muss, und vielleicht, nur vielleicht, gibt dieser Umschlag Hinweise.

Jetzt, da er nicht mehr lebt, habe ich natürlich viel über meine Beziehung zu John und auch über die zu Yoko nachgedacht (mit der ich in den Jahren danach eng verbunden blieb) und wie viel mir die beiden bedeuteten. Aber, ehrlich gesagt, genauso viel darüber, wie viel beide mir abverlangten. Ich stelle mir die Frage, die mich noch mein ganzes restliches Leben verfolgen wird: War all das, was ich für John und Yoko aufgegeben habe, ähnlich viel wert wie das, was ich im Gegenzug bekam? Um es im Stil der letzten Strophe des letzten Songs – «The End» – vom finalen Beatles-Studio-Album zu umschreiben: Was the love they took equal to the love they gave?

Und noch eine Frage verfolgt mich, ebenfalls eine, die mich mein restliches Leben begleiten wird: Ende der Siebzigerjahre lebten etwa drei Milliarden Menschen auf der Erde, warum in aller Welt beschlossen John und Yoko, sich mit einem jungen Radiomoderator aus Laurel Canyon anzufreunden? Warum machten sie diesen merkwürdigen ehemaligen Stotterer und chronisch Schlaflosen zu ihrem engsten Vertrauten?

Warum ich?

Dazu habe ich eine Hypothese:

«John wird beinah von allen, die er kennenlernt, enttäuscht», warnte mich Yoko einmal, und ich glaube, mittlerweile weiß ich, warum. So gut wie jeder Mensch, der John und Yoko kennenlernte, betrachtete sie als «John und Yoko», das berühmteste Rock 'n' Roll-Paar aller Zeiten. Halbgötter der Popkultur – lebende, atmende Ikonen –, der Ex-Beatle mit der getönten Brille und seine Ehefrau, die avantgardistische Künstlerin. Den meisten Menschen fiel es schwer, mehr als das zu sehen.

Mir nicht. Mein Beruf als Promi-Interviewer hatte mich blind fürs Berühmtsein gemacht, beinah unfähig, mich von Stars beeindrucken zu lassen, und so sah ich John und Yoko ohne jede Anführungszeichen. Ich war mir natürlich ihres Ruhms bewusst und betrachtete ihre Leistungen und ihren Status als Jahrhundertkünstler immer mit Ehrfurcht, doch für mich waren sie vor allem menschliche Wesen, so fehlerhaft und kompliziert wie wir anderen auch. Und ich glaube, genau das gefiel John und Yoko an mir. Ich denke, das könnte es gewesen sein, was sie angezogen hat, die Tatsache, dass sie mit mir sie selbst sein konnten. Als Rock'n'Roll-Gottheiten waren sie umgeben von Verehrern. Ein wahrer Freund war für die beiden sehr viel schwerer zu finden. Und irgendwie vermuteten sie gleich richtig, dass ich ein echter Freund sein würde.

Klar, hätte ich im September 1971 nicht Yokos Album *Fly* aus dem Stapel der Neuerscheinungen herausgepickt und sie für das erste Radiointerview angerufen, wären wir vermutlich nie Freunde geworden. Dieser Moment besiegelte mein Schicksal und schickte mich unaufhaltsam auf jenen Weg, der mein Leben bestimmen sollte.

Und das wirft eine weitere Frage auf: Hätte ich mich anders entschieden, hätte ich ein anderes Album aus dem Stapel gezogen – welches Leben hätte ich dann gelebt? Hätte ich eine Frau und eine eigene Familie? Oder ein kleineres Leben, vielleicht als einsamer Provinz-DJ, der sich bei einem schäbigen Regionalsender abrackert und für eine Handvoll spätabendlicher Zuhörer irgendwo im Nirgendwo Evergreens spielt? So hätte es auch laufen können.

Ich habe die Entscheidungen getroffen, die mir damals richtig erschienen – Entscheidungen, die mir manchmal unmöglich und schwierig vorkamen. Doch zu anderen Zeiten war da so viel Spaß –, von der ersten Reise an die Küste Kaliforniens, um mich «dem Zirkus anzuschließen», der Reise nach Japan, der Schildkrötensuppe, serviert im eigenen Panzer, neben John am Klavier sitzen, als er «Imagine» spielte, Sean kennenzulernen und das Gefühl, endlich eine echte Familie gefunden zu haben ...

Hätte ich irgendetwas ändern wollen? Damals konnte ich unmöglich vorhersehen, dass John mit nur vierzig Jahren aus dem Leben gerissen würde. Ich hatte fest damit gerechnet, dass wir drei gemeinsam alt werden würden. Rückblickend kann ich mich glücklich schätzen, dass ich neun Jahre mit diesen beiden außergewöhnlichen Menschen verbringen durfte.

Also starre ich noch eine Weile den Umschlag an, den John nicht verschickt hat, grüble, was darin sein könnte, und schiebe den Brief dann zurück in den Aktenschrank.

Ich entscheide, ihn nicht zu öffnen. Denn so wird das Gespräch nie enden.

Einundvierzig Jahre nach Johns Tod schaue ich mir in einem Kino auf dem Hollywood Boulevard die Premiere der Peter-Jackson-Dokumentation *Get Back* über die *Let-It-Be*-Sessions an. Während ich neben Julian, Sean und Seans Freundin Charlotte sitze, bin ich emotional unglaublich berührt, und mir kommen nicht wenige Tränen, als ich Johns Gesicht wiedersehe, digital restauriert, sodass er – und Yoko – fast genauso aussehen wie vor fünfzig Jahren.

Ich denke an all die Jahre seit Johns Tod. Selbst nach diesen ersten unfasslich intensiven Monaten und Jahren blieben Yoko und ich weiterhin beinahe ständig im Gespräch. Nach Johns Tod brauchte Yoko mich mehr, und als offizieller Sprecher des Nachlasses war ich auch Angestellter.

Sean wurde ein wichtiger Teil meines Lebens. Selbst ganz früher, bevor Sean auch nur laufen oder sprechen konnte, bemerkte ich die unbeschreiblich große Liebe zwischen den dreien. Als er anfing zu sprechen und mehr herumlief, gewann ich ihn als eigenständige Persönlichkeit sehr lieb. Und als er älter wurde, empfand ich mich mehr und mehr als echtes Familienmitglied. Ich erinnere mich, im Dakota im Gästezimmer mit Julian und Sean zu sitzen, wo beide spielten und lachten, und mir das Herz aufging. Diese Form von Zusammensein und Liebe habe ich in meiner elterlichen Familie nie erfahren. Die glücklichsten Momente meines Lebens habe ich im Dakota an der Seite von John, Yoko und Sean verbracht.

An jenem Abend im Kino blickte ich zu Sean, der lachte, sich unterhielt und erinnerte, und mir wurde klar: Obwohl die Ähnlichkeit zu seinem Vater unübersehbar ist, muss ich dem Drang widerstehen, Sean als kleinen John Lennon zu betrachten. Ich muss meine Beziehung zu ihm von meiner Beziehung zu seinem Vater trennen. Alles andere wäre ein Bärendienst für Sean. Ich war mir dessen immer bewusst, aber ich wollte keine große Sache daraus machen, doch in vielerlei Hinsicht ist Sean der Inbegriff seines Vaters. Er macht sich daran, die Mission seines Vaters zu Ende zu bringen, und zwar ohne großes persönliches Tamtam. Und besonders bedeutend: Keine Mutter hat je ein Kind gehabt, das mit so viel Fürsorge, Liebe und Präsenz über sie wacht wie Sean über Yoko. Die beiden sind eine niemals endende Inspiration.

Was Yoko betrifft, so würde sie mir gegenüber sogar heute noch behaupten, kein sehr sentimentaler Mensch zu sein. Jedes Jahr verschickt sie ihre Weihnachts- und Neujahrskarten und macht Geschenke. Ich werde nie vergessen, dass mir Yoko einmal eines ihrer Kunstwerke schenkte – einen Glaskasten mit einem gläsernen Schlüssel darin. Ein paar Wochen später zerbrach der Schlüssel während eines Erdbebens. Ich erzählte ihr davon, und sie sagte: «Mach dir keine Sorgen.» Wenige Tage später sandte sie mir einen neuen Schlüssel mit einem Zettel, auf dem stand: «Lass den alten Schlüssel in dem Kasten, auch wenn er kaputt ist. Aber bewahre den neuen ganz in der Nähe auf.»

Während ich das hier schreibe, fällt mir wieder ein, dass mir John kurz nach meinem ersten Interview mit ihm von einer Kunstausstellung im Everson Museum of Art in Syracuse, New York, erzählte, an der er und Yoko beteiligt waren. Er meinte: «Yoko arbeitet an einer Serie, in der wir Freunde von uns bitten, etwas Gegenständliches zu finden, das ihr Wesen verkörpert, und es uns zu schicken, damit Yoko es als Teil des Kunstwerks ausstellen kann.»

Ich antwortete: «Hätte ich noch die Zeit dafür, würde ich ein Tonband nehmen und es zerschnippeln, dann könnte es noch mit in die Ausstellung.»

John geriet in helle Aufregung. «Das musst du tun. Du musst da unbedingt mitmachen. Kannst du's uns bis morgen schicken?» Aber damals existierte überhaupt keine Möglichkeit, etwas so schnell irgendwohin zu schicken, also war ich bei Yokos Werk nicht mit dabei.

Vielleicht ist das der Grund, warum ich das alles nun aufschreibe – dies hier sind meine Tonbandschnipsel: Fragmente in dem größeren, unvergesslichen Kunstwerk, das Johns und Yokos Leben war und ist. Fragil und unvollkommen, aber es ist mein von ganzem Herzen beigesteuerter Anteil an einem Gespräch, das auch ich auf ewig weiterführen wollte.

DANK

Das Verfassen eines Buches entpuppt sich, wenig überraschend, als ein Unterfangen, für das geradezu unzählig viele Menschen nötig sind, um eine Idee oder – in meinem Fall – ein ganzes Leben an Erfahrungen in ein Buch zu verwandeln, das sich für die Öffentlichkeit eignet. Ich habe daher vielen Menschen zu danken, die dazu beigetragen haben, dass *We all shine on* auf Papier und in die Welt gelangt ist.

Meiner Agentin Erin Malone von WME, die sich von Anfang an unermüdlich für dieses Buch eingesetzt hat. Meiner Herausgeberin Jill Schwartzman, deren Geduld und Betreuung es ans Licht der Welt geleitete. Ben Svetkey, der mir dabei half, meine Erinnerungen zu durchstöbern und sie zu einem erzählerischen Faden zu verknüpfen. Dem Team bei Dutton: John Parsley, Alice Dalrymple, Sarah Thegeby, Amanda Walker, Stephanie Cooper, Charlotte Peters, Erika Semprun, Lorie Pagnozzi, Kristin del Rosario und Vi-An Nguyen. Den Lektoren und Korrektoren David Chesanow, Katie Hurley. Meinem britischen Herausgeber Bill Scott-Kerr sowie dem Team bei Transworld, Nicole Witmer, Sally Wray, Cat Hillerton, Louis Patel, Hannah Winter, Rosie Ainsworth, Holly McElroy und Phil Lord.

Karla Merrifield, Archivarin des Studio One. The Lennon Estate, Jared Geller und Jonas Herbsman, deren Wissen und Wohlwollen dieses Projekt ermöglichten. Chip Madinger und Madeline Bocaro, deren mit Adleraugen erfolgte Lektüren und profunde Kenntnisse von allem, was John und Yoko betrifft, von unschätzbarem Wert waren. Diana Fitzgerald, meiner langjährigen Freundin und Anwältin. Dem Restaurant Fabrocini's und Dale Gresch, ohne die ich verhungert wäre, als ich dieses Buch schrieb.

Stephen Peebles, Simon Hilton, Scott Raile, Farshad Arbabi, Katherine Pegova, Jimmy Steinfeldt, Connor Monahan, Bob Gruen und Ms. Saimaru.

Und, natürlich, Sean, Yoko und John, deren Einfluss auf mein Leben größer war, als ich es in beliebig vielen Wörtern auf beliebig vielen Seiten ausdrücken kann.

PERSONENREGISTER

Allen, Woody   237
Adler, Lou   147, 149, 168, 170, 173 f, 179
Aykroyd, Dan   243

Baba Ram Dass   165, 202
Bacall, Lauren 134
Beatty, Warren   163
Beauvoir, Simone de   255
Belushi, John   234
Bendrey, Peter   65 – 70, 83 ff, 86 ff, 89, 91 ff, 95, 103
Bernstein, Leonard   134, 237
Bridges, Beau   62
Bridges, Jeff   62
Brooker, Gary   87
Bruce, Lenny   163 f
Burns, Robert   139
Bynum, Roland   28
Byrnes, Edd   164

Cassidy, David   25, 56, 136, 207,
Caine, Michael   237
Cavett, Dick   53 f
Chaplin, Charlie   166
Cher   168
Clarkson, Lana   166
Coburn, James   181
Cooper, Alice   62, 127, 135, 158,
Cox, Anthony   34, 94
Cox, Kyoko   94
Crosby, David   25

Dalí, Salvador   201 f
Darin, Bobby   188, 243
Davis, Angela   76
De Palma, Richie   252

Dolenz, Micky   25, 62, 127, 158
Dolenz, Samantha   62
Donovan   62
Dufty, William   255
Dylan, Bob   111 ff, 125

Evans, Mal   158

Faraday, Ann   255
Fonda, Jane   204

Gandhi, Mahatma   123
Geffen, David   168
Ginsberg, Allen   30, 96 f, 181, 268
Green, John   260

Hamlin, Rosie   84
Havadtoy, Sam   262
Haworth, Jill   205
Henley, Don   40
Hilton, Paris   165
Hong, Yuan Bain   94 f, 98
Hoover, J. Edgar 71
Houston, Jean 255
Hughes, Howard   105 f, 108 f
Hutton, Danny   62

Jackson, Peter   271
Jagger, Mick   109, 111
Joel, Billy   136
John, Elton   168, 188, 190, 198, 242
Joyce, James   123

Karloff, Boris   134
Kennedy, John F.   28, 32, 180, 210
King, Carole   25, 174
King Jr., Martin Luther   123

Krishnamurti, Jiddu 51, 67
Kristofferson, Kris 46

Lawford, Peter 180, 204
Lennon, Cynthia 34, 94, 150, 198,
Lennon, Julian 94, 187, 198, 257, 271 f
Lennon, Sean 11, 124, 197 f, 199 ff , 209, 213, 220, 224, 228 f, 236, 240 ff, 250 f, 257, 260, 262 f, 271 f, 275
Little Eva 84, 268

MacDougall, Doug 260
Maheu, Robert 109
Mailer, Norman 105, 237
Mandela, Nelson 123
Martin, Dean 164
Masters, Robert 255
Mayer, Louis B. 179
McCartney, Linda 184, 236 ff
McCartney, Paul 54, 110 f, 112, 133, 182 ff, 185, 188, 190 f, 222, 230, 236, 238 f
McDowall, Roddy 204
McJohn, Goldy 85
McKenzie, Scott 95
Mineo, Sal 29, 163 ff, 203 ff, 206 ff, 210, 253
Mitchell, Joni 25, 168
Monroe, Marilyn 29
Montagu, Ashley 255
Morrison, Van 40
Moss, Stephen J. 255

Nelson, Willie 242
Nicholson, Jack 35, 181
Nilsson, Harry 127, 154, 157f, 160, 163, 181 f

Nixon, Richard 32, 72 f, 124, 129 f, 216
Nurejew, Rudolf 134

Onassis, Jacqueline 237
Oswald, Lee Harvey 28f

Pang, May 145, 147 ff, 170, 174, 179, 185 ff, 188, 191 f
Parr, Jack 26
Poe, Edgar Allan 16, 123
Polanski, Roman 13
Presley, Elvis 32, 214, 216

Rand, Ayn 96, 98
Reed, Rex 134
Remick, Lee 204
Rivera, Geraldo 104
Robards, Jason 134
Robertson, Pat 106 ff
Ronstadt, Linda 25
Rosen, Robert 261
Rubin, Jerry 73, 124 f, 127, 140

Saint, Eva Marie 204
Seaman, Fred 261
Shepherd, Jean 26
Sinatra, Frank 180, 189 f
Smothers Brothers, The 158
Sparacino, Luciano 262
Spector, Phil 163 f, 166 ff, 169, 173 f, 179, 180 f, 250
Starr, Ringo 111 f, 181, 256
Stevens, Cat 40
Stills, Stephen 25
Susskind, David 27
Swift, Jonathan 123

Taupin, Bernie 158
Thomas, Dylan 123
Thurber, James 123

Voormann, Klaus 158

Wayne, John 105, 121
Welch, Raquel 181
West, Mae 108
Wilson, Brian 62

Wilde, Oscar 123
Wilson, Dooley 243
Wolfe, Tom 237
Wonder, Stevie 184

Yoshikawa, Takashi 114

Zappa, Frank 25, 30
Zapruder, Abraham 180

BILDNACHWEIS

Innenteil

Seiten 2 und 195: Fotos Nishi F. Saimaru, mit freundlicher Genehmigung von Frau Saimaru und dem Autor
Seite 21: Foto Bob Gruen / www.bobgruen.com
Seite 143: Foto Richard Creamer / Michael Ochs Archives / Getty Images

Tafelteil

Tafel 8, 9 und 12 oben: Fotos Nishi F. Saimaru, mit freundlicher Genehmigung von Frau Saimaru und dem Autor
Tafel 13: Foto Bob Gruen / www.bobgruen.com
Tafel 15: Foto Allan Tannenbaum / Getty Images

Alle anderen Fotos mit freundlicher Genehmigung des Autors.